ANDERS REISEN

VENEDIG

VON FRIDA BORDON

MIT FOTOS VON SABINE LUBENOW

INHALT

ROWOHLT

ANDERS REISEN HERAUSGEGEBEN VON TILL BARTELS

San Michele

Crimitero
San Michele

Ìsola di
San Michele

Sacca della
Misericòrdia

Canale delle Fondamenta Nuove

S. Maria
Assunta
(Gesuiti)

Pal.
Zen

Ex
Convento

Santi
Apòstoli

C.llo d.
Cason

C.llo
Widman

Ospedale
Civile

Ca 'da
Mosto

Campo d.
S. Apòstoli

Campo S.
Ta. Nova

S. Francesco
della Vigne

Teatro
Malibran

Santi
Giovanni
e Páolo

Campo d.
Celéstia

Fóndaco
d. Tedeschi

Campo
S. Marina

Ponte di
Rialto

San Lìo

San
Lorenzo

Campo d.
San Francesco

Palazzo
Gradenigo

al. Dolfin-
Manin

Campo
S. Maria
Formosa

Campo
San
Lorenzo

S. Maria
Formosa

San
Salvadór

S.
Zuliàn

San Giov.
Novo

Castello

Dársena
Grande

Campo
Luca

San Giov.
Novo

Sant'
Antonino

Arsenale

Dársena
Arsenale Vecchio

al. Contarini
el Bóvolo

Campo F.
Giácomo

San
Zaccaria

S. M. della
Visitazione
(La Pietà)

Torri
dell' Arsenale

Fantin

Piazza
San Marco

Basilica di
San Marco

Campo
S.Zaccaria

San
Moisè

Palazzo
Ducale

Via Degli Schiavoni

Giardini
ex Reali

Palazzo
Giustinian

Museo Storico
Navale

Via Giuseppe Garibaldi

Punta della
Dogana

Canale di San Marco

Maria
ella Salute

Ìsola di
San Giórgio Maggiore

San Giórgio
Maggiore

N

0   200m

Originalausgabe
Veröffentlicht im Rowohlt
Taschenbuch Verlag GmbH,
Reinbek bei Hamburg, Mai 1998
Copyright © 1998 by
Rowohlt Taschenbuch Verlag GmbH,
Reinbek bei Hamburg
Satz Stone PostScript,
QuarkXPress 3.32 (Dolev 800)
Umschlaggestaltung Beate Becker/
Walter Hellmann
(Foto: Thomas Ernsting, Bilderberg)
Foto Umschlagrückseite:
The Stock Market/Cesare Gerolimetto
Layout und Grafik Alexander Urban
Karten Elsner & Schichor, Karlsruhe
Gesamtherstellung Clausen & Bosse, Leck
Printed in Germany
ISBN 3 499 60405 1

BENVENUTI
A VENEZIA
VON DER KUNST DES ANKOMMENS

«Nichts kann Venedig übertreffen, höchstens eine Stadt, in die Luft gebaut.» Wer mit dieser Vorstellung in die Lagunenstadt reist, sollte auch die Dramaturgie der Ankunft vorbereiten. Thomas Mann ließ in seiner Erzählung *Tod in Venedig* den Protagonisten Aschenbach bei dessen folgenreichen Annäherung bedenken, «daß zu Lande, auf dem Bahnhof in Venedig anlangen, einen Palast durch die Hintertür betreten hieße», und daß man nicht anders als zu Schiff, als über das hohe Meer die unwahrscheinlichste aller Städte und insbesondere den Markusplatz erreichen solle. Zweifellos ist Venedig am schönsten vom Wasser aus, und manche behaupten gar, daß man am besten gar nicht an Land gehen sollte, um sich nicht die Stimmung verderben zu lassen. Und in diesem Falle mischt sich der Reisebericht mit dem Lamento über dramatische Parkplatzsuche, dreiste Preise illegaler Wassertaxisten und räuberischer Pizzabäcker, über schweißtreibendes Geschiebe in engen Häuserschluchten, über stinkende Kanäle und vor musealen Fassaden. Wenige Reisende haben das Vergnügen, sich vom «hohen Meer aus» durch eine der Pforten der Lidi, das sind die schmalen vorgelagerten, die Lagune begrenzenden Sandstreifen, dem Markusplatz zu nähern.

Eine nicht gerade schonende, aber lehrreiche Annäherung erlebt, wer an den Wohnsilos und Supermärkten Mestres und den Industrieruinen Margheras vorbei zur Palladio-Villa «Malcontenta» fährt, um schließlich in Fusina das Auto stehenzulassen und mit dem Boot zum Markusplatz zu fahren. Das moderne Venedig und der Ponte della Libertà bleiben am Dunsthorizont zurück, durch den krisengeschüttelten Hafen, Stazione Marittima, vorbei an der Backsteingotik von Mulino Stucky, dessen postindu-

Baustelle mit Tiefgang – Palazzo-Sanierung am Canal Grande

strielle Zukunft noch offen ist, durch den Canale della Giudecca zu den Salzlagern der Seerepublik, so erreicht man schließlich das Becken von San Marco. Schon erglänzt Fortuna auf der goldenen Weltkugel über der Dogana da Mar, der früheren Zollstation Venedigs. Endlich erscheinen «die Säulen mit Löw und Heiligen (...), der erstaunlichste Landeplatz, jene blendende Komposition phantastischen Bauwerks» (Thomas Mann). In etwas mehr als einer halben Stunde durchfährt man Jahrhunderte venezianischer Geschichte und gibt sich danach nicht mehr mit den touristischen «Leimrouten» zwischen Rialto

und Markusplatz zufrieden. Man wird die Randzonen der Stadt durchstreifen, durch enge Gassen irren, dem Alltag auf unbekannten Campi folgen und der «venezianità» auf der Spur sein.

Joseph Brodskys poetische Beschreibung eines ersten Besuchs in der Lagunenstadt (*Ufer der Verlorenen*) inspiriert zu dieser Dramaturgie des Ankommens: Wenn man schon zu Land, auf dem Bahnhof in Venedig anlangt, dann sollte es zumindest nachts sein. Man ließe das Stationsgebäude «in seiner rechteckigen Pracht von Neon und Urbanität» schnell zurück, Dunkelheit umfinge den Reisenden, Nebel vielleicht, und unversehens

befände er sich im Bauch eines schwankenden Schiffes auf dem Canal Grande zwischen «riesigen, geschnitzten Truhen dunkler Palazzi», die «knietief im pechschwarzen Wasser» stehen, «angefüllt mit unergründlichen Schätzen». Dieser Zauber des Anfangs läßt nicht mehr los, erst recht nicht bei niedrigen Temperaturen und wenn der Morgen danach nicht im Touristenstrom erstickt.

Ein Flug nach Venedig zeigt, vorausgesetzt man hat einen Fensterplatz und klare Sicht, den Amphibiencharakter der Lagunenstadt und ihr Hinterland bis zu den Alpen. Bei der Bootsfahrt vom Flughafen Marco Polo durch die nordöstliche Lagune zum Markusplatz sollte man das Sinnieren über Preis-Leistungs-Verhältnisse dann anderen überlassen und sich vorstellen, die Lagune tue sich auf, allein für diese einzigartige Fahrt; dann wird der unruhige Möwenflug um die geteerten Begrenzungspfähle der Wasserstraßen zur einmaligen Inszenierung, die erst mit dem Betreten des Markusplatzes endet.

Ein Fest für die Sinne
«Jedenfalls würde ich niemals im Sommer hierherkommen, nicht einmal, wenn man mir ein Gewehr auf die Brust setzt.» Joseph Brodskys Verweigerung versteht

VENEDIGPROSA

schritten schluß das ufer zum kanal durch kalt braun schwarz
gasse zum tor biennale flügeltür,
nur amtstür. alle plakate max
ernst in seine richtung, max ernst
von wasser, mit wehenden tür-
fahnen. stellen katzenbrücken auf
den kopf ebenso passagiere. ein
eckchen treppe zum kopfsenken.
route nach windrichtung. schau-
kelzimmer haltestelle tritonbrun-
nen, bananenhimmel. max ernst.
furnival-funebre-gondel mit vase
und blume, schwarz («nein das
sind ganz gewöhnliche»). preß-
kaltem bahnhof entstiegen. leichten fußes entwirrt verstreut; mit
den augen meerestiere in ihrer
appetitlichen rosa starre. gejagt
weil nicht findenkönnen findenkönnen untertauchenwollen
untertauchenwollen: endlich. ra-
sten hinter dem meer, baldachint
markusplatz. die gleißenden
pferde und um sie um fluge zu
treffen.

Friederike Mayröcker: *Ein Lesebuch*. © Suhrkamp Verlag, Frankfurt/Main 1979

jeder, der sich einmal in bleierner Schirokko-Schwüle im August durch Venedig schleppte, wenn die Wasser in den Kanälen faulen, die phosphatgenährten Algen langsam aufschwemmen und der unendliche Leib des Massentourismus sich über die Stadt legt.

Rilke schwärmte poetisch für den *Spätherbst in Venedig*. Gewiß, der Herbst gehört zu den angenehmeren Besuchszeiten der Serenissima, allerdings ist «acqua alta», das immer häufiger auftretende Hochwasser, dann auch zu Gast; es verschafft bezaubernde Fotomotive, nasse Füße, feuchte Wohnungen und den Gesang der Sirenen über der Lagune. «Venedig kann sehr kalt sein», wußte die Schriftstellerin Patricia Highsmith: Der Winter packt die Lagunenstadt in dichten Nebel, übergießt sie mit gleißendkaltem Licht oder läßt sie in klirrender Kälte erstarren. Und jedesmal wähnt man sich an einem anderen zauberhaften Ort. Der Frühling gilt auch in Venedig als schönste Reisezeit, aber das wissen nun auch schon all die anderen.

«Ein gondelbefahrener Rinnstein» (Grillparzer), dieser respektlose Vergleich ist einer der Versuche, sich den Mythos Venedig vom Leib zu halten. Ezra Pound wird nachgesagt, er habe sich in seinem venezianischen Hotelzimmer mit der festen Absicht eingeschlossen, keine der Sehenswürdigkeiten zu besuchen. Auch weniger sensible Gemüter, zum ersten Mal auf dem Canal Grande, beschleicht das Gefühl, alles schon einmal irgendwo gesehen zu haben. Dieses Déjà-vu-Erlebnis ist leicht zu entschlüsseln: Venedig bietet nicht nur wirkungsvolle Kulissen für Werbekampagnen. In einer Vielzahl von Filmen ist die Lagunenstadt unverzichtbarer Drehort. Historisierende Romane und unterhaltsame Krimis wählen Venedig zum Schauplatz. San Marco, der Campanile, Canal Grande mit Gondeln – Postkartenklischees gerinnen zur Kulissenstadt.

Disneyland, Lunapark, Museum – das sind nicht seltene und auch nicht unbedingt falsche Vorstellungen, geht man davon aus, daß sich im Zeitalter der technischen und elektronischen Reproduzierbarkeit die Wirklichkeit in unseren Köpfen erst bildet. Tatsächlich aber könnte Venedig den Reisenden ein prächtiges Fest für die Sinne bieten! Schritt für Schritt über Brücken und Plätze löst man sich vom Terror der Autostädte, verliert den gespannten Blick für die visuellen Befehle, den Bezug zu den Koordinaten der Jetztzeit. Die Füße führen plötzlich ein Eigenleben. Das Wechselspiel von Licht und Schatten reizt die Sehnerven. Ohne Benzindünste haben Häuser, Straßen, Menschen noch Eigengerüche. In der trägen Mittagssonne dröhnt der Flügelschlag der Tauben, in der Nebelnacht verhallen fremd die eigenen Schritte. Die Doppelungen der Formen und Farben zwischen Wasser und Stein, Sein und Schein schaffen in der Entgrenzung eine einzigartige Faszination.

HISTORISCHE STREIFZÜGE

WO DAS WASSER STEINE TRÄGT

Der klassische Bildungsreisende stieg auf den Turm, «um den Blick von der Stadt (zu) erweitern», eine gute Empfehlung, wenn man Venedigs Amphibiencharakter kennenlernen will. Goethe bestieg den Campanile von San Marco. Für einen ersten Rundblick in die Geschichte der Lagune sei der Turm von San Giorgio Maggiore, einer San Marco gegenüberliegenden Klosterinsel der Benediktiner, empfohlen. Dieser Campanile war zum Zeitpunkt der Italienischen Reise *Goethes (1786) gerade eingestürzt, ein nicht seltenes Schicksal venezianischer Türme. Mit dem Vaporetto (Bootslinien 82, San Zaccaria) ist die Klosterinsel San Giorgio Maggiore zu erreichen. Für den Besuch des Klosters und den Rundblick vom Turm sollte man sich mindestens zwei Stunden Zeit lassen.*

Obwohl vom urbanen Gewebe durch das Becken von San Marco getrennt, bildet San Giorgio Maggiore den Prototyp der insularen Struktur Venedigs. Denn die «Biberrepublik» wuchs über hundert Inseln, die, durch Kanäle und Brücken miteinander verbunden, jede für sich eine Einheit bilden.

Der Ausblick vom **Campanile di San Giorgio**, fünfzig Meter über dem Meeresspiegel, bietet eine einzigartige Möglichkeit, diese Einheit kennenzulernen. Ein guter Stadtplan, der auch die Inselwelt der Lagune verzeichnet, gehört dazu. Goethe hatte sich vorsorglich den berühmten Plan von Jacopo de Barbari besorgt, der etwa um 1500 von diesem Turm aus entstand und für die folgenden drei Jahrhunderte die beste geographische Erfassung der Lagunenstadt bot. Die fotografische Genauigkeit des Plans ermöglichte die Rekonstruktion von Kirchen, Campi und ganzer Stadtteile. Mit einem guten Fernglas und Vivaldi-Klängen aus den Kopfhörern ist die mediale Szenerie perfekt – die Entdeckung kann beginnen: Die architektonische Vielfalt rund um den Markusplatz läßt sich von hier oben aus ungestört bewundern.

Der Rundblick in die Inselwelt der Lagune, auf die Stadt zwischen Himmel und Wasser bleibt unverstellt. Ein sonniger, klarer Tag bietet Fernsicht auf Festland und Alpen, ein regnerischer zeigt einen romantisch verschleierten Markusplatz im verhaltenen Blaugrün

Im Fadenkreuz – die Inselwelt
der Lagune

der Lagune. Weniger schwärmerische Gemüter nutzen die erhöhte Position, um im topographischen Sinne Stellung zu beziehen: fünfzig Meter über dem Wasserspiegel eines ehemals fischreichen, inzwischen von vielfältigen Umweltgiften belasteten Wattenmeeres, etwa so groß wie der Bodensee (rund 40 mal 15 Kilometer). Aus genau dieser Position blickt man in nördlicher Richtung auf eine im Wasser gelegene, von einem S-förmigen Kanal durchzogene Stadt, Flächeninhalt rund 7,5 Quadratkilometer, Umfang 11 Kilometer, etwa 72 000 Einwohner, Tendenz sinkend.

Langsam gewöhnt sich das Auge während des Schwenks im Lagunenblau an die Horizontale als dominierende Linie. Ihr entgegen stellten die Lagunenbewohner immer wieder unermüdlich Stein auf Stein, um sich aus der Amphibienposition herauszuheben: immer wieder Kirchtürme und Leuchttürme, um den reich beladenen Schiffen den Hafen zu weisen; schließlich qualmende Schlote der Industrieanlagen. Erstere waren Zeichen eines harmonischen Gefüges zwischen Mensch und Natur, Orientierungspunkte für Seeleute, Fischer und Kaufleute. Letztere stehen für die Abwendung des Menschen vom Meer zum Festland hin, symbolisieren die Auflösung der Symbiose von Wasser und Stein, in der die Menschen sich hier jahrhundertelang befanden. Der Rundblick zeigt die Lagune als kunstvoll kolorierten Flickenteppich: grauerdiges Rot der Dächer Venedigs, leuchtendes Weiß des istrischen Steins, wechselndes Grau-Blau-Grün des schlangenförmig die Stadt teilenden Canal Grande, ein von Wasseradern kunstvoll durchzogenes urbanes Gewebe, auf über hundert Inseln entstanden, von mehr als hundert umgeben, die geruhsam im wäßrigen Blau der Lagune treiben wie verlassene Schiffe oder effektvoll gesetzte Pinselstriche. Am nordwestlichen Horizont mag, wer scharfäugig oder phantasiebegabt ist, die Dolomiten erahnen oder den vorgeschichtlichen Höhenzug einer Gletschermoräne ausmachen, welche langsam ins Meer abtauchte, um nun Untergrund dieses farbenreichen Puzzles zu sein. Gipfel und Flüsse erkennt das aufmerksame Auge: Die abgesteckten Schiffahrtslinien der Lagune weisen auf Flußläufe hin, der Canal Grande ist selbst Teil eines Brenta-Armes; unzählige Inselkuppen, welche bei Ebbe aus dem Lagunenblau auftauchen, legen diese vorgeschichtlichen Spuren frei. Bei Ebbe *und* bei Flut sollte man von hier oben aus dieses Farbspiel verfolgen, dessen Schattierungen die Farbpaletten der Künstler immer wieder inspirierten. Unter morphologischen Gesichtspunkten betrachtet ist die Lagune ein zum Meer hin durch Landstreifen begrenztes Becken, das im Inneren Wasserflächen, Inseln, Kanäle und sumpfiges, morastiges Gebiet enthält.

Ausblicke und Einsichten

Geschichtsträchtig ist die Inselwelt der nördlichen Lagune: San Michele, die Toteninsel; Certosa, eine Minenhalde, die schon seit Jahren Parkanlage werden soll; Le Vignole und Sant' Erasmo, der Gemüsegarten Venedigs; schließlich die Glasbläserinsel Murano; Burano, dessen bunte Fischerhäuser und spitzenklöppelnden Frauen jeder von Postkarten kennt; am entlegensten Torcello, einst bedeutsam, dann nur noch Steinbruch für die Kirchen und Paläste Venedigs. Die nahe gelegene Insel

San Francesco del Deserto wurde nach dem Heiligen aus Assisi benannt, der hier während eines Unwetters Schutz fand. Der gepflegte Garten und die restaurierten historischen Gebäude sind nach einer recht wechselvollen Geschichte wieder in der Hand des Franziskanerordens.

Der Schwenk nach Süden zeigt die langen Streifen der Lidi mit ihren Hafenpforten (Lido-Hafen, Hafen von Malamocco, Hafen von Chioggia) und die vorgelagerten Inseln San Servolo, San Lazzaro degli Armeni, bedeutsam wegen der dort gepflegten armenischen Kulturschätze; dann Isola del Lazzaretto Vecchio, bereits im 15. Jahrhundert als Hospital für ansteckend Kranke genutzt. Die Insel Lazzaretto Nuovo in der nördlichen Lagune hatte einst eine ganz ähnliche Funktion. Ein Dekret des Senats der Serenissima von 1458 bestimmte die Insel als Quarantänestation für Kaufleute und Matrosen. Während der großen Pest von 1576 hielten sich hier ansteckungsverdächtige Personen zur Beobachtung auf, um dann im Falle einer Erkrankung auf die Insel Lazzaretto Vecchio gebracht zu werden. Diese Tatsache zeigt, wie die Inseln der Lagune aufgrund ihrer ganz spezifischen Funktionen im urbanen Gefüge Venedigs eingebunden waren. Die zumeist von religiösen Orden besiedelten Inseln wurden während der französischen Besatzung verwüstet und geplündert. Seit dem 19. Jahrhundert dienten sie hauptsächlich militärischen Zwecken oder wurden dem Verfall überlassen – Zeichen einer zerstörerischen Gleichgültigkeit gegenüber der kulturellen Geschichte. Seit einigen Jahren erregen die Inseln das spekulative Interesse finanzkräftiger Privatleute und mehr

oder weniger gemeinnütziger Gesellschaften. Hotelkomplex, Kongreß- und Technologiezentrum, Touristik-Village oder Parkanlage, Erholungsgebiet, Naturpark, Kinderspielplatz, Tierheim – die Zukunft der Laguneninseln scheint noch offen. Ihre ereignisreiche Geschichte als Kloster, Krankenhaus oder Kanonenlager wird in den kommenden Jahrzehnten zweifellos weitergeschrieben, dafür sprechen viele Initiativen und ideenreiche Investoren.

Der begonnene Schwenk endet im nördlichen Aussichtsfenster: Die Inselwelt, mit der Venedig lange Zeit symbiotisch verbunden war, gerät aus dem Blick, dafür rückt die Brücke Ponte della Libertà in den Mittelpunkt. **Ponte della Libertà** teilt als künstlich angelegte Gerade die Lagune und verbindet als Straße und Eisenbahnlinie das historische Venedig mit Mestre, Marghera und dem Hinterland. Diese Brücke ist für das moderne Venedig wie eine Nabelschnur. Venedig liegt im Schnittpunkt zweier Lagunen, der nördlichen, festlandsnahen «toten Lagune» und der südlichen Lagune, welche durch das eindringende Meerwasser ständig erneuert und gereinigt wird. Als ökologische Fehlentscheidung erweist sich, daß gerade im stehenden, flachen Wasser der nördlichen Lagune umweltbelastende Industriezonen angesiedelt wurden.

Ein Jahrtausend war die Stadt mit ihrem eleganten, eindrucksvollen Entree dem Meer zugewandt, von dort kam ihr Reichtum. Im Becken von San Marco legten die Schiffe mit kostbaren Waren und wertvollem Beutegut an, hier war das Zentrum der Macht der «Serenissima», der «erhabenen» Stadt. Der Verlust ihrer

Handelsmonopole und der Zerfall des Seeimperiums führten zu einer Abwendung vom Meer, Venedig verband sich mit dem Hinterland und der Moderne. Im Laufe der Jahrhunderte hatte der Mensch immer wieder in den sich wandelnden Organismus der Lagune eingegriffen. Man legte Land trocken, leitete Flüsse um, grub Kanäle, überließ Inseln dem Meer oder schuf neue.

Doch erst in unserem Jahrhundert nahmen diese Eingriffe so zerstörerische Ausmaße an, daß sie den ökologischen Bestand der Lagune gefährdeten. Tiefe Wasserstraßen durchschneiden die Lagune, lassen Öltanker und gefährliche Flutwellen ein. Beton ergoß

Von einem zum anderen Ufer – über den Canalazzo gondeln

sich über die Feuchtgebiete, schuf Boden für Fabriken, die nun einer postindustriellen Zukunft entgegenharren. Der Schwenk vom Campanile über die Lagune endet vor dem dunstigen Industriehorizont Margheras. Und wenn dann noch glutrot die Sonne untergeht, gibt es zum ökologischen Lamento phantastische Fotomotive.

Rückblick auf die Stadtentwicklung

Der Rundblick vom Turm von San Giorgio Maggiore diente der ersten Orientierung im topographischen Sinne; die folgenden Momentaufnahmen bieten eine historische Orientierung. Auf **Torcello**, der im nordöstlichen Teil der Lagune auszumachenden Insel, stellen Historiker poetisch «die Wiege venezianischer Geschichte». Was man dort auf jeden Fall besichtigen kann, ist ein marmorner Stuhl, der trotz aller Einsprüche von Historikern hartnäckig als Thron des Hunnenkönigs Attila ausgegeben wird. Wie auch immer, er ist witziges Requisit für Urlaubsfotos und erinnert zudem an die Hintergründe der Besiedelung der Lagune. Während der Eroberungszüge der Langobarden (6./7. Jahrhundert) flüchteten die Bewohner der Städte Padova, Caorle, Equilio, Altino und Treviso, die inzwischen zur byzantinischen Provinz gehören, auf die Inseln der Lagune; damit begann eine dauerhafte Besiedelung. Bereits vor diesen Ereignissen ist die Anwesenheit des Menschen im Lagunenraum nachzuweisen. Ausgrabungen deuten auf etruskische Spuren; die fortschrittliche Bewässerungstechnik der Römer veränderte das lagunare Ambiente nachhaltig; die Militärstraßen Popilia (heute Romea), Annia und Claudia verbanden wichtige Zentren Venetiens wie Adria, Clodia, Altino, Equilio (Jesolo), Erclea und Concordia, Städte, die eng mit der Lagune verbunden waren und heute in erster Linie wegen ihrer Badestrände und Campingplätze bekannt sind.

Die auf die Inseln der Lagune geflüchteten Küstenbewohner entfalteten dank ihrer Kenntnisse und des auf die Inseln geretteten Vermögens bald auch hier einen regen Handel, zuerst noch mit Salz und Pökelfleisch, schon bald durch die Reorganisation des in den Kriegen der Völkerwanderungszeit unterbrochenen Ost-West-Warenverkehrs. Torcello, bereits 425 von Flüchtlingen aus Altino besiedelt, entwickelte sich im Laufe des 7. Jahrhunderts zum Handels- und Produktionszentrum der Lagune. Die wenigen noch erhaltenen Baudenkmäler, in erster Linie romanisch geprägt, vermitteln einen schwachen Eindruck von der einstigen Größe der Stadt und ihres wirtschaftlichen Reichtums. Als Bischofssitz von Bedeutung, soll Torcello Schätzungen nach 20 000 Einwohner gezählt haben. Diese wurden nach und nach von Pest und Malaria dahingerafft; die Insel versumpfte, und die Lagune holte sich schließlich zurück, was ihr die Menschen in mühevoller Arbeit abgerungen hatten. Bereits um 1500 diente Torcello als Steinbruch für venezianische Prachtbauten und den politisch Verantwortlichen Venedigs als Warnung, alle möglichen Mittel einzusetzen, um einem ähnlichen Schicksal zu entgehen.

Neben Torcello als wirtschaftlichem Zentrum bildete erst die Stadt Heracliana, dann Malamocco, schließlich aus Sicherheitsgründen im Jahre 811 die Inselgruppe Rivus altus, eben **Rialto**, den administrativen und politischen Sitz des neuen Siedlungsgebietes. Dieses unterstand anfangs unmittelbar der byzantinischen Herrschaft, gewann aber im Laufe der Jahrhunderte immer größere Selbständigkeit. Währenddessen konnte sich Venedig dank einer geschickten und recht skrupellosen Strategie, zu der auch die Entführung der Leiche des Apostels Markus aus einem Kloster in Alexandria gehörte, zum Machtzentrum entwickeln und die noch politisch autonomen Inseln in eine Satellitenposition bringen. Schließlich übernahm jede einzelne Insel eine ganz spezifische Aufgabe und wurde Teil eines urbanen und wirtschaftlichen Gefüges. Zwischen San Marco und Rialto entstanden bereits um 1200 die noch heute erkennbaren Strukturen der Stadt, deren Entwicklung etwa bis 1500 andauerte.

In den drei folgenden Jahrhunderten, bis zum Ende der Republik 1797, gab es hinsichtlich der räumlichen Ausdehnung keine bedeutenden Veränderungen mehr. Solange das Kanalsystem verkehrstechnische Basis blieb, das Becken von San Marco als physisches Zentrum identisch war mit dem Hafenaktivitäten, bestand auch keine Notwendigkeit dazu. Die entlegensten Winkel der Stadt verband ein doppeltes Kommunikationssystem von Wasser- und Fußwegen. In konzentrischen Kreisen verlief das Verkehrsnetz um das Becken von San Marco und verband die Stadt mit Inseln und Festland. Erst mit dem Bau der Eisenbahnlinie (1846) und der Autostraße (1933), mit den unter der österreichischen Besatzung errichteten zahlreichen Brücken und der Stillegung von Kanälen zugunsten des Ausbaus von Straßen verloren die Wasserwege an Bedeutung und die Inseln ihre Anbindung an Stadt und Festland. Von da an dominierte die vertikale Achse Porto Lido – Venedig – Marghera, während die Lagune rechts und links davon zur Kloake verkam. Heute konzentriert sich der Zugang zur Stadt im Nordwesten. Die Gegend um Piazzale Roma und die Parkinsel Tronchetto zeigen deutlich, welche neuen Probleme dadurch entstanden sind.

Entfremdung vom Meer

Seit 1903 wurde etwa ein Drittel der Lagune zubetoniert, zu landwirtschaftlichen Zwecken trockengelegt oder für private Fischfarmen genutzt. Die Hauptfläche diente dem Ausbau des Hafens und der Industrieanlage von Marghera, dem Ausbau der Autostraße und der Anlage der Parkinsel Tronchetto. Erst die verheerende Sturmflut von 1966, die beständig wiederkehrenden Hochwasser («acque alte») im Frühjahr und Herbst und die immer deutlicher zu Tage tretenden Umweltschäden bewirkten schließlich, daß sich Bürger und Politiker der elementaren Bedeutung des Wassers für die Lagune erinnerten. So fahren die «neuen Dogen» der Stadtregierung wieder aufs Wasser hinaus, um die traditionelle Vermählung mit dem Meer zu vollziehen. Doch angesichts der Entfremdung, die inzwischen eingetreten ist, gleicht das ganze Unternehmen eher einer Farce. Die Braut ist ramponiert, die Beziehung abgekühlt, da man offensichtlich nur wenig miteinander anzufangen weiß.

Das war nicht immer so: Die «Festa della Sensa» am Himmelfahrtstag war zur Glanzzeit der Serenissima ein Haupt- und Staatsakt. Mit prächtigem Gefolge fuhr der Doge auf seinem Prunkschiff Bucintoro stolz der Braut entgegen, bis über den Lido hinaus, wo ihr dann mit den Worten «wir ehelichen dich, o unser Meer, zum Zeichen echter und dauerhafter Herrschaft» ein Ring geschenkt wurde. Wer sich das Schauspiel nicht so recht vorstellen kann, möge sich im **Museo Storico Navale** (Marinemuseum), ganz in der Nähe des Arsenals, vom Modell des letzten, vielbesungenen Bucintoro inspirieren lassen. Das Original zerstörten die französischen Eroberer nach dem Sturz der Republik 1798; der Scheiterhaufen auf San Giorgio soll drei Nächte lang die Lagune erhellt haben. Zu diesem Zeitpunkt hatten sich die Nobili bereits vom Meer abgewandt, ver-

21

Hochbetrieb auf dem
Canale di Giudecca

trieben sich mit ganzjährigem Karneval die Zeit, versuchten sich in Landwirtschaft. Der Verlust des Handelsmonopols führte auch zum Ruin der heimischen Industrie. Die Zahl der Armen und Arbeitslosen stieg bedrohlich, während die Vergnügungssucht des Adels keine Grenzen kannte. Ende des 18. Jahrhunderts war Venedig ein feudales Las Vegas, Zufluchtsort und Vergnügungszentrum des europäischen Adels.

Auf die letzten Jahre der Republik gehen allerdings auch die letzten großen Schutzaktionen, der Bau der «murazzi», der Befestigungsanlagen der Lidi, zurück. Dieser Mauergürtel sollte die für den Bestand der Lagune lebenswichtigen Landstreifen vor der durch die Meeresbewegung verursachten Erosion schützen. Man realisierte damit eine über Jahrhunderte unter Anwendung naturwissenschaftlicher Kenntnisse und äußerster kollektiver Disziplin entwickelte Idee: die territoriale Abgrenzung von Meer, Lagune und Festland. Die ersten, auf das Jahr 1324 zurückgehenden Eingriffe zielten auf Eindämmung im Einmündungsbereich der Flüsse, um die durch die Flüsse bewirkte Versandung zu reduzieren. Dadurch sollte der malariaverseuchte Sumpf, der einst das blühende Torcello zerstörte, von den Wohngebieten ferngehalten werden. Dabei erwies sich eine neue Strategie als wirkungsvoll: die politische Kontrolle des Hinterlandes. Diese ermöglichte administrative Eingriffe bis hin zur Enteignung von Landbesitz, der für die Schutzmaßnahmen wichtig war. Zugleich schuf man zentrale und für den gesamten Lagunenraum verantwortliche Organe, welche die Schutzmaßnahmen koordinierten und kontrollierten. Die Stadt erließ schärfste Gesetze, deren Verletzung sogar mit der Todesstrafe geahndet wurde.

Die «Savi», die Weisen der Republik, die später den «Magistrato delle Acque» – eine noch heute bestehende Institution – bildeten, wußten genau, wie lebenswichtig ein gemeinsames und planvolles Vorgehen war. Ihre Gesetze zogen drei Gefahrenquellen in Betracht: die Flüsse, das Meer und die Menschen. Die Flüsse leitete man um und stoppte dadurch die drohende Versandung. Die reinigende Wirkung des Meeres in der Lagune blieb gewahrt. Durch Befestigungsarbeiten im Bereich der Lidi wirkte man der Erosion entgegen. Gesetze und Kontrollen vermochten über Jahrhunderte menschliche Willkür zu bremsen. Jeden Eingriff in das natürliche Gefüge der Lagune verfolgte man mit äußerster Sorgfalt und beobachtete die Reaktionen der Natur. Erst der Einsatz moderner Maschinen setzte diese Grundregeln außer Kraft. Das in den Fluten versinkende Venedig ist keineswegs ein Naturphänomen, sondern Ergebnis eines zielgerichteten, in erster Linie den Gesetzen des Profits folgenden Handelns: Nutzung der Lagune als Militär- oder Handelshafen, Vertiefung der Kanäle und Erweiterung der Pforten zwecks besserer Schiffbarkeit; Verkleinerung der Lagune zugunsten urbaner Entwicklung, Ansiedlung von Industrie und Ausbau der Infrastruktur sowie intensive Nutzung des Lagunenraums für Fischzucht und Landwirtschaft. Die Folgen blieben nicht aus: Durch die erweiterten Pforten kann das Meer verstärkt in die Lagune einströmen und wird das Zurückfluten durch entsprechende Winde behindert. In allen Stadtteilen hört man häufiger die Hochwasser-Sirenen.

Wasser bis zum Hals

Der 4. November 1966 ist vielen Venezianern noch in übler Erinnerung. Die vom Schirokko aufgepeitschte Sturmflut der Adria ließ das Wasser der Lagune fast zwei Meter über den normalen Pegelstand steigen. Ganz Venedig wurde überschwemmt, Licht, Gas und Telefon fielen aus. Seitdem hat es immer wieder ähnliche, jedoch weniger dramatische Notsituationen gegeben. Die verantwortungslose Verkleinerung der Lagunenfläche vergrößerte die Folgen der immer häufiger auftretenden «acque alte», eine Tendenz, die durch das stetige Absinken des Lagunengrundes (in den letzten 25 Jahren um 10 Zentimeter), unter anderem bedingt durch die exzessive Grundwasserentnahme der im Norden der Lagune angesiedelten Industrie, verstärkt wird. Wasserstände von einem Meter über normal (etwa 60 Zentimeter auf dem Markusplatz) gab es in den zwanziger Jahren höchstens zweimal, inzwischen wiederholt sich dieser Zustand etwa zehnmal in einem Jahr.

Auch weniger dramatische Gemüter können sich die Folgen ausmalen: Die «tote» Lagune im Norden wird hochgiftiger Müllbehälter von Marghera. Die Schadstoffe verteilen sich langsam, aber sicher im gesamten Lagunenraum. Venedigs Kanäle werden Sickergruben und Kloaken. Was in den Industrieabwässern überleben konnte, erliegt schließlich in der Landwirtschaft eingesetzten Schädlingsbekämpfungs- und Düngemitteln. Die Giftstoffe aus den privaten Haushalten geben dem Ganzen den Rest. Das Meer wird immer häufiger Gast auf der Piazza, während der runde Tisch Projekte zur Rettung Venedigs diskutiert und wieder verwirft. Längst kopflos gewordene Statuen stürzen sich in die flutenden Tiefen, während Touristikbüros zu Höchstpreisen Eintrittskarten für das Spektakel vom Untergang Venedigs verkaufen.

Bereits Ende 1984 meldeten Schlagzeilen, daß das Konsortium «Venezia Nuova» seine Arbeit zur Rettung der Lagune aufgenommen habe. Noch vor dem Jahre 2000 sollen riesige Hubtore an den drei Eingängen der Lagune in Betrieb genommen werden. Als stählerne, mehrere hundert Meter breite Rohrpalisaden sollen diese Tore am Grund der Lagune installiert werden. Bei drohendem Hochwasser werden diese «Wände» mit Preßluft angehoben beziehungsweise um die eigene Achse gedreht und zu einer brandungsfesten Wehr geschlossen. Bis zum Jahre 2000 sollen vierzig Schleusenelemente am Porto di Lido, zwanzig bei Malamocco und weitere zwanzig bei Chioggia installiert werden. Umweltschützer und Expertengremien trugen immer wieder mit triftigen Gründen die Forderung vor, bei diesem Deichprojekt die Lagune als ökologischen Zusammenhang zu betrachten. Auch eine nur kurzfristige Schließung des «giftigen Müllbehälters» Lagune könnte katastrophale Folgen haben. Seit mehr als zehn Jahren wird dieses gigantische und kostenträchtige Schutzprojekt, das unter dem Namen M.O.S.E. in die Geschichte eingegangen ist, experimentell erprobt. Seine Realisierung gilt aber als gefährdet, weil die Finanzierung des Milliarden verschlingenden Unternehmens noch nicht gesichert ist.

Kulinarische Überraschungen
vor stimmungsvoller Fassade

DER SCHÖNSTE SALON DER WELT

SECHS SECHSTEL VENEDIGS IM ÜBERBLICK

Das Hochgefühl, mit dem man zwischen den beiden Säulen der Heiligen Markus und Theodor den Markusplatz betritt, kann einem schon nach kurzer Zeit durch das Gedränge vergehen. Wie wäre es, wenn man sich statt der Massen-Stehparty auf dem angeblich «schönsten Platz der Welt» erneut in die Höhe begäbe? Auf jeden Fall, wenn man Venedig nicht nur auf dem Stadtplan als Ganzes überschauen will. Der Turm von San Giorgio bietet Ausblick über Lagune, Inseln und Stadt. Der Campanile von San Marco dagegen gewährt Einblicke in das innere Gewebe Venedigs mit dem Kappilarsystem der Kanäle und Calli, dem dichten Netz von Kirchen, Klöstern und Campi. Von hier oben aus kann man die architektonischen Besonderheiten venezianischer Schornsteine und Altanen studieren, den bevorzugten Logenplatz nutzen, um das menschliche Treiben auf dem Markusplatz zu verfolgen oder einfach die Entscheidung zu treffen, welches Sechstel Venedigs als nächstes zu erkunden ist.

Der Ausblick vom **Campanile von San Marco** war schon immer eine besondere Attraktion im Sightseeing-Programm illustrer Venedigbesucher. Aus Angst vor Spionage gewährte die Serenissima diese Gunst jedoch nicht allen Gästen. Der heute etwa hundert Meter hohe Campanile wurde früher als Aussichts- und Leuchtturm genutzt, seine Glocken hat-

Logenplatz über der Piazza San Marco – Ausblick aufs Dächermeer

ten Namen und Aufgaben. Die «Marangona», gestiftet und benannt nach den Zimmerleuten des Arsenals, zeigte Beginn und Ende des Arbeitstages der verschiedenen Handwerkszünfte an. Die «Trottiera» spornte die Adligen an, ihre Pferde «im Trott» zu reiten, um pünktlich zur Politik zu kommen. Eine weitere Glocke rief zur Versammlung des Senats. Die kleinste, «Maleficio» genannt, schlug den zum Tode Verurteilten die letzte Stunde. Bis Anfang des 16. Jahrhunderts war auf halber Turmhöhe ein eiserner Käfig an-

gebracht, in dem man Ehebrecher aushungerte. Auf einem zwischen dem Campanile und dem Dogenpalast gespannten Seil riskierten Arbeitslose am Giovedì Grasso den «Freiflug», der beim glücklichen Ausgang mit einer Anstellung in der Staatsfabrik, im Arsenale, belohnt wurde.

Hier oben, in der Turmspitze des Campanile von San Marco, auf dem höchsten Punkt der Stadt, studierte Galilei den Himmel und hoffte auf großzügige Freiheit für seine weltbewegenden Entdeckungen. Die Signoria

Rush-hour auf dem Canal Grande

nahm 1609 dankend das von ihm entwickelte Fernglas an, man konnte es gut gebrauchen. Was die Inquisition von Galilei hielt, störte sie wenig. In den folgenden Jahrhunderten war der Turm von San Marco, den die Venezianer auch «Paron di Casa» (Hausherr) nennen, begehrtes Touristenziel, bis er 1902 zusammenkrachte. Der historisch getreue und 96 Meter hohe Nachbau weist inzwischen wieder beachtliche Schäden auf. Als Symbol der ehemaligen Größe der Serenissima hat er aber nach wie vor noch Bedeutung; das zeigte 1997 die gewaltsame Besetzung des Campanile durch eine Separatistengruppe, die für ein unabhängiges Veneto eintrat.

Stilvoller Überbau

Der Blick vom Turm steht allen frei. Man muß sich nur in die Warteschlange vor dem Aufzug einordnen und einige Tausendlirescheine parat haben. Von oben genießt man, vorausgesetzt, daß die übrigen Artgenossen sich zivilisiert verhalten, vom Logenplatz aus Einblicke in den «schönsten

Salon der Welt», wie Napoleon den Markusplatz nannte. 1797, nach dem Sturz der Republik, führte er sich als neuer Hausherr mit recht eigenwilligen Wohnbedürfnissen ein: Napoleon ließ die der Basilika gegenüberliegende Kirche S. Geminiano abreißen und durch einen nach ihm benannten Flügel, **Ala Napoleonica**, ersetzen. Damit sollte die architektonische Struktur der Prokuratien, der Beamtenwohnungen, welche die Piazza flankenartig begrenzen, komplettiert werden. Der Neubau war für einen riesigen Ballsaal bestimmt. Doch das Los der Geschichte vergönnte Napoleon nicht die rechte Entspannung in seinem Salon. Bald darauf tummelten sich die Österreicher als neue Herren darin. Doch ihnen lag weniger das Vergnügen als die industrielle Entwicklung der Stadt am Herzen.

Piazza San Marco – der schönste Platz der Welt? Auf jeden Fall beeindruckt die harmonische Mischung unterschiedlichster Stilelemente, deren Vielfalt das Herz des Kunstbeflissenen schneller schlagen läßt. Unter den gotischen Spitztürmchen der Basilika zeigt sich mehr als ein Hauch von Orient. Denkt man sich das «Zuckerwerk» weg, tritt die byzantinische Epoche hervor. Frührenaissance bei den Alten Prokuratien, Klassizismus im Napoleonischen Flügel, spätgotische Spitzenfassade am Dogenpalast. Der Campanile ist ebenfalls eine gelungene Mischung: Bartolomeo Bon, verantwortlich für den gotischen Zierat auf der Basilika von San Marco, versah auch ihn mit einer auffallenden Haube; auf den romanischen Grundriß weisen alle Kunstführer hin.

Weniger kunstbeflissen: Hier unten liegt das politische Zentrum der Serenissima, der mit kunstvoll bearbeitetem Stein geformte Überbau des Seeimperiums. Die «ökonomische Basis», das Meer, ist ganz in der Nähe, es reichte früher bis zur Basilika, deren ganze Pracht sich darin spiegelte – wie heute bei Hochwasser. Die Piazza verlängert sich über die Piazzetta zum Wasser hin, der architektonische Raum findet mit der glitzernden Wasserfläche des Beckens von San Marco eine angemessene Erweiterung. Der **Palazzo Ducale**, ein filigraner, luftig wirkender Bau, war jahrhundertelang Sitz einer äußerst machtvollen politischen Kaste. Ihm gegenüber liegt die Bibliothek, die **Libreria Sansoviniana**, Hort des Kulturwissens und der entwickelten Produktivkräfte der Serenissima. Daran schließt sich die **Zecca** an, hier wurden die berühmten venezianischen Golddukaten geprägt. Der Münze gegenüber am Zusammenfluß von Canal Grande und Canale della Giudecca erglänzt die goldene Kugel der **Dogana da Mar**. Hier war die zentrale Zollstation. Verspielt wirkt die Pagodenform des Turms auf dem massiven Dreieck der darunterliegenden Lagerräume. Mit einer Kette schloß man an dieser Stelle nachts die Zufahrt zum Canal Grande. Fortuna tummelt sich immer noch auf der goldenen Weltkugel, die schwitzende Atlasfiguren stemmen. Auch die Zollstation liegt immer noch hier, doch die Hafenaktivitäten haben sich längst in die nördliche Peripherie der Stadt verlagert.

Macht ohne Mauern
Die kühlen Bauten auf **San Giorgio Maggiore** und die Kirchen Redentore und Zitelle auf der Insel Giudecca schließen nicht nur architektonisch das Becken von San Marco, sondern auch die

Il Sestiere –
so gut wie jeder andere Kiez

Liste der Stilvarianten. Gegenüber dem fast überladen wirkenden Markusplatz überraschen hier kühle Strenge und klare Linienführung. Palladio, der Baumeister dieser Kirchenfassade und einiger Teile des Klosterkomplexes, wollte mit dem ornamentalen Überschwang zwischen Markusbasilika und Dogenpalast nichts mehr zu tun haben. Doch dem venezianischen Geist entsprach die kühle Geschlossenheit und Strenge seines Stils nicht so recht: zu viel Theorie und Ideologie; auch Palladios umfassendes Lehrwerk von der Baukunst konnte die Venezianer nicht überzeugen. Der weitere Ausbau von San Giorgio geriet so zum Kompromiß, hervorgebracht von der Architektur aus vier Jahrhunderten. Der puristischen Kritik zum Trotz schließt sich alles im Lagunenblau zur überraschenden Harmonie.

Aber eins fehlt bei diesem Rundblick. Wo sind die starken Festungsmauern, wo die sicheren Verteidigungsanlagen? Klotzig und massiv wirkt höchstens die vom Barock inspirierte Kirche della Salute an der Mündung des Canal Grande, ansonsten fehlt die Zurschaustellung der Stärke. Gerade im Verzicht auf Massives, Festungshaftes demonstrierte Venedig seine Machtstellung. Die Herren der Stadt ließen die früheren Festungsmauern des Dogenpalastes einreißen, sie pflegten das Ornamentale im Stile der venezianisch-byzantinisch geprägten Gotik und damit den Mythos: Das mächtige Venedig bedarf keiner Mauern, es ist unangreifbar. Es blendet den Feind durch seinen zur Schau gestellten Reichtum, durch die prächtigen Fassaden seiner Paläste. Venedig hatte tatsächlich keine Mauern nötig.

Die Lagune bot bereits eine natürliche Verteidigungsanlage, die es nur auszubauen galt: durch die Kontrolle der Lidi, der Kanäle und Flüsse, welche die Stadt mit Hinterland und Meer verbanden; durch die politische Kontrolle aller damit zusammenhängenden Maßnahmen, insbesondere durch die Aufsicht über eine streng gegliederte Lotsenzunft, welche die schiffbaren Kanäle der sich beständig verändernden Lagune kannte.

Die großen Befestigungsmauern der Serenissima liegen deswegen im scheinbar peripheren Bereich der Lidi, Kanäle und Flüsse. Nicht im repräsentativen Zentrum, sondern in einem heute peripheren Stadtteil sind gleichfalls Befestigungsanlagen auszumachen: **Castello**, Kastell, so heißt dieses Sechstel Venedigs. Der Name soll auf eine römische Festung zurückgehen, wird aber auch auf die burgartig befestigte staatliche Werftanlage Arsenale bezogen. Eine riesige, die gesamte Struktur des Stadtteils bestimmende Mauer schützte einst das Know-how venezianischer Schiffsbaukunst vor fremder Spionage und feindseligen Angriffen. Im **Arsenale** wurde die berühmte Kriegs- und Handelsflotte der Serenissima gebaut und gewartet. Hier praktizierte man bereits im Mittelalter und erstmals in Europa Arbeitsteilung und Serienproduktion. Hier lag das industrielle Zentrum der Stadt, während San Marco das politische repräsentierte. Rialto war Hochburg des Kommerzes, eine mittelalterliche Finanzmetropole. Um das Becken von San Marco, entlang dem Canal Grande bis zur Rialto-Brücke, die noch im 16. Jahrhundert eine hölzerne Hebevorrichtung besaß, um Segelschiffe durchzulassen, gab es Warenlager, private Werften, Marktanlagen. Das Hafengebiet umfaßte damit das Innere der Stadt und auch die nahe gelegene Insel Giudecca.

Kirche, Campo, Brunnen

Statt in «Viertel» teilt sich Venedig in «Sechstel»: Das sind die «Sestieri» San Marco, Castello, Cannaregio, Santa Croce, San Polo und Dorsoduro. San Marco, zwischen dem Markusplatz und Rialto gelegen, ist der älteste Wohnkern. Zwischen 900 und 1200 siedelten sich hier die reichen Familien an, die auch den Bau der Basilika von San Marco finanzierten. Neben den Palästen baute sich das arme Volk bescheidene Unterkünfte, ein soziales Nebeneinander entwickelte sich, das auch für andere Stadtteile Venedigs typisch ist. Um 1200 gab es bereits sechzig Wohnkerne. Jeder führte ein gewisses Eigenleben, hatte seine Kirche, seinen Heiligen, seine Feste, seinen Markt, seinen Turm, sofern dieser nicht gerade eingestürzt war, hatte seine Vornehmen und seine Narren.

Die neben der Einteilung in «Sestieri» existierenden Namen wie «Parrocchia San Marcuola» oder «Parrocchia San Stae» zeugen von dieser urbanen Entwicklung. Die Parochien, die Pfarrgemeinden, bildeten Subzentren um San Marco. Als öffentlichen Mittelpunkt hatte jede einen Platz nahe der Kirche, den Campo, auf dem das Vieh weidete oder Markt abgehalten wurde. Hier stand eine brunnenartige Zisterne, in der sich Regenwasser sammelte. Die durch die Insellage voneinander getrennten Wohnkerne verband ein doppeltes Verkehrssystem. Zu Wasser und über zumeist hölzerne Brücken zu Fuß konnte man selbst die entlegensten Stadtteile erreichen. So bildete Venedig, ähnlich einer orientalischen Stadt, eine einheitliche und kompakte Anlage. Integration und Pflege urbaner Besonderheiten sicherten die soziale Stabilität der Ende des 14. Jahrhunderts bereits 13 300 Einwohner zählenden Stadt. Diese Prinzipien, welche die Vorstellungen moderner Stadtplaner immer wieder beflügeln, machen folgende Beispiele deutlich: In der Parrocchia San Nicolo dei Mendicoli, südwestlich des Kanals gelegen und benannt nach dem Heiligen der Seeleute und all derer, die mit dem Meer zu tun haben, wohnten vorwiegend Fischer. Sie wählten traditionell unter sich einen Dogen, der, in Scharlach gekleidet, einmal im Jahr vom amtierenden Dogen auf San Marco feierlich empfangen und geehrt wurde. Die bei öffentlichen Festen immer wieder zur Schau getragene Rivalität zwischen den nach ihrer Pfarrgemeinde benannten Nicoletti und den Castellani aus dem Sestiere Castello erheiterte Adel und Volk in gleicher Weise und belegt den Lokalpatriotismus der einzelnen Stadtteile.

Wer moderne Stadtpläne liest, sucht unweigerlich nach dem Zentrum, nach der City, wenn es um bedeutende Sehenswürdigkeiten geht. Venedigbesucher vermuten es vielfach zwischen San Marco und Rialto. Die genauere «Lektüre» eines Stadtplans, der wichtige Monumente ausweist, macht deutlich, daß dieses Prinzip auf Venedig nicht zutrifft. Hier sind Kunst und Geschichte dezentralisiert. Jede Pfarrgemeinde demonstriert anhand ihrer Kirche, ihrer Scuola, ihres Campo Eigenheit und Besonderheit. So kann man sich bei dem Versuch, die einzelnen Stadtteile zu orten, an den Fassaden, Kuppeln und Türmen der Kirchen orientieren.

Soziales Bei- und Nebeneinander

San Marco, Rialto und das Arsenal bilden das zentrale Nervensystem; der Canal Grande als Verlängerung des Beckens von San Marco ist die Pulsader, die Kanäle und Gassen bilden lebenswichtige Kapillare im urbanen Gewebe. Soziales Beieinander prägt auch heute noch das Stadtbild. Mietshäuser stehen neben Palästen, Reihenhäuser grenzen an Klöster, Hospiz und Krankenhaus flankieren prächtige Kirchenfassaden. Die kunstvoll ausgestaltete Scuola, das Versammlungszentrum der religiösen, gewerblichen oder auch ethnischen Bruderschaften, erhebt sich unweit der niedrigen Arbeitsstätten der Handwerker und der bescheidenen Unterkünfte des Volkes. Das gilt besonders für die ältesten Stadtteile San Marco, San Polo und Santa Croce.

Die Wohnviertel der Arsenalotti im östlichen Castello und die der Nicoletti aus dem Sestiere Dorsoduro weichen davon etwas ab. Castello zeigt sich vorwiegend im «proletarischen Stil» à la sozialer Wohnungsbau des 15. und 16. Jahrhunderts: Reihenhäuser mit funktionaler Aufteilung und architektonischen Raffinessen. Das westliche Dorsoduro – der Name weist den Baugrund als besonders hart aus – bewohnten vorwiegend Fischer und Seeleute. Ende des 19. Jahrhunderts kamen Industriearbeiter hinzu. Der Spaziergang durch diese Viertel zeigt das ungeschminkte, ruinöse Gesicht der Stadt. Die Spuren der Geschichte, aber auch der moderne Alltag werden hier sichtbar.

Der Name des nordöstlichen Stadtteils, **Cannaregio**, läßt darauf schließen, daß hier Baugrund durch Trockenlegung eines Sumpfgebietes mit Schilfbewuchs gewonnen wurde. Vielleicht inspirierten aber auch die vielen Kanäle zu dieser Bezeichnung. Die klar gegliederten, lichtdurchfluteten Fundamente bilden einen starken Gegensatz zu dem labyrinthischen Dunkel der Gassen und den in die Wolken wachsenden Wohnhäusern zwischen San Marco und Rialto. In Cannaregio waren Paläste und einfache Bürgerhäuser von Gärten gesäumt. Ähnliche Wohnkonzeptionen kann man auch im südlichen Teil der Giudecca finden. Diese Teile der Stadt entwickelten sich im 17. und 18. Jahrhundert, zu einem Zeitpunkt, als man sich bereits vom Meer ab- und dem Festland zugewandt hatte. Der Hafenbetrieb orientierte sich nun nach Norden, die Giudecca wurde als Industriegebiet interessant.

Neben den Kirchen bieten auch die vielen Klöster der Stadt wichtige Orientierungspunkte bei dem Versuch, die Stadt als Ganzes zu erfassen und ihre Entwicklungsgeschichte zu verstehen. Klöster waren wichtige Bestandteile des urbanen Gefüges, hatten eine bedeutende soziale Funktion, waren blühende Kulturzentren. Sie lagen im Zentrum der Stadt oder umgaben sie wie ein Schutzgürtel in den Randzonen und auf den nahe gelegenen Inseln.

Turmblicke bleiben nur «Überblicke», auch wenn das Fernglas noch so scharf eingestellt ist. Zu Wasser und zu Fuß muß man sich nun auf die sechs Sechstel Venedigs einlassen, um die urbanen Inseln, jede in ihrer Eigenheit, zu entdecken.

RIO CHIUSO
A TUTTI I NATANTI

Zu Fuß oder zu Wasser – in Venedig
keine leichte Entscheidung

MONOPOLY IN DER LAGUNE

WIE VENEDIG REICH WURDE

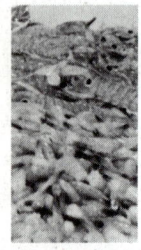

Zwischen Rialto und San Marco wird das Venedig des Massentourismus inszeniert, mundgerecht werden Klischees serviert, dazu Pizza und Bier, Glasnippes und Karnevalsmasken, Plastikgondeln und Streifen-T-Shirts, deren Schriftzüge versichern, daß man wirklich in «Venezia» ist. Bloße Bäuche, nackte Schenkel, schreiende Kinderwagen, stöhnende Rucksäcke, keuchende Einkaufstüten, fluchende Lastkarren: das ist Venedig zwischen Rialto und San Marco, im Sommer und zur Mittagszeit – und man sollte es einmal erlebt haben. Wer ungestört die Mercerie, die historische Geschäftsstraße und die kürzeste Verbindung zwischen Rialto und San Marco, erkunden will, muß frühmorgens aufbrechen, einen ausgiebigen Marktbesuch einplanen und sich dann im Strom der Tagestouristen zum Markusplatz treiben lassen. Einen Vormittag nimmt dieses Erlebnis schon ein.

Mercerie, diese direkte Verbindungslinie zwischen Rialto und San Marco, war schon in der Frühzeit der Seerepublik Warenumschlagplatz. Hier konnte man alles finden, was auf europäischen Märkten begehrt war: Gewürze, Stoffe aus Wolle und Seide, Glasartikel, Tabak, Zucker, Kaffee – Luxusartikel und Alltägliches. Die Kunst, die Monopolstellung auszunutzen, beherrschte Venedig bereits seit seinen Anfängen. Grundlage des einstigen Aufstiegs war das Salzmonopol, und die Reichtümer, die Salinen, lagen direkt vor der Tür. Salz war bis ins Mittelalter hinein Naturalzahlungsmittel. Damit konnten die Venezianer alles eintauschen, was sie selbst auf ihren Inseln nicht hatten. Die Lagunenposition verschaffte ihnen indirekt ein weiteres Monopol. Stets auf die Schiffahrt angewiesen, erwarben die Kaufleute immer bessere Kennt-

Einsturzgefährdetes Prachtstück –
Il Ponte

nisse der Seefahrt und des Schiff-
baus.

Die geographische Lage förderte den Ausbau der Mittlerrolle
im Ost-West-Handel. Für die Unterstützung von Byzanz im Kampf
gegen den Islam und die Nor-
mannen erhielt Venedig Handels-
privilegien für das gesamte byzantinische Territorium und breitete
sich bald an der ganzen dalmatinischen Küste aus. Wie die beiden
anderen Seerepubliken Genua

und Pisa profitierte Venedig von
den Kreuzzügen, indem es seine
Handelsbeziehungen intensivier-
te. Besonders lukrativ war der
Sklavenhandel, den man trotz
wiederholter Verbote im Import-
Export-Stil aufzog. Schiffsreisen
waren riskant: entlang der dalmatinischen Küste mußte man mit
Überfällen von Seeräubern rechnen; die Gefahren des Meeres
konnten stets zum Ruin führen.
Die frühen Aktiengesellschaften

Rialto-Märkte – die kulinarische
Versuchung und ein Fest der Sinne

legten deshalb mit ausgeklügelten
Verträgen das Risiko auf viele Beteiligte um. Bereits im 14. Jahrhundert konnte man in den Agenturen rund um Rialto Schiffe und
ihre Fracht zu unterschiedlichsten
Bedingungen versichern.

Das politische System Venedigs
unterstützte den wirtschaftlichen
Aufstieg: Durch die Ausdehnung
des Einflusses veränderte sich die
soziale Zusammensetzung; einige
Familien, die durch Handel zu

Reichtum kamen, wollten die fast
absolute Herrschaft des Dogen
(von dem lateinischen «dux» abgeleitet) nicht mehr anerkennen;
man setzte «Weisenräte» ein,
die seine Macht beschränkten
(1132–48), und bildete Kommis-
sionen zur Kontrolle der Dogen-
wahl. Die fortwährenden Auseinandersetzungen mit Genua und
Konstantinopel verlangten politische Einheit: So kam es 1297 zur
«Schließung des Großen Rates»,

zu dem nur noch Mitglieder der Familien zugelassen wurden, die im Goldenen Buch des venezianischen Adels bereits eingetragen waren. Diese Maßnahme förderte die Entstehung einer sehr stabilen Führungsschicht, welche nicht nur die politischen, sondern auch die wirtschaftlichen und militärischen Geschicke der Stadt bestimmte.

Im 15. Jahrhundert ist Venedig auf dem Zenit seiner Macht: Die Seeherrschaft im Osten ist gesichert, und der venezianische Expansionsdrang, allein durch die vordringenden Türken gebremst, vermischt sich mehr und mehr mit dem Ziel der Verteidigung der Christenheit. Um die Handelswege nach Nordeuropa zu kontrollieren und die Güter der reichen Familien auf dem Festland zu schützen, muß die Serenissima ihr seit Jahrhunderten gültiges Prinzip der Isolation aufgeben und verbündet sich mit Florenz gegen die Visconti in Mailand. Nach 1404 baut Venedig innerhalb von zwanzig Jahren durch die Einnahme von Padova, Vicenza, Verona, Belluno, Feltre und schließlich Friaul seinen Herrschaftsbereich aus und dringt bis in die Po-Ebene vor. Man unterscheidet nun zwischen einem «Stato di Mare» (Seestaat mit Kolonien) und dem Stato di Terra (Festlandsstaat). Venedig ist auf dem besten Weg, die Vorherrschaft über die italienische Halbinsel zu gewinnen. Erst Anfang des 16. Jahrhunderts bringt das Bündnis zwischen Frankreich und Österreich den Siegeszug zum Stillstand; danach beginnt ein vorsichtiger Neutralitätskurs (16. bis 17. Jahrhundert), und die ersten Stützpunkte rund ums Mittelmeer gehen verloren. Im 18. Jahrhundert, nach dem spanischen Erbfolgekrieg, spielt Venedig in den politischen Entwicklungen Europas keine Rolle mehr; die soziale und politische Ordnung wird von Krisen erschüttert, während die Serenissima nur noch als Touristenziel Berühmtheit erlangt.

Rund um die Rialto-Märkte

In der Calle della Sicurtà (Sicherheit) könnte der Spaziergang zwischen Rialto und San Marco beginnen, er führte über die Märkte zu den historischen Quellen des Reichtums und der Pracht der Serenissima. Früh sollte man aufbrechen, das ist nicht nur als folkloristischer Imperativ, sondern im Sinne des Selbstschutzes zu verstehen. Morgens zwischen sechs und sieben Uhr ist an Werktagen rund um den Marktbereich von Rialto schon Betrieb. In einer der umliegenden Bars legen die Marktverkäufer nach der langen Anfahrt und dem beschwerlichen Abladen der Obst- und Gemüsekisten eine erste Pause ein: Espressoduft steigt auf, knusprige Brioche locken zum Frühstück. Hier kann man sich auf die Marktatmosphäre einstimmen, Trink- und Eßgewohnheiten kennenlernen. Zum Beispiel in der Bar gleich um die Ecke bei der Cordaria, wo früher, der Name weist darauf hin, Seile hergestellt wurden. Hier gibt es einen vorzüglichen Toast mit geschmolzenem Käse, Schinken, leichtem Brandgeruch, dazu «un piccolo bianco» – und die virtuose Inszenierung einer Espressoproduktion.

Rialto war neben dem Markusplatz als politischem Zentrum und dem Arsenale als Industriebezirk einer der drei wichtigsten Knotenpunkte der mittelalterlichen Stadt: Rund um Rialto war die «City», das Wirtschafts- und

Finanzzentrum. Der Namenszug «Sottoportico dell' Banco Giro» erinnert daran, daß hier zum erstenmal in der Geldgeschichte Europas der bargeldlose Zahlungsverkehr praktiziert wurde. In dem angegrenzten Raum hinter dem Gerichtsgebäude, in den **Fabriche vecchie**, ist heute der Gemüse- und Obstmarkt. Die modernen Wechselstuben, deren Kursangebote man kritisch vergleichen sollte, befinden sich ganz in der Nähe, an der Riva del Ferro, in der Ruga Vecchia zum Beispiel. Auch die Banken gruppieren sich nach alter Tradition unweit der Rialto-Brücke. Die Rialto-Märkte sind von allen anderen großen Campi (Castello ausgenommen) fast gleich weit entfernt. Der Canal Grande ist an dieser Stelle schmal, breite Uferbefestigungen bieten auf beiden Seiten Raum für das Auf- und Abladen der Waren, Seitenkanäle ermöglichen den schnellen Weitertransport.

Die Straßennamen Riva del Vin, Riva del Ferro, der Rio del Carbon sind Wegweiser in die Wirtschafts- und Alltagsgeschichte der Stadt: In den äußeren Marktzonen wurden Wein, Eisen, Kohle verkauft. Die Erberia gleich hinter den Fabriche vecchie war der Gemüsemarkt, daran hat sich bis heute wenig geändert. An der Cordaria, der Seilfabrik, vorbei – hier begann der verheerende Brand, der 1513 fast alle Rialto-Gebäude zerstörte – führt der Spaziergang entlang der Casaria mit den Obst- und Gemüseständen zum Fischmarkt und folgt einem noch heute gültigen Grundprinzip der Rialto-Märkte: Weniger wertvolle, sperrige, eventuell auch Schmutz und üblen Geruch verursachende Waren werden in den Randzonen angeboten, kost-bare im Zentrum. Am Campo delle Beccerie, wo der Geflügel- und Fleischmarkt war, biegt man in die Ruga degli Speziali ein. Hier gab es Spezialitäten, die anfänglich noch als Medizin gehandelt wurden: Tabak, Kaffee, Zucker und besondere Gewürze.

Der Gang über den Fischmarkt ist ein Erlebnis für Auge und Ohr: Meeresgetier verschiedenster Art und Größe, Heimisches aus der Lagune, Goldäsche, Barsch, Meerbarbe, Aale, Tintenfische für die diversen «schwarzen Gerichte» der venezianischen Küche, Langusten, Hummer, Heuschreckenkrebse, Strandkrabben, Miesmuscheln. Dazu gibt es, wenn man lange genug verweilt und zuhört, witzige Sticheleien und hin und wieder auch lautstarke Streitereien zwischen Verkäufern und Kunden – die venezianischen Hausfrauen haben eine scharfe Zunge. Man zankt sich um die Reihenfolge, klagt über die steigenden Preise und mäkelt über die Qualität. Auswählen, Anfassen, Probieren, hier steht die sinnliche Erfahrung des Kaufens im Mittelpunkt. In überfüllten Fleischerläden gibt es sympathische «chiacchierate», Schwätzchen übers Wetter, die Kinder, das Essen, auch Rezepte werden ausgetauscht, und zu all dem kann man noch die virtuosen Hand- und Messerfertigkeiten der Metzger verfolgen. Jede Geste ist Teil einer eingespielten Choreographie; liebevoll wird die «bistecca» mit der Messerspitze bearbeitet, stolz noch einmal vorgezeigt, bevor sie in der Verpackung verschwindet. Ein Marktgang mit allen dazugehörenden Ritualen füllt schon einen Vormittag.

Die überdachten Marktgebäude sind unschwer als «Neubauten» zu erkennen. Der mittelalterliche

41

Man sollte sich, wenn man zwei Tage in Venedig weilt, den Luxus gönnen, beide Tage im Hotelbett zu verbringen, die Fensterläden halb geöffnet, damit der Lärm der Gassen ins Zimmer flutet, den Schampus griffbereit, als Zimmerservice einen süßen Bubi, der Calamares serviert, flambiert.

Und was man dann dabei so angeblich alles versäumt hat, läßt sich mühelos auf der Rückfahrt in diversen Hochglanzpapierprospekten nachlesen. Viel ist es nicht.

Ich schätze, danach hast du ein besseres Gefühl, als wenn du dich dieser Stadt einfach auslieferst.

In den Gassen kannst du in Menschenmassen baden. .Nach drei Minuten Fußmarsch abseits der Touristenpfade steht dir der Schweiß auf der Stirn und du ohne jede Orientierung vor irgendeinem stinkenden Kanal. Und ich wette, der ist noch nicht mal in deinem tollen Stadtplan vom Touristenbüro eingezeichnet. Also stopf ihn in den nächsten Papierkorb.

Ich sitze auf dem Markusplatz und höre, daß er 175 Meter lang und zwischen 56 und 82 Meter breit sein soll. Das beste ist, ich ordere mir zunächst ein Heineken Pils. Nach zehn Minuten gelingt es dem Boy tatsächlich, diesen ungeheuer komplizierten Auftrag fehlerfrei auszuführen. Es ist Heineken Pils. Ein Herr Goethe hat mal behauptet, das hier wäre der Marktplatz der Morgen- und Abendländer. Zugegeben, nach sozialem Wohnungsbau sieht dieser Protz nicht gerade aus.

Zum Glück läuten die Glocken auf dem Campanile erst, als wir wieder unten sind. Ich schätze, der Job des Fahrstuhlführers ist was Passendes für Gehörlose. Der schüttelt auch prompt den Kopf, als ich ihn nach der Bedeutung seines goldenen Abzeichens am Revers seiner blauen Uniform frage. Vielleicht eine Auszeichnung für zehn Jahre unfallfreie Bedienung der Fahrstuhlknöpfe. AUFWÄRTS, ABWÄRTS! Ein Tip für Snobs. Oben zwischen den Glocken, 99 Meter hoch, hängt der höchste öffentliche Fernsprecher dieses entzückenden norditalienischen Städtchens. Also, reichlich Kleingeld mitnehmen. Vielleicht reicht's dann für die berühmten letzten Worte, wenn der Turm zusammenbricht. Er bricht nicht? Doch. 1902 brach er.

Hans Weimann: *Venedig sehen … Aus: In Italien. Eindrücke vom Stiefel.* Rowohlt Taschenbuch Verlag, Reinbek 1984

Markt, 1097 gegründet, wurde bei dem verheerenden Brand von 1513 zerstört. Allein eine Inschrift auf der Apsis der Kirche San Giacomo aus dem 12. Jahrhundert zeugt noch von dieser Vergangenheit. Sie mahnt die Kaufleute, ehrlich zu sein, genau zu wiegen und die Verträge zu erfüllen. **San Giacomo** ist die älteste Kirche Venedigs und blieb von dem Brand verschont. Offensichtlich waren die Arsenalotti, die auch als Feuerwehr wirkten, hier am schnellsten zur Stelle. Der Wiederaufbau im 16. Jahrhundert bestimmt im wesentlichen das heutige Bild der Märkte, allein die dem Fischmarkt vorgelagerten Hallen zeigen neugotische Elemente aus den ersten Jahren unseres Jahrhunderts. Die Rekonstruktion orientierte sich an dem alten Grundriß, der sich vier Jahrhunderte lang als funktional erwiesen hatte. Der Stadtplan von Jacopoo de Barbari (um 1500) zeigt, daß vorhandene Fundamente genutzt wurden.

Beim Schlendern durch die Ruga degli Orifici, wo bereits im Mittelalter kunstvoll gewirkter Goldschmuck angeboten wurde, lohnt sich ein kleiner Umweg über den Campo San Giacomo zum «Gobbo» di Rialto. Auf dem Rücken dieses gebeugten Mannes aus Stein ließ der Rat der Stadt die neuesten Gesetze verlesen. Am «Gobbo», dem «Buckligen», ließ sich auch die Volkswut aus, er war Zielscheibe für Polemik und Satire, ein politischer Blitzableiter.

Wirtschaft im Wandel

Wer frühmorgens, bevor die eisernen Rolläden der Geschäfte auf der Rialto-Brücke hochgezogen werden, auf dem berühmten Bauwerk steht, kann sich bei seinem historischen Rundblick ungestört Zeit lassen. Vom Treppenaufgang links außen sieht man die Renaissancefassade des **Palazzo di Camerlenghi**, einst Sitz der wirtschaftlichen Kontrollorgane, des Finanzamtes; ganz in der Nähe befand sich auch das Gefängnis für säumige Schuldner.

Gegenüber, auf der anderen Seite des Canal Grande, erhebt sich der wuchtig wirkende Bau des **Fondaco dei Tedeschi**, in dem sich heute die **Hauptpost** Venedigs befindet. Das Gebäude ist im Rahmen der Öffnungszeiten für alle zugänglich, die sich die innere Architektur des einstigen Warenlagers deutscher Kaufleute anschauen wollen. Der Fondaco war die logische Fortführung des Marktkomplexes: Er bot Warenlager, Geschäfts- und Wohnräume für ausländische Kaufleute. Als staatlichen Besitz, der einer privaten Nutzung überlassen wurde, war er ein stets kontrollierbares Zentrum des Geschäftsverkehrs. Neben dem deutschen Fondaco befand sich früher der persische, von dessen Bausubstanz nichts mehr erhalten ist. Der Fondaco dei Tedeschi zeigt beispielhaft die funktionale Raumaufteilung, die zugleich auch dem Grundmuster des venezianischen Palazzo entspricht. Die Fassade des 1228 gegründeten, bei einem Brand zerstörten und 1505 wiederaufgebauten Gebäudes schmückten einst Fresken von Giorgione und Tizian.

Von der Salizada Pio X aus erscheint die **Rialto-Brücke** als Fortführung der Geschäftsstraße. In diesem für den damaligen Zeitgeschmack typischen massiven Baustil wurde die Rialto-Brücke erst Ende des 16. Jahrhunderts aufgebaut. Zuerst stand hier eine leichte Pontonbrücke; dann errichtete man eine hölzerne Hebe-

43

brücke, um Segelschiffen die Durchfahrt zu ermöglichen. 1444 stürzte diese Konstruktion unter dem Gewicht schaulustiger Menschenmassen ein, danach errichtete man die steinerne Brücke nach einem Plan des Baumeisters Antonio da Ponte. Bei dem Wettbewerb, welchen die Stadt ausschrieb, zogen die Entwürfe von Michelangelo und Sansovino den kürzeren. Diese Veränderung des Materials und der architektonischen Gestalt der Brücke deutet auf den wirtschaftlichen Wandel: Der Canal Grande als Hafenzone verlor an Bedeutung, die Brücke mußte keinen vollgeladenen Segelbooten mehr Durchfahrt gewähren. Der Weltmarkt Rialto geriet in eine tiefe Krise: Jetzt kamen die ersten Gewürzladungen über die neuen Seewege aus dem Westen, und Venedig verlor ein Monopol nach dem anderen. Geschäfte und Warenlager mußten schließen, die ausländischen Händler zogen ab, schließlich investierten die venezianischen Adligen in landwirtschaftliche Projekte im Hinterland, nachdem der Seehandel keine Gewinne mehr versprach.

Schattenseiten des Tourismus

Der Spaziergang über den Campo San Batolomeo, wo der venezianische Komödiendichter Goldoni gelassen das Treiben vom Sockel aus betrachtet, über die Via 2 Aprile (der Name erinnert an das revolutionäre Aufbegehren 1848 gegen die österreichischen Besatzer) in Richtung Mercerie bietet Einblicke in die moderne Geschäftswelt Venedigs. Der Ramsch der Budenverkäufer von Rialto macht den eleganten Produkten moderner Stylisten Platz. In der Merceria, dem einstigen Geschäftszentrum der Serenissima,

sammeln sich die großen Namen der italienischen und internationalen Modeszene. In dieser Kunstwelt der Reichen und der Schönen haben normale Lebensmittelgeschäfte keinen Platz. Neue Investoren sind bereit, Unsummen für «Ablösungen» bei Geschäftsübernahme zu zahlen. Ihre Rechnungen gehen in der Regel auf, in wenigen Jahren haben sich die Ausgaben gelohnt. Venedig gehört zu den teuersten Städten Italiens, die Lebenshaltungskosten sind hier in den letzten Jahren dramatisch gestiegen. Im «freien Spiel der Kräfte» setzen sich die Finanzkräftigen durch, dabei ziehen all diejenigen den kürzeren, die nichts mit der «Monokultur» Tourismus zu tun haben. Etwa 27 000 Touristen kommen im Durchschnitt täglich in das Centro Storico, zur Zeit des Karnevals können es auch 130 000 werden. Während die Infrastruktur dieser Nachfrage nur unzureichend entsprechen kann, stellt sich die Stadt immer mehr auf die Tourismusindustrie ein: Mitte der siebziger Jahre gab es in Venedig noch 400 Lebensmittelgeschäfte, heute sind es gerade mal 170, von den 78 Frisören haben zwei Drittel inzwischen aufgegeben, kaum mehr als die Hälfte der Bäckereien konnte sich halten. Der Fremdenverkehr bietet zwar Arbeitsplätze, aber insgesamt gibt es in der Großkommune Venedig mehr Arbeitslose als im regionalen Durchschnitt. Vom Wirtschaftsboom des Nordostens ist hier wenig zu spüren, der Exodus der Bevölkerung hält an, und die Venezianer werden immer älter, sterben aus, während sich reiche «foresti» (Auswärtige) in der Lagunenstadt einkaufen.

Obst und Gemüse aus Venetien

MACHT UND PRACHT

POLITIK UND KUNST DER SERENISSIMA

Der Gang über die Merceria führt von Rialto aus unweigerlich durch den Torre dell'Orologio zum Markusplatz. Die weiteren Schritte sollten gut überlegt sein. Der Besuch der Markusbasilika und ihres Schatzes oder des Dogenpalastes (mit Bleikammern oder Privatgemächern des Dogen) ist jeweils mit mindestens zwei Stunden zu veranschlagen. Zudem locken verschiedene Museen und Cafés – oder auch das Studium der Seele des Massentourismus, die sich hier unverstellt entfaltet.

Zur frühen Morgenstunde, wenn noch ein leichter Dunstschleier über der Lagune liegt, oder gegen Mitternacht, wenn das hektische Tagesgetriebe vergessen ist, nimmt man auf den Stufen des Campanile Platz und begibt sich, ungestört und in unwirklicher Einsamkeit, auf eine Reise in die Vergangenheit – in die prunkvollen Staatsakte der Serenissima: Männer in langen Gewändern mit viel Gold, Purpur und kunstvoll gewirktem Brokat folgen vorgeschriebenen Bahnen einer geheimen Zeremonie. Die architektonische Kulisse vollendet die Ästhetisierung der Macht, auf die sich Venedig perfekt verstand. Staatsempfänge erlauchter Häupter der Höfe Europas und des Orients gerieten hier zu märchenhaften Inszenierungen, welche zeitgenössische Chronisten in den schillerndsten Farben beschrieben oder malten. Der Mythos vom «Wunderbaren» dieser Stadt fand reiche Nahrung. Dazu gehörten die bunten Marktstände rund um die Piazza während der Festa della Sensa, einer der wichtigsten Messen Europas im 15. Jahrhundert. Hier war alles zu haben, was das Herz und die Phantasie beflügelte: Venedig ist Tor zum Orient, diese «Neue Welt» wird auf der Piazza nachgespielt. Auf schnell zusammengezimmerten Podesten faszinieren Geschichtenerzähler ein begieriges Publikum mit Kuriosem aus dem fernen Asien. Pillendreher, Losverkäufer, Astrologen verkaufen Gesundheit und Glück. In einer

Kunst der Selbstinszenierung –
Segnung eines Haustiers

Nur nachts ist der schönste Salon
fast menschenleer – Piazza San
Marco

schwarzverhangenen Gondel erwartet die begehrte Kurtisane einen noblen Freier, der eben noch
im Großen Rat im Dogenpalast
politisierte. Reich beladene Koggen legen an der Mole an, sichern
die Gewinne der Aktionäre auf
Rialto. Bei der nächsten Schiffs-
versteigerung auf der Piazza weiß
man sie geschickt anzulegen. Im
Arsenale stehen Rationalisierun-
gen an, um der gesteigerten Nachfrage gerecht zu werden. Die Holz-
flößerei aus dem Hinterland muß
besser organisiert werden, Istrien
allein kann den Bedarf an Bau-
holz für Koggen und Galeeren
nicht mehr decken. Geschrei aus
den Holzbuden rund um den
Campanile. Die elegante Loggetta
von Sansovino, wo sich im 16.

Jahrhundert die Arsenalotti während der Sitzungen des Großen
Rats als Wachgarden versammeln,
ist noch nicht errichtet. Aus den
Holzverschlägen wird ein Matrose
abgeführt, der gerade beim Flu-
chen erwischt wurde. Eine drastische Strafe, öffentlich ausgeführt
auf der Piazza, erwartet ihn. Wird
man den Sünder im eisernen
Käfig am Campanile hochziehen,
wird man ihm die Zunge heraus-
schneiden, oder genügen Peit-
schenschläge auf den bloßen
Rücken? Martialische Unterhaltung bietet auch die Stierhatz auf
der Piazza, bei der mit abgerichte-
ten Hunden Metzgergesellen gegen Stiere kämpfen. Sieger ist,
wem es gelingt, mit einem Streich
dem Stier den Kopf abzuschlagen.

Die Republik der Reichen

Selbst nüchterne Gemüter kann Venedigs Geschichte faszinieren: 811 wird der politische Sitz des neubesiedelten Lagunenraumes auf die Rialto-Inseln verlegt. Logistische Gründe spielen eine Rolle. Vor allem trägt die Ortswahl der Tatsache Rechnung, daß sich die reiche Familie Partecipazio im Machtkampf um die politische Führung durchgesetzt hat. Unter den Lagunenflüchtlingen herrschte durchaus keine Gleichheit und Brüderlichkeit, wie es der Gründungsmythos behauptet. War Reichtum bereits auf dem Festland Gradmesser für die Machtstellung, galt das auf den Inseln nicht minder, zumal man auf der Grundlage des hinüberge-

retteten Besitzes mit den neuen Besatzern auf dem Festland bald gute Geschäfte machte. Angesichts des politischen Kräftespiels zwischen fremden Besatzungsmächten, den Ansprüchen von Byzanz und dem Expansionsstreben der Franken kam es zu keiner politischen Einigung unter den einflußreichen Familien.

Von den dreißig Dogen, die zwischen 727 und 1023 herrschten, beendeten nur acht ihre Amtszeit mit einem natürlichen Tod. Die dubiose «Überführung» der sterblichen Überreste des Evangelisten Markus aus Alexandrien stärkte die politische Position Rialtos: Durch die neuerworbene Reliquie wurde der Bischofssitz von Olivolo (San Pietro di Castello)

enorm aufgewertet. Damit entzogen sich die Rialto-Inseln der Einflußnahme des Patriarchen von Grado, dessen Expansionsstreben mit den Interessen der Venezianer zusammenstieß. Unter den Fittichen des Löwen, dem Symbol des Evangelisten Markus, sollte sich bald ein ganzes Imperium entfalten.

Während das Abendland sich auf den Weltuntergang vorbereitete, sicherten sich die Venezianer Handelsmonopole: Salz gegen Nahrungsmittel aus der Po-Ebene; Holz für den Orienthandel, auch der Sklavenhandel erwies sich als lukrativ. *Die* Venezianer, das ist die Gruppe der «Maiores», der reichen Grund- und Salinenbesitzer und Kaufleute, eine für Neureiche durchaus offene Führungsschicht; zu *den* Venezianern gehören auch die «Mediocres», Handwerker, Seefahrer, Glasbläser, Leute, die sich ihren Lebensunterhalt mit täglicher Arbeit erwerben müssen; die Venezianer sind auch die «Minores», auf das Almosen der Reichen angewiesen und von diesen abhängig. Die Volksversammlung, vielfach als «demokratisches Element» der Seerepublik überbewertet, verliert mit der Machtkonzentration an Bedeutung, denn nur wenige wirtschaftlich einflußreiche Familien haben

das Sagen. Die Bewohner der von Rialto weiter entfernten Inseln nehmen schließlich nicht mehr an den Versammlungen teil und entwickeln vom Zentrum unabhängige politische und soziale Subsysteme.

Beutekunst als Publikumsmagnet

Ein denkwürdiges Datum ist das Jahr 1202: Der Doge Enrico Dandolo beschließt, sich am vierten Kreuzzug zu beteiligen. Die Gründe sind weder fromm noch ideologisch, Venedig geht's ums Geschäft: Christliche Krieger werden auf venezianischen Schiffen ins Morgenland transportiert, da-

für erhält man kostbares Beutegut für die Markusbasilika und neue Handelsmonopole im Orient. Man investiert in Sachen christlicher Expansion, legt einen kurzen Umweg ein und besetzt Zadar, jene Stadt Dalmatiens, die sich Venedig bisher erfolgreich widersetzte. Schließlich bezwingt man selbst Konstantinopel, dessen politische Machtansprüche Venedig bisher erfolgreich abwehren konnte. Die übrigen Partner des «Unternehmens Kreuzzug» haben dabei einfach mitzumachen, schließlich sind sie von den Schiffen, der finanziellen und diplomatischen Hilfe der Serenissima abhängig.

Die «Gewinnspanne» Venedigs ist in der Markusbasilika zu sehen: die vier Bronzepferde (im Ausstellungsraum), die einzige erhaltene Quadriga des Altertums, außerdem die wundertätige Ikone der Madonna Nicopeia, verschiedene Leichenteile von Heiligen und andere kultische Kostbarkeiten. Die am Hauptaltar zu bewundernde Pala d'Oro gilt hingegen als Auftragsarbeit, die man in Byzanz ausführen ließ. Als «Schatz von San Marco» kann man reiches Beutegut besichtigen, sofern die schönsten Stücke nicht gerade irgendwo auf der Welt ausgestellt werden. Dabei hat sich Olivetti als Sponsor verdient gemacht; mit den Einnahmen aus diesen Ausstellungen werden die kostenträchtigen Restaurierungsarbeiten für die Basilika bestritten. Allein für die täglich anfallenden Arbeiten muß eine Werkstatt mit mehr als zwanzig spezialisierten Handwerkern unterhalten werden. Einige unter ihnen beherrschen noch die traditionelle Mosaikkunst, die hier einst ihre Vollendung erfuhr.

Folgt man den Daten der Baugeschichte von Basilika und Dogenpalast, so war die Piazza jahrhundertelang eine riesige Baustelle. An der Kirche wurden bis zum 17. Jahrhundert bauliche Veränderungen, um 1500 wohl die entscheidendsten, vorgenommen. Spätgotische Türmchen, Erker, Engel und Heilige überspielen die Schwere der fünf orientalischen Kuppeln. Der optische Zierat sollte den ganzen Bau von dem versteinerten Wald ablösen, der ihn in der Lagune verankert. Goethe verglich das Ganze mit einem Taschenkrebs.

Am stimmungsvollsten wäre ein Besuch der Basilika an einem frühen Winterabend, wenn der Nebel schon über die Mole kriecht und die Konturen sich im wattigen Grau auflösen. Im Inneren ist nur noch dunstiges Licht, feucht dringt es aus der Krypta, wo stetig das Wasser steigt. Matt schimmert der Goldgrund der Mosaiken, ihr Grundriß in der Form eines griechischen Kreuzes tritt hervor, die Anordnung der Kuppeln, vier äußere im Rechteck und eine mittlere, wird deutlich. Auf über 400 Quadratmetern erzählen die Mosaikwände flüsternd biblische Geschichten. Der gewellte Fußboden mit arabischen Ornamenten, römisch und griechisch inspirierten Figurationen bewegt sich, wird zu einem psychedelischen Erlebnis im Stile der Metamorphosen Eschers.

Nüchterne Besucher kommen möglichst an einem Sonnentag hierher, kunsthistorisch vorbereitet, mit einem guten Fernglas ausgerüstet, um Quadratmeter für Quadratmeter Mosaik zu studieren. Begrenzungsschnüre zwecks geordneter Durchführung der Besichtigung und schützende Gummimatten auf dem Mosaikboden dämpfen den Kunstgenuß.

Bögen der Macht: der Dogenpalast

Die steinernen Ornamente rund um den Markusplatz haben im Laufe der Geschichte einiges gesehen und ausgehalten. Dogen präsentierten sich hier dem Volk, hoher Staatsbesuch wurde feierlich empfangen; Barbarossa söhnte sich in der Basilika mit Papst Alexander III. aus, nachdem er im Kampf um Oberitalien eine Niederlage erlitten hatte. Mit diesem historischen Treffen begann die diplomatische Karriere Venedigs. Verhandlungsgeschick auf allen Ebenen sicherte schließlich das militärisch und wirtschaftlich eroberte Seeimperium ab. Ende des 14. Jahrhunderts hatte Venedig den Gegenspieler Genua bereits ausgeschaltet; nach der Eroberung Konstantinopels galt die Machtstellung im Osten als gesichert, mit dem Sieg über Genua war auch der Westen unter den Fittichen des venezianischen Löwen. Die Einweihung des im spätgotischen Stil erweiterten Dogenpalastes, des **Palazzo Ducale**, krönte diese Entwicklung. Die frühere Fondaco-Fassade ging bei der Modernisierung völlig verloren, jetzt glich das Ganze einer mit grazilen Säulen unterstützten Kiste, die genügend Raum für die fast 2000 Mitglieder des Großen Rates bot. Es war ein architektonischer Entwurf an der Grenze zwischen Statik und Dekoration: Der Stein wurde zum Ornament, die Masse des Marmors im graziösen Farbenspiel aufgelöst, allein ein Zinnenkranz erinnerte an die frühere Burg.

1474 und 1577 brannte das ganze Kunstwerk wieder einmal ab, dabei wurden die Gemälde Bellinis und Tizians und die reichverzierten Holzdecken vernichtet. Am Wettbewerb für den Wiederaufbau des Dogenpalastes beteiligte sich Palladio mit einer äußerst originellen Idee: Er wollte auch den vom Brand verschonten Rest des Dogenpalastes abreißen lassen und hier einen Neubau im Renaissancestil errichten, der zu dem neuantiken Panorama von San Giorgio Maggiore und dem Redentore paßte. Aber der strenge Purismus widerstrebte dem venezianischen Stil- und Traditionsbewußtsein. Statt dessen setzte sich da Ponte, der Architekt der Rialto-Brücke, mit seinem Vorschlag durch, das Ganze wieder so aufzubauen, wie es vorher war. Diese Entscheidung gilt als typisch für den Konservativismus, an dem auch moderne Architekten wie Le Corbusier und Kahn mit ihren Entwürfen für Neubauten in Venedig scheiterten.

Der Begriff «Dogenpalast» ist eigentlich falsch. Die Räume, die dem Dogen zur Verfügung standen, sind unbedeutend gegenüber der Größe und Pracht der Versammlungssäle für die verschiedenen Regierungsgremien. Um einen ersten Eindruck zu gewinnen, sollte man durch die Porta della Carta, die Verbindung zwischen Basilika und Dogenpalast, wo öffentliche Bekanntmachungen angeschlagen wurden, in den Innenhof des Palastes gehen und sich für einige Zeit im Schatten der Säulengänge niederlassen. Auf der Scala dei Giganti, der Treppe mit den überdimensionalen Figuren von Mars und Neptun, wurde der neue Doge feierlich ins Amt eingeführt, hier empfing er wichtige Besucher. In den riesigen Sälen befinden sich heute Ausstellungen; als öffentliche Institution hat nur das Amt für Denkmalschutz hier seinen Sitz.

Wer sich zur Besichtigung der Innenräume des Palastes und auch der nahe gelegenen Kerker entschließt, hat einiges vor sich. Die großflächigen Deckenfresken gleichen einem überdimensionalen Kriegs-Comic: Bedeutende Schlachten der Seerepublik werden detailgetreu wiedergegeben. Hier kann man die berühmten Galeeren, die Waffen und Rüstungen und die Kampfstrategien genau studieren. Anders als auf vielen Gemälden von Schlachten, auf denen einzelne Fürsten oder Könige als siegreiche Kriegsherrn im Vordergrund stehen, werden hier nicht die Dogen herausgestellt. Venezianische Siege wurden von einer «Kriegsmaschinerie» errungen, entscheidend war dabei das geordnete Zusammenwirken der einzelnen Galeeren. Diese Taktik des Seekrieges, in erster Linie aber die Verherrlichung der Stadt, vom Gründungsmythos bis zu den großen militärischen Siegen, stehen im Mittelpunkt der künstlerischen Ausgestaltung. Das *Paradies* von Tintoretto gilt mit seinen 22 mal 7 Metern als das weltweit größte Ölgemälde auf Leinwand und hat wie die von Veronese, Palma dem Jüngeren und Bassano stammenden Bilder die Größe der Serenissima zum Thema.

Beim Verlassen des Innenhofes vom Dogenpalast fällt der Blick auf die etwas verzweifelt blickenden Tetrachen; wie anderes «Diebesgut», das zur Dekoration der Markusbasilika verwendet wurde, stammen auch sie aus Byzanz. Es lohnt sich, nach weiteren Objekten dieser Beutezüge zu fahnden; dabei entdeckt man kunstvoll bearbeitete Marmorplatten mit arabischen Ornamenten, geschickt eingelassen in das Farbenspiel der Marmorfassade der Basilika. Kaufleute und Seefahrer hatten Weisung, stets Kostbarkeiten für den Schmuck von San Marco mitzubringen. So kamen unterschiedliche Materialien, Stilrichtungen, Profanes und Sakrales zusammen und fügten sich schließlich harmonisch zu einem Ganzen. Der Markusplatz war jahrhundertelang Eingangstor der Stadt, seine ästhetische Gestaltung galt als Staatsakt, die Formgebung war Ausdruck eines politischen Selbstverständnisses. Der Dogenpalast entwickelte sich aus der einstigen Festungsanlage zum Fondaco, schließlich zum Prototyp des venezianischen Palastes. Beherrschendes Element ist der Bogen: Rundbogen, Kielbogen, Hufeisenbogen, Dreiblatt- oder Kleeblattbogen – so vielfältig die Form, so eindeutig die Funktion: Durchbruch des Massiven und Umkehrung der Massenverhältnisse.

Das touristische Massenverhältnis läßt sich nicht so leicht umkehren. Unweigerlich folgt man dem Druck der Menge hin zur **Seufzerbrücke**, deren Architekt da Ponte seinem Namen wieder alle Ehre machte: zierlich die Form, klar die Funktion. Das neben dem Dogenpalast gelegene Gefängnis – die Seufzerbrücke verbindet beide Gebäude – hat reichlich Stoff für Schauergeschichten geliefert, bis hin zu den Abenteuern Casanovas. Die brutalen Folterinstrumente, die hier zu besichtigen sind, wurden in Venedig nicht strenger gehandhabt als anderswo in Europa. Zwar luden die überall in den Palastgängen angebrachten Briefkästen in Löwenmaulornamentik zur Denunziation ein. Doch warteten drastische Strafen auf mögliche Verleumder. Ein gutfunktionierendes Spitzelsystem bewirkte, daß der anonyme Denunziant nicht unbekannt blieb. Bekannt für Strenge, bemühte sich die Republik um den Anschein von Gerechtigkeit. Sie hielt antike Tugenden hoch, die dafür sorgten, daß «die da unten» «die da oben» nicht nur fürchteten, sondern auch achten konnten. Um moralische Hygiene war die Serenissima höchst besorgt. Die lebensnotwendige Disziplin auf einem Schiff diente dabei als Vorbild für die «innere Führung» des Staates. Im 16. und 17. Jahrhundert galten die politischen Institutionen Venedigs als so unantastbar, daß der venezianische Staat zu einem regelrechten Mythos stilisiert und zur unverzichtbaren Etappe der Bildungsreisen europäischer Adliger wurde.

Sanierung – in der Lagunenstadt
ein Dauerthema

CANALAZZO

TRAUMFAHRT AUF DEM CANAL GRANDE

Die heisere Animierung «Gondola, Gondola» verheißt einen Traum: einfach zurücksinken in scharlachrote Kissen, dem rhythmischen Schlag des Ruders lauschen, scheinbar mühelos durch die schönste Straße der Welt gleiten, die Arbeit des Gondoliere dabei unsicher im Rücken wissend. Weniger romantisch, aber durchaus unterhaltsam ist eine Vaporetto-Fahrt durch den Canal Grande mit der Linie 2 (ca. 30 Minuten). Und wer sich noch nicht satt gesehen hat, fährt dieselbe Strecke wieder zurück. Am Bahnhof könnte diese Zeitreise durch die Geschichte des Canal Grande beginnen; notwendige Utensilien sind ein guter Stadtplan, der auch die Namen der Paläste rechts und links des Kanals ausweist, viel Phantasie, ein gutes Fernglas und ein Steh- oder Sitzplatz an Bord.

Der «Canalazzo», so nennen die Venezianer den Canal Grande, beschreibt auf etwa vier Kilometer Länge ein großes «S» durch das Zentrum und gilt als die wichtigste Verkehrsader der Stadt. Er ist von einer dichten Kette von Palästen und Kirchen gesäumt, deren Fassaden zum Wasser hin ausgerichtet sind und alle Stile, vom veneto-byzantinischen bis zum klassizistischen, vorweisen. Hinter dem Ponte degli Scalzi, Mitte des 19. Jahrhunderts als erste eiserne Brücke über den Canalazzo entstanden, spielt bereits die Geschichte: Beim **Fondaco dei Turchi** legt ein Frachtschiff an, Segel werden eingezogen, heisere Schreie, geschäftiges Treiben; vor dem Deposito del Megio, einem Kornspeicher, lädt man Getreidesäcke von den Lastkähnen. Für

Wo das Wasser Steine trägt

140 000 Menschen muß auch im Falle einer Mißernte die Ernährung gesichert sein; der Rat der Stadt betreibt eine wirkungsvolle Vorsorge und Lagerhaltung. Epochen später: Soldaten der französischen Besatzungsarmee hämmern unter dem Jubel angetrunkener Kameraden die Löwensymbole von der Fassade des Kornspeichers: 1797 – das Ende der Seerepublik und der Unabhängigkeit Venetiens. Im Fondaco dei Turchi, einem der ältesten, aber im 19. Jahrhundert restaurierten Gebäude der Stadt im ve-

neto-byzantinischen Stil, führt heute ein verstaubtes Museum eine phantastische Sammlung von ausgestopften Tieren vor, die nicht nur Kindern Spaß bereitet: verblichene Gorillas, Elche mit Spinnweben im Geweih, einst schnelle Straußvögel und quirlige Tanzmäuse. Die exotische Fauna wurde von begeisterten venezianischen Fernreisenden zusammengetragen und im Stil der Kolonialzeit zur Schau gestellt.

Schräg gegenüber, im Palazzo Loredan-Vendramin-Calergi, lebte, komponierte und verstarb

der Großmeister deutscher Seelenmusik, Richard Wagner. Im Winter wird hier das Spielkasino betrieben, das sich während der Sommermonate auf dem Lido befindet und häufig für Skandale in der Lagune sorgt.

Ein kluger Mensch verglich ein Menschenleben mit einem venezianischen Palast: Unten beginnt man mit prachtvollen, sorgfältig in Diamantquadrung geschnittenen Steinen, dann aber wird in den oberen Etagen alles hastig aus getrocknetem Lehm fertiggestellt. Nicht wenige Paläste am Canal Grande teilen dieses Schicksal, das häufig auch dem ihrer Besitzer entspricht. Viel Unfertiges gibt es auch an Kirchenfassaden, deren Ausschmückung gleichfalls von der wirtschaftlichen Entwicklung abhängig war.

Im Stil der neuen Zeit
Direkt neben der Haltestelle San Staè erhebt sich die mächtige Fassade von **Ca'Pesaro**, dem Palazzo der Pesaros, einer «neureichen» Familie der Stadt. Als Architekt ist Baldassare Longhena verantwortlich, dessen Stil den neuen Zeit-

59

geist trifft: Raum wird umbaut, klotzig und massiv, statt der luftig durchbrochenen Fassade im veneto-byzantinischen Stil dominiert die Schwere des Steins. Die Salute-Kirche, neben der Dogana da Mar am Ausgang des Canal Grande nach einem Entwurf Longhenas Mitte des 17. Jahrhunderts errichtet, dokumentiert ebenfalls diese neue Bauweise. Sie gefällt den Pesaros, die stolz darauf sind, auch *einen* Dogen gestellt zu haben. Ihr Palast soll dem Reichtum und dem neuen Selbstbewußtsein der Familie einen einzigartigen Ausdruck verleihen. Der Architekt denkt neun Jahre darüber nach, offensichtlich ist dieser Auftrag angesichts der baulichen Glanzleistungen entlang des Canal Grande nicht leicht umzusetzen. Schließlich entwirft er ein steinernes Szenarium, das den venezianischen Fondaco-Stil nicht einmal mehr zitiert: Treppenstufen steigen aus dem Wasser auf, hier werden keine Warenladungen, sondern Gäste erwartet. Sie sollen über die von Tiepolo ausgemalten Decken staunen, die protzenden Gastgeber um die Gemälde von Tintoretto, Tizian, Carpaccio und Giorgione beneiden.

Der Glanz hielt nicht lange an, 1830 kommen die Kunstwerke unter den Hammer. Venedig ließ sich in London gerade gut verkaufen. Schließlich wurde der ganze Palast versteigert.

Die letzte Besitzerin, die Fürstin Bevilacqua La Masa, schenkte den Bau 1898 der Stadt Venedig mit der Auflage, darin eine Akademie zur Förderung junger Künstler sowie ein Museum unterzubringen. Nach teurer Renovierung wurde jetzt auch der etwas antiquierte Museumsbetrieb – mit bedeutenden Sammlungen asiatischer und zeitgenössischer Kunst – aktiviert. Einen Besuch sollte man sich auf jeden Fall vornehmen, wenn auch nur, um den monumentalen Brunnen, die innere Gliederung des Palastes, die Fresken und Deckenmalereien zu betrachten. Ein Lächeln noch für den reizenden Mädchenkopf zwischen den beiden Eingangsportalen der Ca'Pesaro. Der istrische Marmor, nach drei Jahrhunderten eingeschwärzt, glänzt wieder im frischen Weiß. Hinterrücks plustert ein Dämonenkopf höhnisch die Backen auf, als wolle er alle Boote vom Kanal pusten.

Palazzo-Gefühle

Der nächste Palast ruft lautstarke Bewunderung bei Kunstfreunden hervor, sofern die ganze Pracht nicht wieder einmal hinter einer Holzverschalung verschwunden ist, um restauriert zu werden: Die **Ca'd'Oro** macht ihrem Namen alle Ehre. Der Goldglanz des spitzendurchwirkten Mauerwerks blendet, erinnert an ein Märchenschloß. Tanzt da nicht der scharlachrote Gnom zwischen den Säulenreihen, lugt durch das Kleeblatt der Loggia, klettert an den verschnürten Kanten hoch bis zum Zinnenkranz? Der Mitreisende blickt nur kurz von seinem bebilderten Reiseführer auf. Im Buch kann man sowieso alles besser erkennen, und von der gerühmten Vergoldung ist tatsächlich nichts mehr übriggeblieben.

Wer den venezianischen Palazzo von innen kennenlernen will, sollte unbedingt einen Besuch der Ca'd'Oro einplanen. Gewiß ist auch die **Galleria Franchetti** mit ihrer Sammlung von Gemälden und Skulpturen sehenswert – zu ihren Beständen gehören einige der Fresken von Giorgione und Tizian, die einst den Fondaco dei

**Fondamenta – Spielplatz
für die Kleinen**

Tedeschi schmückten. Doch der eigentliche Reiz liegt im Haus selbst und in seiner spätmittelalterlichen Architektur. Der Blick von der nach einem behutsamen Restauro wieder geöffneten Loggia auf den Canal Grande schafft *das* Palazzo-Gefühl. Die Sonne doppelt die gotischen Fensterreihen auf dem spiegelglatten Terazzo-Fußboden. Die Reflexe legen die Farbenvielfalt der Marmorstücke frei, machen den Boden transparent und schwerelos. Seine Schönheit hat Jahrhunderte überdauert, seine Elastizität den statischen Veränderungen getrotzt.

Warenlager – Ursprung des venezianischen Palastes

La Casa-Fondego (Fondaco), das Kaufmannshaus, ist der Ursprung des venezianischen Palastes. Der Fondaco ist Warenlager, Verkaufsraum, eng verbunden mit den Wohnräumen der Kaufmannsfamilie. Das doppelte Verkehrssystem zu Wasser und zu Fuß bestimmt den Grundriß. Im Erdgeschoß ist der Privatzugang zum Wasser, der «andron». Hier legen Boote an, werden Waren abgeladen. Der Portikus, zumeist reich verziert, schmückt diesen Teil der Fassade. Seitlich vom Andron sind kleine Räume, die als Warendepots oder Stauraum dienen. Zum Wasser hin haben sie kleine rechteckige Fenster mit Gittern. Darüber ist der «piano nobile» mit großem Salon, «portego» genannt. Er dient nicht nur zum Repräsentieren. Hier werden auch kostbare Waren ausgestellt, kommt der Reichtum zur Geltung. Der langgestreckte «portego» wird von der Fensterfront der Wasserfassade erhellt, kleine Fenster gehen auch zum Innenhof. Rechts und links des «por-

tego» liegen die Gebäudeflügel mit Außenfenstern zu den Seitengassen oder -kanälen. Die Ca'd'Oro wirkt gegenüber diesem klassischen Muster, das man am besten beim Fondaco dei Turchi wiederfindet, etwas asymmetrisch, da wohl wegen Platzmangel nur ein Flügel angebaut werden konnte. Der Salon entspricht hier dem Grundriß eines «L». Über dem Piano nobile, der den Herrschaften vorbehalten ist, liegen Dienstbotenräume, niedrig und mit kleinen Fenstern.

Der Fondaco war eine in sich abgeschlossene Einheit, wie ein Schiff, allen Erfordernissen entsprechend aufgeteilt, patriarchalisch geleitet und stets nach dem Geschäftsinteresse ausgerichtet. Doch seine Fassade leugnete Nüchternheit und Sachlichkeit. Die Gesetze der Schwerkraft werden optisch aufgehoben mit tauartigen Verschnürungen der Hauskanten und scherenschnittartigen Fensterreihen. Mauern erscheinen wie entmaterialisiert. Bunte Marmorplatten lassen zum Beispiel den Palazzo Dario wie einen wertvollen orientalischen Stoff wirken, während sich die Mauern langsam neigen und in Falten legen. Marmorbalustraden verschieben sich, doch das Spitzengewebe der dreizehnbögigen Fassade des Palazzo Loredan wirkt federleicht wie schon seit Jahrhunderten. Traut man den alarmierenden Ergebnissen einer neueren Untersuchung der Fundamente, sind allerdings die Grenzen der Elastizität erreicht.

Liebe, Kunst und andere Waren

Gerade zieht ein Gondelgeschwader vorbei: Akkordeonklänge und venezianisches Liedgut. Der Ohrwurm «O sole mio» wurde inzwischen als meridionaler Fremdkörper aus dem Repertoire verbannt. Wie eine perfekt einstudierte Choreographie wirken die Bewegungen der Ruderer, nur das kreuzende Müllboot stört die Szenerie. Etwas weiter, schräg gegenüber von den Rialto-Märkten, legt gerade eine blaublütige Touristengruppe beim Hotel Leon Bianco an. Diese noble Absteige zur Glanzzeit des venezianischen Karnevals, ist einer der ältesten Paläste im veneto-byzantinischen Stil. Früher kamen die adligen Herren nicht nur wegen des Karnevals in die Ca'da Mosto; als erstes fragten sie nach dem Katalog der Kurtisanen. Darin waren die Qualitäten der Damen des horizontalen Gewerbes und auch die Tarife ausgewiesen. Die Serenissima kontrollierte Angebot und Nachfrage auf dem Liebesmarkt, erhob sie auch eine Vergnügungssteuer? Geduldige Historiker mögen dem nachgehen, jetzt ist Eile angesagt, um schnell noch Rialto zu passieren, bevor die hölzerne Zugbrücke geschlossen wird.

Im Fondaco dei Tedeschi herrscht Krisenstimmung. Kann man mit den Konkurrenten, die in Lissabon und London einkaufen, noch mithalten? Spanier und Portugiesen transportieren zwar schneller, scheinen jedoch weniger gewandt zu sein in der christlichen Seefahrt. Venezianische Stoffe sind immer noch gefragt, doch in Lissabon kostet der Pfeffer etwa die Hälfte von dem, was man auf dem Rialto-Markt anlegen muß. Die hohen Transportkosten nach Mitteleuropa dazugerechnet, dann ist Venedig freilich immer noch günstiger. Hektisches Treiben an der Riva del Vin, neue Ladungen für die Malvasia-Händler. Trotz der politischen Spannungen floriert der Handel mit dem Nahen Osten. Auch die Finanzgeschäfte haben sich erholt, nachdem der Zusammenbruch der Girobanken durch die Verstaatlichung aufgefangen wurde.

Das Modell der Umverteilung privater Krisenkosten auf die Allgemeinheit, die Verflechtung politischer und wirtschaftlicher Macht, damit ist man hier bereits im 16. Jahrhundert vertraut. In den veneto-byzantinischen Palästen Loredan und Farsetti, gegenüber der Haltestelle San Silvestro, ist der Sitz der Stadtregierung. Ihre wechselnden Vertreter und die ihnen zugehörigen Parteien und Interessengruppen beherrschen die Rhetorik von der «Rettung Venedigs». Und diejenigen, die damit Ernst machen, wie zum Beispiel Bürgermeister Massimo Cacciarí, kämpfen gegen die Windmühlen der Bürokratie und das Erbe von «Tangentopoli».

«Il Palazzo», einst Fondaco, Kaufmannshaus, später Stätte der Lustbarkeit und des Luxus, hat man im 18. und 19. Jahrhundert ausgeschlachtet, um die inzwischen recht bescheidene Lebensführung seiner Besitzer zu finanzieren. Kostbare Gläser und Gemälde wurden nach und nach veräußert. Deswegen kann man die Werke Canalettos besser in London bewundern als an ihrem Entstehungsort Venedig; die kostbaren Tizian-Stücke hängen in der Leningrader Ermitage, und die Pinakothek aus dem Palazzo Barbarigo della Terrazza kaufte der russische Zar Nikolaus II. Reiche Amerikaner erstanden zu den Bildern gleich den Palast − so gab es keine überflüssigen Transportkosten. Der Immobilienausverkauf findet heute stückweise statt. Merkwürdige, verschachtelte Eigentumsverhältnisse stiften oft schwierige, häufig internationale

Gondoliere – Berufsstand mit viel Selbstbewußtsein

Hausgemeinschaften und lang-jährige juristische Auseinander-setzungen.

Wuchtig richtet sich der **Palaz-zo Grimani** auf, er trägt die Hand-schrift des Festungsbaumeisters Sanmicheli, der im 16. Jahrhun-dert, dem Jahrhundert der Kriege und Siege der Serenissima, den Höhepunkt seiner Architekten-karriere erlebte. Der Vaporetto tuckert an spätgotischen Fenster-reihen und Renaissancefassaden vorbei bis zum **Palazzo Grassi**, Haltestelle San Samuele. Dieser von der Klassik inspirierte Bau, einst Sitz der reichen Familie Grassi, die erst 1718 in das Gol-dene Buch der Nobilität aufge-nommen wurde, ist als modernes Ausstellungs- und Kulturzentrum das Symbol eines Venedig des dritten Jahrtausends. Er gehört zu neunzig Prozent der Fiat-Aktien-gesellschaft. Der Automobil-Kon-zern, der sich in den letzten Jah-ren einen guten Ruf als Kultur-Sponsor gemacht hat, verfolgte hier ein ehrgeiziges Projekt. Der international bekannte «Mu-

seumsmacher» Pontus Hulten, der auch den Centre Beaubourg gestaltete, wurde mit der Konzeption betraut. Inzwischen blickt der Palazzo Grassi auf eine Reihe international gerühmter Ausstellungen zurück. Den spektakulären Anfang machte eine Werksammlung zum Thema Futurismus. Höhepunkte waren die Einblicke in die Kultur der Phönizier und Kelten, aber auch die einzigartige Ausstellung des deutschen Expressionismus. Und immer wieder stehen die Besucher Schlange,

überschlagen sich die in- und ausländischen Kunstkritiker. Der Kulturpalast ist zugleich auch Stätte für Theater- und Musikereignisse. Selbst die kulinarische Kunst kommt hier nicht zu kurz. Diesem Vorbild eifern nun auch städtische und staatliche Museen nach, eigentlich eine sympathische Entwicklung, verstand man den Museumsbesucher doch bisher eher als Kopfwesen, der neben Tasche und Schirm auch Beine und Bauch an der Garderobe abgibt.

Venezianisches Leben im Museum

Gegenüber, in der Ca'Rezzonico, beginnt gleich der Maskenball. Wer sich nur schwer in die lockeren Vergnügungen der venezianischen Gesellschaft des 18. Jahrhunderts versetzen kann, findet in der Ca'Rezzonico, wo auch das **Museo dell'Settecento Veneziano** untergebracht ist, reichlich Anregung. Da tänzeln graziöse Damen mit hochgeschnürten Brüsten; geheimnisvoll verhüllt die Moretta, eine kleine schwarze Maske, ihre

Züge; Harlekine und Spaßmacher, Zwerge und Hunde beleben die Szene; die Bauta verdeckt das Gesicht des noblen Herrn; alles bewegt sich zu Vivaldi-Klängen, eine nervöse, vergnügungssüchtige Szene, festgehalten mit den schnellen, atmosphärischen Pinselstrichen Longhis. Doch schon steigt die Gesellschaft in die mit schwarzem Tuch, der Felze, verhüllten Gondeln, wenige Ruderschläge zum anderen Ufer des Canal Grande, eine vergnügliche Nacht im «Ridotto», dem Spiel-

**Doppelte Perlenkette –
Palazzi am Canalazzo**

kasino, und der sichere Ruin steht bevor.

Szenenwechsel: Der Bauruine **Ca'del Duca** soll ein Besuch abgestattet werden. Ein riesiger Palast sollte es werden, länger als der Dogenpalast, ganz im auftrumpfenden Zeitgeist des 15. Jahrhunderts. Doch die Bauaufsicht der Serenissima blokkierte die Pläne des ehrgeizigen Mailänder Fürsten. In einem Winkel der Bauruine hatte übrigens Tizian sein Atelier. Auf dem mächtigen, mit istrischem Marmor ausgekleideten Sockel steht heute ein häßlicher Neubau.

In der **Galleria dell'Accademia**, bei der gleichnamigen Brücke, sind die bedeutendsten Maler der Stadt versammelt; der Besuch ist ein kultureller Imperativ. Die einzigartige Ausstellung findet Raum in der Scuola Santa Maria della Carità, die einst einer der größten Bruderschaften Venedigs gehörte. Unterhalten wir uns eine Weile mit dem jungen Mann auf dem gleichnamigen Gemälde von Lorenzo Lotto. Warum dieser melancholische Blick? Hat er gerade die Geschäftsbücher studiert? Warum blättert er so hastig weiter, während sich sein Blick in der Ferne verliert? Rosenblätter, eine Kette, ein Ring, der gefaltete Brief, und was soll diese Eidechse? Dieser Jüngling hat so gar nichts von einem kühnen Seefahrer oder geschäftstüchtigen Kaufmann. Langeweile umweht ihn, Melancholie und ein Hauch von Dekadenz – das 16. Jahrhundert und der Niedergang Venedigs haben begonnen. Stunden könnte man hier verbringen in der Gesellschaft empfänglicher Jungfrauen, malträtierter Heiliger, bei frommen Gelagen und würdevollen Abgängen.

Einbruch der Moderne

Zweihundert Meter weiter, im **Palazzo Venier dei Leoni**, hat Peggy Guggenheim Liebhaber und Lieblingsmaler versammelt – eine hochkarätige Sammlung an Surrealisten und Abstrakten. 1951 erwarb die amerikanische Erbin diesen unvollendeten Palast, der nach ihrem Tode Sitz der Peggy-Guggenheim-Stiftung wurde und die größte private Sammlung von Kunstwerken des 20. Jahrhunderts in Europa ausstellt.

Schräg gegenüber, im **Palazzo Barbaro** sprach man bereits 1815 amerikanisch. Die reiche Familie Curtis aus Boston machte ihren Palast zur Begegnungsstätte vieler amerikanischer Schriftsteller und Künstler: Hier trug Robert Browning seine Gedichte vor; Henry James schrieb hier einige Novellen, deren fiktive Handlungen sich in diesem Palast entwickeln. Claude Monet und John Singer Sargent hatten hier ein Atelier. Auch Cole Porter lebte hier, bevor er seinen Jazzclub auf einem vor der Salute-Kirche verankerten Boot eröffnete.

Hinter der harmonischen Fassade des **Palazzo Dario** toben moderne Ehe- und andere Dramen. Auch in dem graziösen **Palazzetto Contarini Fasan** wird gelitten und gestorben, völlig grundlos eigentlich, wie so häufig: Desdemona und Othello, der Schauspiel- oder Opernführer weiß Genaueres. Vorbei an den bunten, nicht so recht zu den übrigen Fassaden passenden Mosaiken der Glasfirma Salviati in Murano, und wir sind im Venedig der Hotel-Palazzi: bekannte Namen, ausgewählte Gerichte, schöne Geschichten. Wer diese Szenerie genauer betrachten oder sich in das Jahr 1650 phantasieren möchte, nimmt auf den Stufen der **Salute-Kirche** Platz. Die große Pest ist überstanden, die Leichenboote fahren nicht mehr in die Lagune. Ein ganzer Wald wurde in Istrien abgeholzt, um Baldassare Longhenas barocken Kirchentraum zu erfüllen und eine Votivkirche als Dank für die Errettung der Stadt von der Pestepidemie zu errichten.

Ein ausgeklügeltes Bausystem führt auf einem Achteck als Grundriß Statik und Dekor im barocken Stil zusammen. Steinmassen türmen sich zu lichter Höhe, darunter wächst ein versteinerter Wald, in der Tiefe regt sich das Wasser – eine venezianische Umkehrung der Verhältnisse. Einmal im Jahr, am 21. November, verbindet hier eine Pontonbrücke beide Ufer, um den Venezianern den traditionellen Gang in die Salute-Kirche zu ermöglichen, ein Ereignis, das sich anschließend zu einem Volksfest mit heißen Kastanien und Glühwein entwickelt. Man dankt damit immer noch der «Jungfrau von der Gesundheit» für die Erlösung von der Pest im Jahre 1630.

Ökologische Dissonanzen

Haltestelle Salute: Nur ein paar Schritte weiter, an der Spitze der **Dogana da Mar**, ist Platz zum Ausruhen und rundum die herrliche Kulisse des Beckens von San Marco. Vor dem inneren Auge ziehen die Fassaden der prächtigen Paläste vorbei; Phantasiebegabte tauchen ab in den steinerne Wald, der die Fundamente der Lagunenstadt stützt. Jahrhunderte hat er dem ewigen Auf und Ab des Meeres, der Erosionswirkung der Kanäle und den Sturmfluten standgehalten. Die Belastungen der Moderne hält er nicht mehr aus. Dem Touristenstrom folgte die Zunahme der öffentlichen und privaten Verkehrsmittel auf den Kanälen. Der starke Wellengang, den sie verursachen, dringt in die Abwasserschächte der Häuser ein, sprengt langsam, aber stetig das Mauerwerk. Die Korrosionswirkung des Lagunenwassers ist durch Chemikalien wesentlich erhöht. Die Phosphatkonzentration der Rii liegt dreitausendmal höher als die der oberen Adria. Die Kanäle sind Schwermetallminen, etwa 700 Schiffstonnen, so schätzt man. Inzwischen hat wohl ein unabhängiges Forschungsinstitut nachgewiesen, daß die Giftkonzentration des Schlamms in den Rii und Kanälen doch nicht so hoch sei, wie man annahm. Folglich sei keine Sondermüllentsorgung nötig. Das ändert wenig an der Tatsache, daß der sterilisierende Salzgehalt des Wassers beständig abnimmt, da sich wegen der vielen Hotels in der Stadt der Wasserverbrauch pro Kopf und Tag auf über 500 Liter erhöht hat. Unter diesen Bedingungen scheint eine besondere Algenart hervorragend zu gedeihen, während das ganze biologische System der Lagune erschüttert ist.

Zu Zeiten der Serenissima wurden Rii und Kanäle regelmäßig trockengelegt und gereinigt. Diese Schutzmaßnahmen verhinderten eine Versumpfung. Während dieser Arbeiten wurden auch die Fundamente kontrolliert und bei Bedarf Schäden rechtzeitig behoben. Die politisch Verantwortlichen haben bis in die neunziger Jahre diese notwendigen Arbeiten vernachlässigt, obwohl sie von allen Parteien immer wieder zum Wahlkampfthema gemacht wurden. Diese Versäumnisse lassen nun die Kosten ins Unermeßliche steigen. Die öffentlichen Baumaßnahmen und auch die internationalen «Restauro-Initiativen», finanziert durch weltweite Sammelaktionen, konzentrierten sich auf die sichtbare Bausubstanz, während die Fundamente vernachlässigt wurden. Fachleute fordern heute die schrittweise Trockenlegung und Reinigung aller 174 Rii und Kanäle Venedigs, da nur so die längst fälligen Sanierungsarbeiten an den Fundamenten durchgeführt werden können. Die Region Veneto hat inzwischen wichtige Schutzmaßnahmen zur Entgiftung der Lagune vorgenommen. Ein Kanalisationssystem müßte installiert werden; darüber wird schon seit Jahrzehnten gesprochen. Jahrhundertelang sorgte der Selbstreinigungsprozeß der Lagune auch für die Beseitigung menschlichen Unrats. Nachdem das ökologische System massiv gestört ist, bleibt Venedig auf seinem Dreck sitzen. Algenteppiche vermehren sich im Wasser, Stechmückenschwärme verdunkeln das so berühmte venezianische Licht und warten darauf, daß die Traumkulissen rechts und links des Canal Grande zusammenstürzen.

SCHIFFE AM LAUFENDEN BAND

ALLTAG IM ARSENALE

Der Besuch des Arsenale war zu Glanzzeiten der Serenissima wichtiger Programmpunkt hochgestellter Gäste. Der Dichter Dante, der die Werftkomplexe während einer äußerst betriebsamen Phase besuchte, war so nachhaltig beeindruckt, daß er die dort gewonnenen Eindrücke zu höchst realistischen Terzinen seines «Inferno» gestaltete. Er hätte seinen XXI. Gesang auch «Modern Times» nennen können; jedenfalls entsprach das, was er hier zu sehen bekam, bereits Vorformen moderner Produktionstechniken. Zum Arsenale gibt es heute keinen öffentlichen Zutritt, aber die Bootslinie 52 fährt mitten hindurch.

Ein Spaziergang rund um den Industriekomplex und durch den Stadtteil Castello (rund zwei Stunden) zeigt anschaulich die ehemalige Bedeutung der «Staatsfabrik».

Ausgangspunkt dieses Ausflugs in die Industriegeschichte Venedigs ist der **Campo dell'Arsenale**. Hier sollte man auf jeden Fall etwas verweilen und die Atmosphäre auf sich wirken lassen. Der erste Eindruck verwirrt, zu viel Unterschiedliches, Gegensätzliches kommt hier zusammen: Das in der Weltgeschichte zusammengeklaute antike löwenähnliche Bestiarium rechts und

Venezianisches Bestiarium – eine
Einladung nicht nur für Zoologen

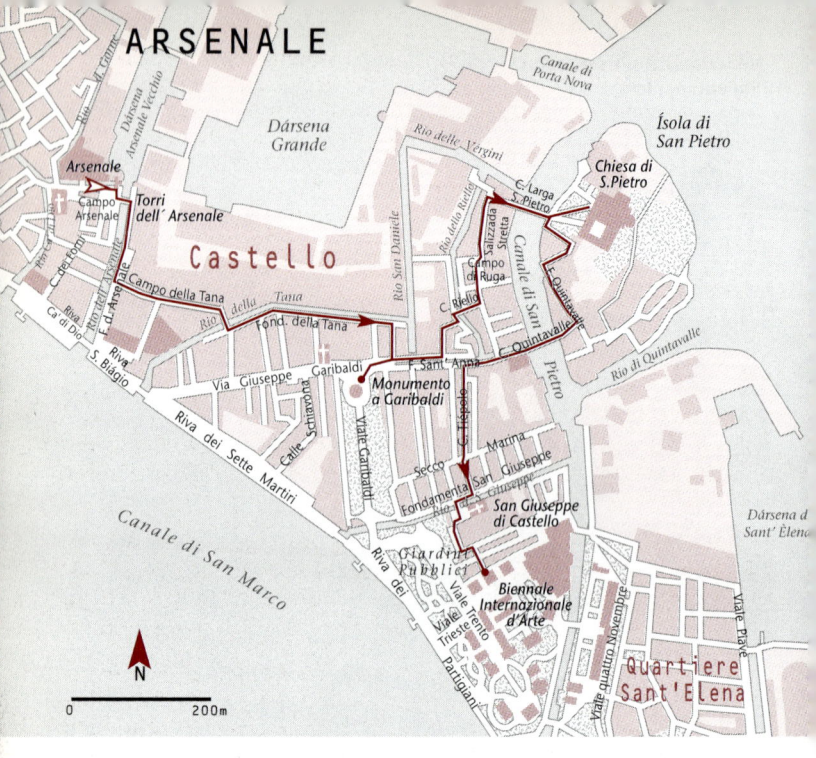

links von der mit Eisengittern begrenzten Terrasse paßt nicht so recht zu den jungen Marinesoldaten, die hier Wache schieben.

Die Bauelemente sind als klassische Stilübungen aus der frühen Renaissancezeit Venedigs zu identifizieren; hoch oben über allem thront der geflügelte Markuslöwe. Alles zusammen stellt wohl einen Triumphbogen dar, soll an die siegreiche Schlacht von Lepanto (1571) gegen die Türken erinnern. Daneben erheben sich die Wachtürme beiderseits des Kanals, in Backsteinrot und istrischem Weiß, allzu elegant für einen Festungsbau. Angebracht wurde dieser Zierat rund ums Arsenale erst zu einem Zeitpunkt, als die Serenissima bereits den Zenit ihrer Macht überschritten hatte.

Hochbetrieb in der Staatsfabrik

Das Erfolgskapitel des **Arsenale** begann bereits fünfhundert Jahre früher. Anfänglich wurden die Schiffe handwerklich gefertigt. Nachdem man die Werftanlage zwischen 1303 und 1325 erheblich erweitert hatte, konnte die Produktion rationalisiert werden. Die Arbeitsteilung wurde eingeführt; jetzt produzierte man Schiffe wie am Fließband, paßte die Größe der Werkhallen der Form der zu fertigenden Modelle an und unternahm erste Schritte auf dem Weg zur Serienproduktion. Neben der vertikalen entwickelte sich auch eine Form der horizontalen Konzentration: Unter staatlicher Kontrolle siedelten sich rund um das Arsenale die wichtigsten mit dem Schiffsbau verbundenen Gewerbe an. Statt der hölzernen Brücke stand hier eine riesige Hebebrücke, welche den Galeeren und Koggen mit ihren hohen Segelmasten Zufahrt zur Darsena verschaffte und die beiden Inseln, Zimole (Zwillinge) genannt, verband. Der historische Kern der Werftanlage maß in seiner Gründungszeit drei Hektar, davon war ein Hektar Wasserfläche. In den folgenden Jahrhunderten, hauptsächlich zwischen dem 14. und 16. Jahrhundert, wurde das Arsenale etwa um das Zehnfache ausgedehnt, während sich die Stadt in ihrer Grundfläche nicht einmal verdoppelte. Es entstand ein Staatsmonopol auf alle Aktivitäten, die militärischen und kommerziellen Zielen dienten. Alles, was mit Holz und Hanf, wichtig für die Seilherstellung, zu tun hatte, unterlag hier der staatlichen Aufsicht, die Waffenproduktion und alle Zulieferbetriebe ebenfalls. Kornspeicher und Backstuben, in denen die berühmten, höchst dauerhaften Kekse für die Schiffsmannschaften hergestellt wurden, ließen die Herren der Stadt hier produzieren.

Die Namen der Gassen, Höfe und Brücken erinnern heute an die soziale und wirtschaftliche Verknüpfung von Stadtteil und Industrieanlage. Ähnlich wie bei frühkapitalistischen Fabrikanlagen wohnten die Arbeiter in unmittelbarer Nähe. Die «Werkswohnungen» der Arsenalotti nahmen bereits vorweg, was am sozialen Wohnungsbau der zwanziger Jahre unseres Jahrhunderts als vorbildlich galt: Kleine Reihenhäuser, funktional geplant, jede Wohneinheit zumeist mit eigener Eingangstür; Innenhöfe, nicht selten kleine, mit Mauern umgebene Gärten sorgten für Licht und Entlüftung, boten Raum für soziales Zusammensein. Der Staat war Arbeitgeber eines gesamten Stadtteils. Eine, verglichen mit frühkapitalistischen Methoden, progressive Sozialpolitik sorgte für die Integration der Arsenalotti, welche einen privilegierten Stand und hohes Ansehen genossen. Ein hierarchisch gegliedertes Arbeitssystem sicherte die innere Kontrolle. Prämien, Sonderrationen, Werkswohnungen, Alters- und Krankenunterstützung, ein Schulsystem für die Kinder, ehrenvolle Sonderaufgaben wie die Wache im Dogenpalast oder das Steuern des Bucintoro garantierten die Loyalität der Arbeiter.

Verlust der Monopolstellung

Das «höllische Getriebe», das Dante faszinierte, ging bereits im 16. Jahrhundert zurück, das Arsenale durchlebte eine Krise. Wohl brachten die Siege über die Türken einen kurzen Aufschwung. Zudem erwiesen sich die Konkurrenten Portugal und Spanien, die nach der Entdeckung neuer Seewege die Monopolstellung Venedigs im Orienthandel gefährdeten, als weniger leistungsstark. Eine aufblühende Textilmanufaktur und ein hochentwickeltes Kunsthandwerk trugen zur Wiederbelebung des Handels bei. Doch bereits zu Beginn des 17. Jahrhunderts änderte sich die Situation: England und Holland nahmen den gesamten Handel mit Indien in die Hand und schalteten Venedig innerhalb kurzer Zeit völlig aus. Rialto verlor an Bedeutung. Der Abstieg Venedigs zum Provinzhafen begann, allen bis in unser Jahrhundert andauernden Wiederbelebungsversuchen zum Trotz. Ende des 17. Jahrhunderts befand sich die Staatswerft Arsenale in einer weiteren technischen und logisti-

Gondelbau – eine Kunst mit vielen Geheimnissen

schen Krise. Wohl wurde 1690 der Rio dell'Arsenale erweitert, um einem breiteren Schiffstyp Zufahrt zu verschaffen, der Manövrierplatz war jedoch für Kanonenschiffe einer modernen Flotte zu klein, der einzige Zugang zu schmal. Bereits 1786 bemerkte Goethe bei seinem Besuch der Werftanlage, es sehe hier «nach einer alten Familie aus, die sich

noch rührt, obgleich die beste Zeit der Blüte und der Früchte vorbei ist». Eine treffende Charakterisierung wenige Jahre vor dem Fall der Republik (1797). Danach plünderten Franzosen und Österreicher die Anlage. Zwischen 1887 und 1916 gab es ein kurzfristiges Aufleben der Werftaktivitäten, wohl aus historischen Gründen sollte Venedig zum Haupthafen

des jungen italienischen Staates werden. Während der Weltkriege gewann das Arsenale strategische Bedeutung, doch bereits 1957 wurde das hier ansässige Marinekommando nach Ancona verlegt. Dann kam das endgültige Eingeständnis der Bedeutungslosigkeit: Die nördliche Mauer wurde für die Durchfahrt des Vaporetto geöffnet.

Auf und Ab in Castello

Das Arsenale bildete stets den Gradmesser für Aufstieg und Verfall Venedigs. Heute befindet es sich eher im Niedergang. Diese Agonie zeichnet auch die Straßenzüge des Stadtteils Castello, von San Biagio und San Martino bis Santa Giustina, von Sant'Anna bis zu San Pietro di Castello – in diesem Gebiet wohnten die Arbeiter

Zum Schwätzchen auf die Via Garibaldi

des Arsenale. In ihrem Umkreis ließen sich die Emigranten aus Dalmatien und Griechenland nieder. Hier lebten Matrosen in den vom Staat zur Verfügung gestellten Wohnblöcken. Das emphatische Versprechen, in dieser Gegend das «Venedig der Venezianer» zu finden, ist eher ein Witz. In Castello war «das Volk» schon immer unter sich. Jede Wirtschaftskrise grub sich in das Gesicht des Stadtteils ein. Trotz einiger mehr oder weniger entschiedener Versuche, Castello in das Sightseeing-Programm der Tourismusagenturen zu integrieren, hat der Massentourismus diesen Stadtteil links liegenlassen. Nicht zuletzt deswegen lohnt der Besuch des Sestiere Castello.

Über die hölzerne Brücke des Rio dell'Arsenale kommt man zum **Campo della Tana**, hier war die über 300 Meter lange Seilerei. Man kann an der Fondamenta della Tana entlanglaufen, mal nach rechts, in Richtung Via Garibaldi, die Hauptader Castellos, abbiegen. Umfangreiche Sanierungsarbeiten wurden hier in den letzten Jahren durchgeführt. «Nur

Kosmetik», meinen viele, die den schleichenden inneren Verfall des Stadtviertels miterleben.

Bis in die siebziger Jahre gab es hier ein reges Leben in den über zwanzig Kneipen, eine neben der anderen, Treffpunkte der Arbeiter der umliegenden Werften, Werkstätten und des Arsenals. Arbeit findet man hier nicht mehr. Der Kleinhandel hat keine Existenzgrundlage. Wenige Werften haben überlebt, ohne Kapital und moderne Maschinen sind sie hauptsächlich Reparaturbetriebe; andere dienen inzwischen als Garagen für die Jachten der Reichen.

Kleine Abstecher auf Campi und Campielli, in Calli geben Einblicke in ein schlichtes, auch heute noch vorwiegend proletarisches Milieu mit Hinterhofidylle und Blumentopfgärtchen. Hier ist die Gasse noch Verlängerung der Küche oder des Wohnzimmers. Mit buntem Wachstuch bespannte Tische stehen vor dem Haus, daran die obligatorischen Alten, Requisiten für stimmungsvolle Fotos des «anderen Venedig». Man kann am rechten Ufer des Rio di Sant'Anna entlanglaufen, mit Blick auf den sozialen Wohnungsbau der Serenissima, dann über die hölzerne Brücke auf die Insel San Pietro di Castello. Oder man wählt die Calle Tiepolo, wo man auch das Geburtshaus des Malers findet, um über den Rio San Giuseppe zum Stadtpark, den **Giardini Publici**, zu kommen. Diese Grünanlage verdanken die Venezianer Napoleon, der diverse Kirchen und die ärmlichen Unterkünfte von Fischern, Spitzenklöpplerinnen und Perleneinfädlerinnen abreißen ließ, um einen öffentlichen Park anzulegen. Hier kann man sich im Schatten ausruhen, mit Blick auf die Pavillons der Kunstbiennale, und dann über die Riva dei Sette Martiri zurücklaufen. Dieser Name erinnert an ein zeitgenössisches Kapitel venezianischer Geschichte: Während des Zweiten Weltkriegs erschossen hier deutsche Militärs im Rahmen einer Racheaktion sieben Bürger der Stadt.

Kontrastprogramm zum Rummel zwischen Rialto und San Marco wäre ein Spaziergang zur Insel **San Pietro di Castello**. Hier stand einst wohl das Kastell, das dem Stadtteil seinen Namen gab. Neben der an einem schönen, offenen Campo gelegenen Kirche San Pietro erhebt sich der Palast des Patriarchen, den nur aufwendige Restaurierungsarbeiten vor dem Verfall retten können.

Die Insel San Pietro war bis 1807 religiöses Zentrum der Lagune. Erst auf Anordnung Napoleons wurde dieses nach San Marco verlegt.

Unter den schattigen Bäumen des Campo auf einer Parkbank sitzend, bietet sich dem Betrachter ein charakteristisches Bild: Auf dem Canale di San Pietro liegen bunte Fischerboote, es gibt kleine Werften, Fischernetze werden ausgebessert. Eine magere Katze spielt mit einem toten Fisch. Entferntes Hämmern aus einer Werkstatt. Arbeiter kommen langsam über die hölzerne Brücke, verschwinden in der Calle del Campiello und werfen lange Schatten. Ein Hund streunt durch das hohe Gras des Campo. Der massive Turm aus istrischem Stein neigt sich bedrohlich, das auch schon seit Jahrhunderten.

Das urbane Prinzip Venedigs

Der Rückweg führt über die Brücke wieder in Richtung Arsenale, über die Calle Larga und die Salizzada Stretta auf den Campo di Ruga. Zuvor könnte man unter den Sottoportego Zulian hindurch zum Canal San Pierto gehen: Eine schlaucbartige Unterführung, einer der niedrigsten Venedigs, führt unter die gesamte Häuserzeile hindurch, verbindet die Calle mit dem Kanal, bietet die Möglichkeit für direkten Personen- und Warenverkehr. Eigentlich verbindet sich damit ein phantastisches Prinzip des ökonomischen Bauens. Die Venezianer mußten mit ihrem beschränkten Raum haushalten. Aus der Notsituation machten sie eine Tugend. Nicht nur die Fußwege, auch die Wasserstraßen werden häufig überbaut. Während die engen Gassen dunkel und manchmal beengend wirken, wachsen kleine Gärten auf den Dächern. Die Altane sichert Bewohnern von Palästen und auch schlichten Behausungen einen Platz an der Sonne. Diese Dachbalkone sind über den Speicher oder eine Außentreppe zu erreichen, dienen zum Wäschetrocknen und zur Entspannung an lauen Sommerabenden. Vor der Erfindung chemischer Blondierungsmittel haben sich venezianische Mädchen und Frauen hier ihr Haar von der Sonne bleichen lassen.

Eine weitere Besonderheit venezianischer Architektur entdeckt, wer sich auf dem Campo Ruga umschaut: den Brunnen mit reichverzierter Einfassung, die «vera da Pozzo», hier aus dem 14. oder 15. Jahrhundert. Geschichtsträchtig ist auch die Calle di Ruga: «Ruga» kommt vom französischen «rue» und bezeichnet eine Straße, die beidseitig von Geschäften, Werkstätten und Häusern flankiert wird. Heute wird hier nichts mehr produziert, einige Kleinwarenhändler gehen dem Ruin entgegen, der Großeinkauf wird im Supermarkt auf dem Festland billiger erledigt. Wie ein Lehrbuch typisch venezianischer Bauformen wirkt die Gegend zwischen Calle Riello und Fondamenta Riello sotto le Colone: Der arkadenartige Gang demonstriert überbauten Straßenraum; im Hintergrund treten Mauern, Turm und Zinnenkranz des Arsenale hervor; zwischen dem Canale di San Pietro und dem Rio detto Riello, der darunter hindurchfließt, «begeht» man das urbane Prinzip Venedigs: Canale, Häuserzeile, Campo, Häuserzeile, Fondamenta, Rio; dazwischen Calli und Sottoporteghi – mit Variationen wiederholt sich dieses Muster in allen Teilen der Stadt. In der Calle Stella, die von der gleichnamigen Fodamenta abgeht, entdeckt man eine weitere Kuriosität: **Corte Stella**. Ein winziger Innenhof, mehr Lichtschacht für den völlig umbauten Raum, in der Mitte ein graziöser Brunnen, mit Brettern abgedeckt und vollgestellt mit Blumentöpfen. Daneben eine Überraschung: gotische Spitzbögen im Erdgeschoß, mit den typischen, an Schiffstauen erinnernden Verzierungen, Brunnen und Fenster aus dem 15. Jahrhundert, wie die alte Dame versichert, die freundlich hinter der Gardine erscheint.

Vom Exodus der Bewohner

Durch die Calle San Giovachino kommt man wieder an den Rio di Sant'Anna, der kurz darauf unter dem neuen Pflaster der Via Garibaldi verschwindet. Man könnte jetzt in eine der nächsten Gassen einbiegen, wäre wieder an der Fondamenta della Tana direkt vor der Mauer des Arsenale oder geriete in den Corte Nuova, einen langgestreckten Hof mit zwei reichverzierten Brunnen. Bis in die achtziger Jahre war Castello ein «rotes» Viertel mit einer dichten kommunistischen Subkultur zwischen Kneipe, Parteibüro und Kulturzentrum. Die Sozialarbeit – Kindergarten, Obdachlosenasyl, Altenheim und Jugendzentrum – oblag der Kirche. Wie mit der Lupe vergrößert sind in Castello die Probleme, die auch die anderen Stadtteile Venedigs betreffen: ruinöser Zustand der Wohnungen, Exodus der Bewohner, Überalterung, Schließung lebenswichtiger Geschäfte, fehlende Infrastruktur. Die schleichende Aushöhlung der sozialen Basis begleitet von Kriminalität und Drogen. In den fünfziger Jahren gab es hier einen blühenden Schwarzmarkt für Zigaretten. Heute machen Arbeitslose das schnelle Geld oder den sicheren Abgang mit Heroin. Wer noch etwas auf sich hält, wohnt hier nicht. Hier gibt es kein funktionierendes Kino, kein Theater. Wenn sich im Sommer das Leben draußen abspielt, ist alles noch erträglich. Im Winter, wenn die Vaporetti wegen Nebel und Sturm unregelmäßig fahren, fühlt man sich abgeschnitten von der Außenwelt. Die

Castello – Problemzone mit
Sozialromantik

folkloristische Idylle ist dann tiefgrauer Alltag und täuscht höchstens investitionsfreudige Ausländer, die sich in den Fisch- und Gemüsemarkt der Via Garibaldi verliebt haben.

Die einzige Attraktion ist der Anfang der siebziger Jahre angelegte Sportpalast mit 2000 Plätzen, ein funktionaler Betonklotz.

An Plänen und Projekten für eine Wiederbelebung des Stadtteils fehlt es nicht; die Spezialgesetze, die ganz Venedig unter Denkmalschutz stellen, erweisen sich auch häufig als hindernde Fesseln. Das zeigt sich gerade bei den Versuchen, den Baukomplex des Arsenale zu revitalisieren und für Ausstellungen, Konzerte, Kongresse zu nutzen. Die Industrieanlagen sind im Laufe der Geschichte beständig verändert worden, nur wenige Gebäude aus der Blütezeit des Arsenale sind noch erhalten. Diese gilt es zu schützen, während die Bauten aus dem 19. und 20. Jahrhundert Raum böten für vielfältige Initiativen. Solange das Herz des Stadtteils, das Arsenale, stillsteht, gibt es keine Wiederbelebung der umliegenden urbanen Struktur. Der Tourist, der sich in die Peripherie verirrt, verspricht dem alten Castello keinen Aufschwung, auch wenn Immobilienfirmen und Hotelbesitzer steigende Gewinne erzielen.

In einer Osteria in der Nähe des Arsenale könnte man diesen Spaziergang abschließen und sich in die Vergangenheit oder Zukunft träumen: Die Industrieruine Arsenale wandelt sich wieder zur Stätte der hektischen Betriebsamkeit, als kurz vor der Schlacht gegen die Türken bei Lepanto 3000 Arbeiter in eineinhalb Monaten 100 Galeeren bauten – das bedeutet etwa zwei Schiffe pro Tag. Oder man stelle sich das Arsenale als avantgardistisches Kulturareal vor, als internationales Kongreßzentrum oder Sitz eines Brain-Trusts im Venedig des dritten Jahrtausends.

Die Männer aus der Osteria im Corte Nuova witzeln über diese Zukunftspläne. Sie könnten sich vorstellen, daß man im Arsenale wieder Schiffe baut, moderne und traditionelle. Aber wer interessiert sich schon dafür. Das traditionell «rote» Castello hat sich seit den achtziger Jahren stark verändert. Die linke Subkultur ist aufgeweicht. Lega Nord, aber auch die Neofaschisten haben Zulauf, vor allem bei den Jungwählern. Während die Leghisten die Schuld an der politischen und ökonomischen Misere auf Rom schieben und eine bessere «separatistische» Zukunft versprechen, lockt die Rechte von Alleanza Nazionale (früher MSI) mit einem «starken Staat», der die sozial Schwachen nicht im Stich läßt. Die Altkommunisten von Rifondazione Comunista setzen immer noch auf den Klassenkampf, während der PDS die sozialdemokratische Öffnung zur Mitte probt. Patentrezepte zur Lösung der Strukturkrise hat keine Partei. Die großen Vereinfacher haben Konjunktur.

THEMATISCHE
TOUREN

DIE KUNST DES HERUMGONDELNS

AUF DEM WASSER DURCH DIE STADT

Die urbane Utopie eines doppelten Verkehrsnetzes wurde in Venedig zur Wirklichkeit. Durch Gassen über Kanäle, zu Fuß und zu Wasser sind venezianische Erkundungen möglich. Und die architektonischen Besonderheiten dieser Stadt beweisen, daß die Wasserwege eindeutig Vorrang hatten: Die Fassaden der prächtigen Paläste sind dem Wasser zugekehrt. Dort, wo dieses Prinzip nicht zutrifft, weil der Palazzo direkt am Campo steht, stellt sich bald heraus, daß man das große Portal noch im letzten Jahrhundert mit einer Gondel erreichen konnte. «Rio Terrà» – diese Bezeichnung taucht dann bestimmt als Beleg dafür auf, daß hier ein Kanal zugeschüttet wurde. Wer Venedig vom Wasser aus kennenlernen möchte, kann sich ein Boot leihen, sich auf Gondelfahrt begeben oder mit den Linienbooten «herumgondeln». Für die Umkreisung der Stadt mit dem Vaporetto muß man ca. eine Stunde veranschlagen; die Zickzackfahrt über den Canal Grande mit den Gondel-Fähren, verbunden mit kleinen Spaziergängen und Besichtigungen, nimmt einen Vormittag in Anspruch.

Wohl einmalig, aber charakteristisch für venezianische Bauweise ist der Lauf des Rio del Santissimo: Dieser Kanal fließt im wahrsten

Belcanto und Tratsch gehören
wie Wasser zur Gondel

Leben auf dem Wasser –
kein einfacher Alltag

Sinne des Wortes *durch* das Aller-
heiligste der Kirche San Stefano,
und das Boot gleitet direkt unter
dem Altar hindurch. Der natürliche Lauf des «rio» blieb unter
dem Kirchenbau erhalten; der
Stein folgte dem Wasserweg, ein
Bauprinzip, das man in Venedig
immer wieder antrifft. Kanäle
waren bis ins letzte Jahrhundert Hauptverkehrswege, Gondeln
noch nicht «Touristenfallen», sondern öffentliche Verkehrsmittel.
Ihre Nutzung als Fähre an einigen
Stellen des Canal Grande erinnert
heute noch daran. Das Kanal-

system von über 45 Kilometer
Länge war unersetzliches «Kom-
munikationsmittel». Da es bis
Mitte des 19. Jahrhunderts nur
eine Brücke über den Canal
Grande gab, häuften sich auch
Anekdoten über verzweifelte Ver-
suche, schwimmend – mit einer

Hand das Kleiderbündel über dem
Kopf haltend – zu nächtlicher
Stunde, wenn keine Gondelfähren
mehr verkehrten, das Ziel zu erreichen. Diese unliebsamen Erfahrungen ersparen die inzwischen auch nachts verkehrenden
Vaporetti (Linea N).

Im Boot zu Hause

«Barca xe Casa», das Boot ist ein Haus, sagt der venezianische Volksmund immer noch, obwohl das auf Tronchetto oder einem Parkplatz in Mestre geparkte Auto fast noch wichtiger ist. Damit kommt man zur Arbeit oder kann – im Vergleich zu den astronomischen Preisen im Centro Storico – auf dem Festland billiger einkaufen. Früher war das eigene Boot wertvolles Kapital, Arbeitsmittel, auch Liebesnest, auf jeden Fall förderte es die sozialen Beziehungen. Feste wurden auf dem Wasser gefeiert, galante Abenteuer oder drastische Handgreiflichkeiten spielten sich hier ab. Jeder dritte venezianische Haushalt hat heute noch ein Boot. Dafür auch einen Stellplatz in Wohnungsnähe zu finden ist genauso schwierig, wie eine preisgünstige Mietwohnung aufzutreiben. Außerdem gibt es seitens der «Wasserpolizei» drastische Auflagen, und die kommunale Gebührenordnung macht das Boot inzwischen zum Luxusartikel. Etwa eintausend Mark monatlich zahlt man für einen Gondelstellplatz auf dem Canal Grande, etwas weniger als die Hälfte ist die Gebühr für einen «topo» (kleines Boot) in einem Seitenkanal. Ein Boot, erst recht wenn es einen potenten Motor hat, ist heute eindeutig Statussymbol. Man kann damit in Höchstgeschwindigkeit durch die Kanäle kurven, in die Lagune stechen oder lässig an einem Kai anlegen und Passanten beeindrucken. Rudern ist beliebter Volkssport in Venedig, so wie anderswo Joggen. Die venezianische Rudertradition wird von verschiedenen Clubs hochgehalten. Regata Storica und Vogalonga sind nicht nur wichtige sportliche und touristische Ereignisse; die privaten Aktivitäten der Sportler werden im Rahmen dieser Festivitäten öffentlich aufgewertet, so etwa wie bei einem «Volkslauf».

Wasserstraßen werden aber auch für politische Demonstrationen und Kundgebungen genutzt: zum Beispiel für einen Bootskorso gegen Drogen, für die Kundgebung streikender Arbeiter aus Marghera vor dem Sitz der Stadtregierung, bei religiösen Festen und Prozessionen zu Wasser, bei hohen Staatsbesuchen für ein prächtiges «Aufgeboot». Und was anderswo ein kleiner Spaziergang wäre, heißt in Venedig «fresco» und bedeutet soviel wie ein bißchen «rumgondeln», um frische Luft zu schnappen. Die Gondel ist wohl das schönste, aber keineswegs das einzige charakteristische Boot der Lagunenstadt. Für verschiedene Gelegenheiten gibt es die unterschiedlichsten Bootsformen: zum Beispiel den wendigen «topo», als Segelboot oder motorisiert zum Transport von Gütern aller Art; den «sandolo» für einen Ruderer, der im Boot steht und es mit zwei gekreuzten Rudern antreibt; die stabile und geräumige «sanpierota» wurde früher für den Fischfang benutzt und dient heute für Ausflüge in die Lagune; der «s'ciopòn», ein kleiner, flach auf dem Wasser liegender «sandolo», der früher für die Entenjagd verwendet wurde; oder die «mascareta» mit ihrem leichten und schmalen Rumpf, die meist von Frauen gerudert wird. Zu Recht wird heute gefürchtet, daß günstigere Gebührentarife für kleine Kunststoffboote dazu führen, daß diese traditionellen und zum historischen Stadtbild gehörenden Bootsformen verschwinden.

«Gondola, Gondola»

Natürlich ist die Bootsfahrt auch heute noch die bequemste Art, sich in Venedig fortzubewegen. Wer nicht auf ein Privatboot zurückgreifen kann, muß die häufig überfüllten öffentlichen Vaporetti benutzen. Ein Bootstaxi ist teuer, auch das angemietete Boot geht ins Geld und setzt zudem viel Steuergeschick voraus.

Eine günstige und unterhaltsame Variante kann die Besichtigung des Canal Grande von der Gondel-Fähre aus werden. An sieben Anlegestellen ist die Überfahrt möglich: So könnte man von der Calle Vallaresso, dicht beim Markusplatz, zur Punta della Dogana übersetzen und von dort aus den Ausblick auf das Becken von San Marco genießen und in Ruhe die nächste Fährstelle auf dem Stadtplan ausmachen, um gemächlich im Zickzackkurs die Palazzi des Canal Grande kennenzulernen. Manchem mag es etwas gefährlich erscheinen, dieses schwankende schwarze Gefährt zu besteigen, auf dem sich mitunter mehr als zehn Personen stehend versammeln, um sich zum anderen Ufer rudern zu lassen. Aus nächster Nähe lassen sich die rhythmischen Bewegungen des Gondoliere beobachten, das tänzerische Vor und Zurück des Fußes, das Lockern und Straffen der Nackenmuskulatur. Dazu im Blickfeld das siebenzackige Bugeisen, das vielfach so gedeutet wird: die sechs nach vorn gerichteten Zacken als die sechs Stadtteile Venedigs (Sestieri), der eine nach hinten gerichtete Zacken als die Insel Giudecca oder gar als die im Jahre 1573 an die Türken verlorene Insel Zypern, womit der langsame Niedergang der Seerepublik begann. Auch für das darüberliegende beilförmige Eisen gibt es vielfältige Deutungen: Sinnbild der Rialto-Brücke, Dogenmütze oder venezianische Hellebarde. Und während man noch mutmaßt und deutet, gleitet die Gondel zwischen die Begrenzungspfähle und legt an einer hölzernen Treppenstufe an. Der Gondoliere – leider nicht der blonde Schöne aus dem Gemälde von Carpaccio – reicht einem helfend den Arm; schon hat man wieder festen Boden unter den Füßen, aber immer noch das leichte Schwanken der Gondel im Gefühl.

Die Gondeln, rund 500 sind heute noch in Betrieb, im 18. Jahrhundert waren es 14 000, sind bei den Venezianern nach wie vor beliebt, gibt es doch über den 3800 Meter langen Canal Grande nur drei Brücken. Zur Glanzzeit der Serenissima wetteiferten die reichen Familien um die prächtigsten Privatgondeln und die elegantesten Ruderer. Das schlichte Schwarz der aus 224 Holzteilen bestehenden Gondel ist Ergebnis einer siebenfachen Lackierung, die chemische Zusammensetzung des Lackes unterliegt dabei auch heute noch einer strengen Geheimhaltung. Erst seit Beginn des 7. Jahrhunderts und auf Anordnung des Großen Rates der Stadt tragen die Gondeln Schwarz; aufgrund eines Gesetzes, das übermäßigen Luxus verbot, durften sie nicht mehr geschmückt werden. Zweifellos ist die Gondel ein Meisterwerk der Schiffbaukunst: elf Meter lang, etwa eineinhalb Meter breit, so konstruiert, daß sie dem Wasser den geringsten Widerstand bietet und von einer Person allein gerudert werden kann. Deswegen berührt die eine Hälfte der Gondel das Wasser nicht, die asymmetrische Form erleichtert dem Ruderer das Steuern. Das schwere Metallstück am Bug soll das Gewicht des

**Im Bauch des Vaporetto –
Sight-seeing mit Sitzplatz**

Gondoliere ausgleichen und die
Schwankungen reduzieren. Über
die Jahrhunderte hat sich dieses
Gefährt immer wieder leicht verändert, bis die Gondel Mitte des
17. Jahrhunderts ihre heutige
Form erreichte.

Die Stadt auf dem Wasser umkreisen

Wer Venedig auf Wasserwegen
kennenlernen will, kann mit dem
Vaporetto die sechs Sechstel der
Lagunenstadt umkreisen: durch
den Canal della Giudecca an die
Zattere, die ehemaligen Holz-

flößen, vorbei in Richtung Arsenale, mit einem herrlichen Ausblick auf das Becken von San Marco. Durch den Rio dell'Arsenale geht es nach Murano, zurück an der Fondamenta Nuova vorbei durch den Canale di Cannaregio, in Richtung Bahnhof und Piazzale Roma, dann durch das Hafenviertel von Santa Marta wieder entlang der Giudecca: eine knapp einstündige Besichtigungsfahrt rund um die Lagunenstadt, und wer sich immer noch nicht satt gesehen hat, kann stundenlang so weiterfahren. Zusteigen kann

Wer hätte nicht einen flüchtigen Schauder, eine geheime Scheu und Beklommenheit zu bekämpfen gehabt, wenn es zum ersten Male oder nach langer Entwöhnung galt, eine venezianische Gondel zu besteigen? Das seltsame Fahrzeug, aus balladesken Zeiten ganz unverändert überkommen und so eigentümlich schwarz, wie sonst unter allen Dingen nur Särge es sind, – es erinnert an lautlose und verbrecherische Abenteuer in plätschernder Nacht, es erinnert noch mehr an den Tod selbst, an Bahre und düsteres Begängnis und letzte, schweigsame Fahrt. Und hat man bemerkt, daß der Sitz einer solchen Barke, dieser sagschwarz lackierte, mattschwarz gepolsterte Armstuhl, der weichste, üppigste, der erschlaffendste Sitz von der Welt ist? Aschenbach ward es gewahr, als er zu Füßen des Gondoliers, seinem Gepäck gegenüber, das am Schnabel reinlich beisammen lag, sich niedergelassen hatte. Die Ruderer zankten immer noch; rauh, unverständlich, mit drohenden Gebärden. Aber die besondere Stille der Wasserstadt schien ihre Stimmen sanft aufzunehmen, zu entkörpern, über der Flut zu zerstreuen. Es war warm hier im Hafen. Lau angerührt vom Hauch des Scirocco, auf dem nachgiebigen Element in Kissen gelehnt, schloß der Reisende die Augen im Genusse einer so ungewohnten als süßen Lässigkeit. Die Fahrt wird kurz sein, dachte er; möchte sie immer währen! In leisem Schwanken fühlte er sich dem Gedränge, dem Stimmengewirr entgleiten.

Wie still und stiller es um ihn wurde! Nichts war zu vernehmen, als das Plätschern des Ruders, das hohle Aufschlagen der Wellen gegen den Schnabel der Barke, der steil, schwarz und an der Spitze hellebardenartig bewehrt über dem Wasser stand, und noch ein Drittes, ein Reden, ein Raunen, – das Flüstern des Gondoliers, der zwischen den Zähnen, stoßweise, in Lauten, die von der Arbeit seiner Arme gepreßt waren, zu sich selber sprach. Aschenbach blickte auf, und mit leichter Befremdung gewahrte er, daß um ihn her die Lagune sich weitete und seine Fahrt gegen das offene Meer gerichtet war. Es schien folglich, daß er nicht allzusehr ruhen dürfe, sondern auf den Vollzug seines Willens ein wenig bedacht sein müsse.

Thomas Mann: Der Tod in Venedig. Aus: ders., Gesammelte Werke in dreizehn Bänden. Bd. VIII. Erzählungen © Fischer Verlag, Frankfurt/M. 1960, 1974

man am Piazzale Roma, am Bahnhof, an den Zattere oder an irgendeiner Haltestelle, die man dem Verkehrsplan entnimmt. Im Sinne der historischen Chronologie und der urbanen Kontraste empfiehlt sich als Auftakt ein kleiner Spaziergang von San Marco zu der nahe gelegenen Riva degli Schiavoni, der Haltestelle San Zaccharia. Der Vaporetto läßt nicht lange auf sich warten: Linker Hand gleiten die illustren und ebenso teuren Hotels, die wertvollen «Lagerräume» des modernen Venedig, vorbei. Zur Rechten öffnet sich die Lagune bis zu den Lidi. Der Blick zurück zeigt das Becken von San Marco in seiner ganzen Schönheit.

Auf dem Rio dell'Arsenale und seiner Verlängerung, dem Canale delle Galeazza, fährt man mitten durch den historischen Teil der Werftanlage (Darsena Vecchia). Direkt bei der Haltestelle Campo della Tana lädt das **Museo storico navale**, das in einem ehemaligen Kornspeicher untergebrachte Marine-Museum, zu einem Besuch ein. Im rotverputzten Gebäude linker Hand, mit den merkwürdigen hellen Spitzenverzierungen, neben dem Hospiz Ca'Dio, wo fromme Pilger auf ihrer Reise ins Heilige Land Unterkunft fanden, war die öffentliche Bäckerei und das Brotlager. Sie bildeten zusammen mit dem Kornspeicher einen zentralen Teil des Industriekomplexes Arsenale. Seinen inneren Kern schützte ein hoher, festungsartiger Mauergürtel, dahinter parkte auch die goldverzierte Prachtgaleere des Dogen, der Bucintoro. Die majestätische Galeere aus lauter Schnitzwerk und Goldarbeiten, die im Laufe der Jahrhunderte zugunsten des Ornamentalen Mast und Segel einbüßte, wurde vom Admiral, dem Leiter des Arsenals, kommandiert; die Ruder bedienten die «Arsenalotti», die Garde des Dogen. Der Name «Bucintoro» soll von einem alten Wort für Boot («bucio») abgeleitet sein. Wegen ihrer prachtvollen Vergoldung wurde die Galeere des Dogen «bucio in t'oro» genannt, «eine wahre Monstranz, um dem Volk seine Häupter recht herrlich zu zeigen», wie Goethe nach einem Besuch des Arsenale vermerkte. Der Bucintoro lief nur für hohe Gäste und offizielle Festlichkeiten aus. Wenn der Doge seine Prachtgaleere bestieg, gab es eine großartige Zeremonie: Sechs Musiker mit silbernen Trompeten, sechs Pfeifer sowie der Domherr der Basilika führten den Zug an. Unter einem goldenen Schirm, den ein Knappe trug, folgte der Doge. Wenn sein Fuß das Deck betrat, wurde ein Banner gehißt, das auf purpurfarbenem Grund den goldenen Markuslöwen zeigte.

Wie eng man in Venedig mit den traditionellen Booten verbunden ist, zeigen die populären Regatten, die in und rund um Venedig zwischen März und September stattfinden und als Volksfeste gelten. Monatelang vorher trainieren die Mannschaften der verschiedenen Ruderclubs. Die Teilnahme bei der «vogalonga», dem langen Rennen, bei dem insgesamt 30 Kilometer zwischen dem Becken von San Marco und Burano zurückzulegen sind, verlangt Kraft und besondere Fähigkeiten beim Rudern. Bei der historischen Regatta in Renaissancekostümen, die am ersten Sonntag im September stattfindet, defilieren auf dem Canal Grande große Schiffe und kleine Boote mit kostümierten Passagieren. Anschließend gibt es vier Wettkämpfe mit den typischen Booten der Lagune.

Zur Toteninsel San Michele

Während man vielleicht schon den Spaziergang durch Castello plant, hat der Vaporetto den spitzenartig verzierten Mauergürtel des Arsenale und die Haltestellen Celestia, Ospedale Civile, Fondamenta Nuove hinter sich gelassen.

Weit öffnet sich nun die Lagune mit den nahe gelegenen Inseln San Michele und Murano. Dunkles Zypressengrün, Backsteinrot, kühles Weiß des istrischen Marmors auf der Friedhofsinsel: **San Michele** ist Teil des Mythos vom Tod in Venedig, ob er

hier nun anders ist als sonstwo, sei dahingestellt, auf jeden Fall kostet er mehr. Vor kurzem munkelte man noch über eine Leichenbestattermafia, welche sich über die in Italien berühmten «bustarelle» (Geldscheine im Briefumschlag) ein Totenmonopol in diversen Krankenhäusern aufgebaut hat und entsprechend die Preise kontrolliert. Nicht nur teuer, auch von kurzer Dauer ist die letzte Ruhestätte für den normalen Sterblichen. Auch hier ist der Friedhof der beste Spiegel gesellschaftlicher Verhältnisse: Familiengruften oder raumsparende Schubläden für die sterblichen Überreste. Nichtkatholische Christen haben eine Sonderzone, die Juden liegen auf dem Lido begraben.

Von dem früheren Kloster sind nur der Kreuzgang und die schöne Kirche San Michele in Isola, einer der bedeutendsten sakralen Bauten der Frührenaissance, übriggeblieben. In diesem Kloster entwarf Fra Mauro gemäß den genauen Erzählungen venezianischer Kaufleute und Seefahrer eine Weltkarte, mit deren Hilfe Kolumbus die neuen Seewege entdeckte, die schließlich die Monopolstellung Venedigs im Ost-West-Handel ruinierten. Erst seit 1826 ist San Michele eine Friedhofsinsel. Zuvor wurden die Nobili und Reichen der Stadt in den Kirchen begraben, das Volk hatte mit dem Campo vorliebzunehmen. Vielfach weisen auch heute noch Namen von Straßen und Campi darauf hin: So gibt es eine Brücke und eine Calle «dei Morti» bei San Cassian. Auch auf der Giudecca taucht diese Bezeichnung auf. Erst nach einem Dekret Napoleons von 1808 begann man mit der Bestattung der Toten auf den Inseln San Cristoforo und San Michele, die später zusammenwuchsen. Wer für Friedhofsromantik etwas übrig hat und die Gräber berühmter Persönlichkeiten aufsuchen möchte, kann hier natürlich auch aussteigen. Im Bezirk XV liegt das Grab des amerikanischen Dichters Ezra Pound. Der russische Komponist Igor Strawinsky ruht im griechischen Bezirk.

Zurück in die Moderne

An der Haltestelle Murano-Colonna – auch hier legt das Linienboot an – laden freundliche ältere Herren die Aussteigenden zu einer Besichtigung der Glasbläser-Werkstätten ein. Wer sitzen bleibt, den bringt der Vaporetto zurück zur Haltestelle Fondamenta Nuove, dann zur Sacca della Misericordia. «Sacca» bezeichnet eine seichte Stelle am Zusammenfluß verschiedener Flußläufe, die durch Aufschüttung trockengelegt wurde. Sacca Serenella und Sacca Fisola auf der Insel Giudecca sind gute Beispiele für diese Möglichkeit der Ausweitung der urbanen Fläche. Das Boot biegt mit einem eleganten Schlenker in den Canale di Cannaregio, der für den gleichnamigen Stadtteil ganz charakteristisch ist: breite Kanalläufe, mit massiven Brücken, lichtdurchflutete Fundamente; die natürlichen Flußläufe ermöglichten hier eine für Venedig ungewöhnlich gradlinige Anlage von Gebäuden und Gärten. Allein das Ghetto, das ehemals geschlossene Wohngebiet der in Venedig ansässigen Juden, weicht von diesem Muster ab und bildet eine urbane Insel, von einem Kanal ringartig umschlossen, mit leicht zu kontrollierenden Zugängen, welche nachts geschlossen wurden. **Cannaregio** steht für eine neue Epoche Venedigs, für die Abwendung vom Becken von San Marco hin zum Festland. Der Adel glaubte, durch Investitionen in die Landwirtschaft die Verluste im Seehandel wettmachen zu können. Das im nordwestlichen Teil der Stadt gelegene Cannaregio war dafür als logistischer Ausgangspunkt bestens geeignet. Unter der österreichischen Besatzung wurde diese Entwicklung mit dem Bau der Eisenbahnlinie und der Anlage der Strada Nuova, der einzigen «Straße» Venedigs, die den Bahnhof mit Rialto verbindet und parallel zum nördlichen Canal Grande verläuft. Überhaupt zielte das urbanistische Konzept der

Österreicher darauf ab, aus Venedig eine ganz normale Stadt zu machen. Kanäle wurden zugeschüttet und trockengelegt, Gebäude, die einer geradlinigen Straßenführung im Weg standen, niedergerissen, neue Brücken gebaut. Auch der Ponte degli Scalzi, den der Vaporetto «unterquert», entstand in diesem Zusammenhang.

Jahrhundertelang gab es über den Canal Grande nur eine einzige Brücke, eben die von Rialto. 1854 entstand der Ponte dell'Accademia, 1858 der Ponte degli Scalzi, fast gleichzeitig mit dem Bahnhof Santa Lucia, der den Namen einer Kirche trägt, die der Modernisierung Platz machen mußte. Die in den fünfziger Jahren modernisierte Bahnhofsfassade paßt zu dem nun eindeutig veränderten Gesicht des Canal Grande. Statt der Paläste präsentiert er entlang der Fondamenta di Santa Croce funktionale Industriearchitektur. Die Magazzini Parisi zum Beispiel: Um 1850 entstanden hier kleine Fabriken, die bis um die Jahrhundertwende Bier und die berühmten venezianischen Glasperlen produzierten. Später ließ sich hier eine Transportfirma nieder, die dem ganzen Komplex ihren Namen gab. Die fünf gleichförmigen Gebäude verbinden weiße Linien istrischen Marmors, große Torbögen zum Kanal hin ahmen den Andron, die Bootsanlegestätte der Paläste nach und gaben dem Ganzen eine rhythmische Gliederung. Der Duft der Autoabgase täuscht nicht: der Piazzale Roma liegt direkt dahinter.

Die Hinwendung zum Festland machte auch die Verlagerung des Hafenzentrums notwendig. Im Nordteil der Stadt entstand Ende des 19. Jahrhunderts ein großer Wirtschafts- und Industriehafen, während das Becken von San Marco in erster Linie nur noch dem Personenverkehr diente. Porto Marghera auf dem Festland und der Ausbau der chemischen Industrie setzten diese Entwicklung fort. Die Vaporetto-Fahrt durch den Canale della Giudecca zeigt auch den Hinterhof Venedigs: rechts das Neubau-Ghetto von Sacca Fisola, links Santa Marta, schon immer Wohnviertel armer Leute, früher Fischer, heute Chemiearbeiter bei Montedison oder Arbeitslose, nachdem auch der Hafen stagnierte. «Porto Marghera» – der Hafenzone Venedigs wird inzwischen eine große Zukunft vorhergesagt. Die Ausweitung des Kongreß-Tourismus würde den Personenverkehr erhöhen; eine der wichtigsten Stationen für Kreuzfahrten soll hier entstehen. Unter den Unternehmern des prosperierenden Hinterlandes gibt es eine große Nachfrage, eine Zweigstelle in der «zona franca» von Porto Marghera zu errichten.

Apokalypse oder Genesis – diese vielfach zitierte Ausschließlichkeit – gilt weder für die Zukunft des Centro Storico noch für den Hafen- und Industriedistrikt Venedigs. Entscheidend ist, daß es gelingt, die logistische Position der Lagunenstadt und ihr doppeltes Verkehrsnetz bewußt zu nutzen und den Bedürfnissen einer postindustriellen Gesellschaft anzupassen. Den Wasserwegen kommt in diesem Zusammenhang eine neue Bedeutung zu.

CALLI, CAMPI, CAMPIELLI

STREIFZÜGE ÜBER VENEZIANISCHE PLÄTZE

Der Campo ist das Zentrum des öffentlichen Lebens eines Stadtteils: Markt-platz, Spielplatz, Treffpunkt, Festplatz, Rennplatz für Hunde und Flugschneise für Tauben. Aus einer engen Gasse tritt man in den licht-durchfluteten Raum, der dem scheinbar undurchschaubaren Labyrinth der Gassen Ordnung und Ziel gibt. Der Campo war Mittelpunkt der Pfarrgemeinde, hier stand die Kirche, dahinter lagen die Toten, hier war der Brunnen mit den tellerartigen Vertiefungen, Salzschalen für die Tiere, die um ihn herum weideten. Die einzelnen Gewerbe und religiöse Bruderschaften schufen sich hier ihre Scuola, auf dem Campo konnte man die neuesten Nachrichten und die billigsten Angebote erfahren. Die wichtigsten Straßen führten zu diesen Zentren der Öffentlichkeit; weitere Kanäle sorgten für die Verbindung mit dem Canal Grande. Jeder Platz besitzt eine eigene Atmosphäre, bestimmt von den umliegenden Palazzi und Wohnhäusern, geprägt vom vorherr-schenden Baustil, von der Eigenart der Bewohner des Stadtteils. Am Bahnhof Santa Lucia beginnt dieser Streifzug, er folgt für einige Stunden dem Rhythmus der Stadt zu den schönsten Campi und Campielli.

Kopf und Fuß wachsen in Venedig wieder zusammen – beim Spaziergang über Plätze, beim Flanieren entlang der breiten Fondamenta, auf Irrwegen zwischen engen Calli und Campielli. Im Gehen werden die Sinne geschärft für die Gerüche, Geräusche dieser Stadt, für ihren Rhythmus und ihr besonderes Licht, für ihre Zeichen und Symbole.

Andiamo: zu Fuß durch Venedig

Wie eine moderne Großstadt kennt auch Venedig eine Rush-hour: Aus Mestre und dem Hinterland strömen neben den Tausenden von Touristen auch Schüler, Studenten und Pendler, die hier einem Job nachgehen, in das Centro Storico. Hunderttausend sollen es täglich sein, so die neuesten, etwas übertrieben erschei-

Der Campo – Balkon und Verlängerung von Wohnzimmer und Küche

nenden Schätzungen; Piazzale Roma und der Bahnhof gelten dabei als neuralgische Stellen. Morgens gegen halb acht kann man diesem Menschenstrom von der Scalzi-Brücke aus folgen, sich von ihm mittragen lassen und dabei den kürzesten Weg zur Universität, zur Bank auf dem Campo Santa Margherita oder zu einer Boutique in der Merceria kennenlernen. Wer sich nicht auf die Unwägbarkeiten einer heimlichen Begleitung einlassen will, biegt hinter der Scalzi-Brücke in die Calle Lunga Chioveretta. Rund um den **Campo della Lana** (Wolle) gibt es ähnliche Straßenbezeichnungen, die alle auf einen gemeinsamen Ursprung verweisen: Gewebte Stoffe wurden an Nägeln, venezianisch «chiovi», zum Trocknen aufgehängt. Den stimmungsvollen Kanallauf des Rio Marin im Schatten der mächtigen Paläste aus dem 18. Jahrhundert erreicht man über die Calle Bergami. Wie ein massiges, träges Tier kauert der **Palazzo Capello** über dem einst geformten Grün des parkartigen Gartens, das nun frei über die Marmorruinen gefallener Statuen wuchert. Seinen schwungvollen Eisengittern verdankt der Rio Marin den Österreichern; sie haben das Schmiedeeisen nach Venedig gebracht, die meisten Fondamenta und Brücken hatten vorher kein Geländer. Für die Gäste der Osteria «Ai Postali» bietet es nicht selten sicheres Geleit, wenn der Abend unter Freunden allzu feucht verlief.

Rund um die Scuola Giovanni Evangelista, die man über die Calle dell'Olio erreicht, machen die Straßennamen deutlich, daß man hier mal mit Kaffee und Tabak sein Geschäft machte. Diese Genußmittel, seit dem 17. Jahr-

101

Aber auch Spielplatz, Jugendzentrum und Informations-
börse – der Campo

hundert importiert und als Medizin verkauft, bevor die Massen auf
den Geschmack kamen, unter-
lagen besonderer Kontrolle. In
dunklen Hinterzimmern der Cafés gab man sich dem Spiel oder
anderen Lüsten hin. Jedenfalls
waren diese Orte der Sittenpolizei
nicht besonders genehm, ein Ge-
setz beschränkte die Zahl der
Cafés auf 206.

Eine willkommene Unterbre-
chung unseres Streifzuges böte das
kleine Café neben der Scuola. Der

«Campiello» (Höfchen) der Schule
hat eine bezaubernde Ausstrah-
lung: venezianische Gotik und
kühle Renaissance, elegant geschwungene Blumenranken, ein
reichverziertes, umlaufendes Re-
liefband, und über allem flattert
der mächtige Adler, das Symbol
des Evangelisten Johannes. Der
Wettstreit um die schönste Schule
hat hier eine besondere Blüte
getrieben. Zwischen eher bescheidenen Wohnhäusern überrascht
üppige Ornamentik, auch der In-

nenraum lohnt einen Besuch, als Ausstellungsraum ist er auch für die Öffentlichkeit zugänglich.

Palazzi-Geschichten: Auch sie sind zu besichtigen: lange Klingelknopfreihen, zum Teil mit handgeschriebenen Namensschildern, hin und wieder blankgewienertes Messing, da, wo der Riesenkörper eines Palazzo in Eigentumswohnungen zerlegt wurde. Allein Fassaden, Portale, Treppen zeugen von der einstigen Größe. Die weiten Zimmerfluchten wurden geteilt, selbst die Dienstbotenzimmer unter dem Dach gelten heute als begehrter Wohnraum. Und auch die Erdgeschosse, einst Warenlager, dann Spielplatz für Ratten, finden interessierte Käufer.

Der kirchlichste: Campo dei Frari

Nach einem Linksschwenk über den dörflich-bescheidenen Campo San Stin wirkt der **Campo dei Frari** anschließend um so gewaltiger. Die gotische Frari-Kirche in

103

Backsteinrot und istrischem Weiß ist der eindrucksvollste Sakralbau Venedigs. Die Sektenbrüder des Franz von Assisi hatten zu Beginn des 13. Jahrhunderts auch in Venedig großen Erfolg. Um drohende Unruhen unter dem einfachen Volk zu vermeiden, arbeitete die Regierung recht weitsichtig auf Integration hin. Der Doge schenkte den Franziskanern ein Stück Land. Während des nächsten Jahrhunderts beschäftigten sich die frommen Brüder damit, ihre Kirche zu vergrößern, um die wachsende Schar der Gläubigen aufzunehmen. Mitte des 15. Jahrhunderts war der Bau endlich fertig, und die reichsten Familien der Stadt kauften sich hier ihre Kapellen und Gräber. Die schlichte Monumentalität des Kircheninneren beeindruckt. Bewußt wurde auf allen Schmuck verzichtet, um so mehr kommt das Spiel des Lichtes zur Geltung. Beim Eintritt durch das Hauptportal zieht Tizians «Madonna Assunta» sofort den Blick auf sich. Das Portal des Chorgestühls unterstreicht die Wirkung dieses Gemäldes am Hauptaltar. Beim Nähertreten ein süßlicher Hauch von Kitsch, zu exaltiert die Jungfrau, zu viele nackte Putten und erregte Apostel, zuviel Tizian-Rot, das nach gründlicher Restaurierung unverfälscht, wie die Experten sagen, strahlt.

Interessanter ist die Madonna des Hauses Pesaro. Die Familie Pesaro kaufte sich nicht nur den besten Architekten für ihren Palazzo, sondern auch den bedeutendsten Maler. Tizian verdiente an diesem Hang zur Selbstdarstellung nicht schlecht. Das Bild zeigt einen Bischof, in der Kriegsführung erfahren, seine Brüder, einer davon im Scharlachkleid, außerdem Leonardo, den jungen Neffen, der offensichtlich nicht ganz bei der Sache ist und den Betrachter spöttisch anblickt, statt sich dem heiligen Schauspiel zu widmen. Über dieser Szene schwebt eine schöne Madonna mit strampelndem Knaben, der ihr den weißen Schleier der Unschuld vom Haupte zieht; im Hintergrund eine phantastische Architekturlandschaft, das alles eingefaßt von einem Altar mit reinsten Renaissancelinien.

Die noble Familie Pesaro scheute keinerlei Kosten, ihrem einzigen Dogen Giovanni Pesaro ein kolossales Mausoleum zu errichten: Über dem rechten Seitenportal der Basilika thront er, nur zwei Jahre hatte er das hohe Amt inne. Über ihm entfalten zwei Putten das Familienwappen, das Ganze wird von vier kraftvollen Schwarzen auf den Schultern getragen, etwas makaber wirken die zwei Gerippe dazwischen – eine gelungene Demonstration des Reichtums und des schlechten Geschmacks – mit Ornamenten und Allegorien überladen, venezianischer Barock! Noch viel gibt es hier zu entdecken, Madonnen und Mausoleen, auch das von Tizian, der nach seinem Pesttod 1576 entgegen geltender Gesetze hier bestattet wurde.

Das angrenzende Kloster der Franziskaner war einst das größte Italiens. Heute ist hier das Staatsarchiv mit einer einzigartigen Dokumentensammlung untergebracht. 1810 wurden die Mönche auf Anordnung Napoleons vertrieben und der kostbare Kirchenschatz geplündert. Kunstfreunde besuchen auf dem **Campo San Rocco** die Scuola Grande, wo Tintoretto die Bibel in ein monumentales Bilderbuch verwandelte. Goethe klagte, daß sich bei diesen überdimensionalen Figuren kein rechtes Empfinden einstellen könnte. Unsere am Breitwandfilm geschulte Sehweise kann der Darstellung wohl mehr abgewinnen. Mit viel Zeit, Stehvermögen und einem guten Fernglas kann man sich in die Legenden vertiefen. Tintoretto hat die 23 großflächigen Gemälde in drei Jahren fertiggestellt. Dreihundert Dukaten (etwa 30 000 Mark nach heutiger Rechnung) bekam er dafür, außerdem kostenlose Verpflegung. Die Bruderschaft des Heiligen Rochus konnte es sich leisten, ihre Schule war eine der reichsten Venedigs. Ihre Mitglieder widmeten sich der Armenpflege, ähnlich wie die der Scuola Grande di San Marco geißelten sie sich bei öffentlichen Prozessionen. Adligen war die Mitgliedschaft in einer Scuola verboten, da der enge Kontakt zwischen den Klassen von der Regierung als gefährlich angesehen wurde. Der Doge besuchte jedoch jährlich Scuola und Kirche, um damit deren Bedeutung für die Armenpflege zu würdigen. Zudem hatte man auch geschäftlich miteinander zu tun: Je nach Bedarf lieh die Staatsbank der Scuola Geld oder Soldaten, auch über Schiffe verfügte die Bruderschaft. Anläßlich des Dogenbesuchs bauten die Maler der Stadt vor der **Scuola Grande di San Rocco** eine Freilichtgalerie auf, um ihre Kunst unter Beweis zu stellen und neue Aufträge einzuholen, eine Art Kunstmesse, die mit bescheidenem Erfolg wiederbelebt wurde.

Über den Rio della Frescada geht es nach links in die Calle dei Preti, vormerken sollte man sich den Besuch in der hervorragenden Pasticceria **Tonolo**, oder am besten gleich einkehren, um das Studium des venezianischen Backwerks praktisch fortzusetzen. Und wenn es bereits Essenszeit ist, dann eilt man vorbei an den Geschäften der Crosera, biegt in die Calle Donna Onesta. An der gleichnamigen Brücke locken Essensdüfte des schlichten und gutgeführten Restaurants. Wer will, kann auch in der gegenüberliegenden Bar mit einem Toast vorliebnehmen, seinen Stuhl je nach Bedarf in die Sonne oder den Schatten rücken und dem geschäftigen Treiben zusehen.

Der vitalste:
Campo Santa Margherita
Der nahe Universitätsbetrieb bestimmt den Herzschlag dieser Gegend und die Atmosphäre in Bars und auf den Campi. Am besten kann man das auf dem nahe gelegenen **Campo Santa Margherita** studieren: Fast ein Dutzend Bars und Restaurants gibt es hier in unmittelbarer Nähe, dazu zwei Supermärkte, Büchereien und ein Blumengeschäft. Auf diesem Campo muß man sich einfach niederlassen, schauen, hören, riechen, schmecken. Vor dem isolierten Gebäude auf dem Campo – der Scuola der Gerber und dem einstigen Parteibüro der Christdemokraten – schlägt man Fischen die Köpfe ab. Hämmern dringt aus dem dritten Stockwerk der geschichtsträchtigen Mietskaserne an der Ecke, Eigentumswohnungen werden hergerichtet. Das Gebäude zeigt recht anschaulich, wie sich bis zum 19. Jahrhundert das Wohnkonzept verändert hat: Es gibt vier Stockwerke, auf die eigene Haustür pro Wohnung wird verzichtet. Große Fensterflügel im ersten und zweiten Stock erinnern noch leicht an den Piano nobile der Palazzi, weiter oben wird es bescheiden und niedrig.

Überhaupt lassen sich im Rundschwenk um den Campo alle Baustile studieren: venezianische Go-

tik neben und über der Bank; ein angebrochener Turm mit der Dämonenmaske aus dem 17. Jahrhundert. Das Wohnhaus nebenan ist in den Turm hineingewachsen. Von der Kirche Santa Margherita sind nur noch Spuren festzustellen. 1810 wurde sie geschlossen, kurzzeitig in ein evangelisches Gotteshaus umgewandelt, schließlich brachte man dort ein

Kino unter, heute dient jener Raum dem Gemüsehändler als Warenlager. In den fünfziger Jahren, als jeder nur verfügbare größere Raum für Filmvorführungen genutzt wurde, gab es auf dem Campo zwei Kinos; das andere ist heute der Hinterausgang eines Supermarktes.

Der Campo Santa Margherita wirkt intakt: Hier suchen Studen-

IL GAZZETTINO

ten der nahe gelegenen Universität Erholung oder einen kleinen
Snack. Laut und lustig geht es mal
zu, wenn ein Examen begossen
wird. Dann ist auch garantiert ein
kleines, fast rituelles Spektakel zu
sehen. Es gibt ein kühles Sektbad,
gar einen Striptease, witzige Um-
züge mit Lorbeerkranz und Spott-
gesängen. Meist frivole Plakate,
von den Freunden «liebevoll» ge-

staltet, weisen auf diese Ereignisse
hin. Das einfache Leben, hier findet es auch noch draußen statt:
Rentner sitzen beim Plausch zusammen, Kinder und Hunde toben um die Wette, Kinderwagen
stehen in der ersten Frühlings-
sonne.

In der nahe gelegenen Calle Rio
Terra Canal ein Maskenladen:
Phantasie, solides Handwerk und

Theatererfahrung lassen hier faszinierende Masken in der Tradition der Commedia dell'arte und der venezianischen «mascheroni» entstehen. Ganz in der Nähe auch der **Campo San Barnaba**, ein venezianischer Campo mit allem Zubehör: vierfacher Zugang, Kirche, Kanal, Brunnen, eine lange Geschäftsstraße, die Calle Lunga San Barnaba. Dort, wo die Calle in den Campo mündet, lädt das Geschäft des «spezier», eine Mischung aus Drogerie und Kramladen, zu einer Riechorgie ein. Ein mittelalterlicher Lebenszusammenhang wird spürbar, wenn man sich die Zeit nimmt, um zu studieren, wie die Menschen miteinander umgehen, welchen Rhythmus sie haben zwischen Arbeit und Barbesuch, wieviel Raum sie den kleinen Dingen des Lebens, den Gesprächen geben. Man sollte die Calle Lunga San Barnaba entlanggehen, vielleicht in einer Osteria einkehren, schauen, was von den Handwerker-Bottegas noch übriggeblieben ist. Corte und Campiello beleben sich zu einem Verwirrspiel zwischen Licht und Schatten, Geschichte und Gegenwart. Im Campiello Balastro setzt man die Stühle zum Schwätzchen vor die Tür, eine Kulisse wie bei einer Goldoni-Komödie. In der nahen Calle versteckt sich eine Gondelwerft, weniger berühmt als die am Campo Trovaso – ungebetene Gäste weist man energisch ab. Auf dem Campo Santa Margherita ist man auf jeden Fall willkommen, und wer noch Lust auf weitere Campi hat, sollte nicht lange verweilen.

Der schönste: Campo San Tomà

Entlang der Fondamenta del Forner, nach links in die Calle Campanile, tatsächlich, da steht der Turm, halb abgeknickt, die Glocke hat man deswegen wohl ein Stockwerk tiefer gehängt. Der **Campo San Tomà** sammelt auf engstem Raum alle architektonischen Besonderheiten eines venezianischen Campo: Kirche, Scuola, Brunnen, im Campiello nebenan ist der Rio, der unverzichtbare Zugang zur Wasserstraße. Die Schule der Schuster beherbergt nach einer gründlichen Restaurierung Ausstellungsräume und die Bibliothek des Stadtteils; die Werkstätten der Schuster sucht man inzwischen jedoch vergebens. Trotzdem wirkt der Campo San Tomà wie eine Vitrine mittelalterlichen Handwerks. Der Möbelschreiner und Rahmenmacher gleich neben der Schule schnitzt auch die ewigen Mohren, denen der Vergolder in der Calle Campanile ein kostbares Brokatgewand aufpinselt. Der Veredelung untertäniger Schwarzer, die als Kerzenhalter agieren, ist er inzwischen überdrüssig: seit seinem vierzehnten Lebensjahr bläst er Holzfiguren Blattgold auf, legt Goldstaub auf venezianische Spiegel. Die servilen schwarzen Domestiken, die vergoldeten Löwen und Putten gehören zum Tourismuskitsch der gehobenen Preisklasse. Man verdient nicht schlecht daran, doch die Giftstoffe in Farben und Lösungsmitteln ruinieren langsam die Lungen. Schneller, weniger aufwendig und ohne größere Investitionen produzieren die Maskenmacher. Es genügen wenige bewährte Gießformen, Plakafarben, Tüll und Federn. Die venezianische Karnevalsmaske hat die Gondel als Souvenir längst übertroffen.

Rund um den Campo San Tomà gibt es eine Polsterei, einen Schreiner, Geschäfte mit Silberwaren und Marmorfließen, einen

Antiquitäten-, einen Bäckerladen, einen Zeitungskiosk und um die Ecke ein schickes Café – eine faszinierende Mischung. Die Pizzeria und der Immobilienmakler können natürlich nicht fehlen, für Bewegung und Leben sorgt auch das Studentenwohnheim. Wer Lust auf eine Gondelpartie über den Canal Grande hat, biegt in die Calle del Traghetto. Von hier aus hat man einen schönen Ausblick auf den Canal Grande; wer will, mag den Gondolieri bei der Arbeit zusehen, das Fährenpublikum beim Ein- und Aussteigen beobachten oder in Ruhe überlegen, wie der Streifzug weitergehen soll. Ein Vorschlag: über die Calle dei Nomboli zum Geburtshaus Goldonis mit seinem löwenbewachten Innenhof mit Andron, Brunnen und Freitreppe; wer Lust hat auf historische Theaterkostüme und -masken, sollte unbedingt auch das Goldoni-Museum besuchen.

Der größte: Campo San Polo

Mit dem Menschenstrom kommen wir zum **Campo San Polo**, nehmen Platz an einem der Café-tische – gerade rechtzeitig zum Auftakt einer Goldoni-Komödie. Oder wir phantasieren uns bei einem Glas Campari eine schwungvolle Commedia dell'-arte zusammen: Panalone, Pulcinella, Arlecchino, die bekannte Sippschaft vereint, um den gesunden Menschenverstand lächerlich zu machen. Szenenwechsel: Stierkampf auf dem Campo San Polo, wild gestikulierende Männer, Frauen mit Tüchern, die Kopf und Schultern verhüllen, einige Masken, aufgeregte Hunde, die sich gleich einen Kampf mit dem gereizten Stier liefern werden. Diese Form des Stierkampfes war in Venedig beliebt und fand auf fast al-

len größeren Campi statt. Oder der Bärenkampf, bei dem Hunde das wilde Tier, das sich, an einer Kette gefesselt, nicht verteidigen konnte, bis aufs Blut reizten. Während die Masse noch johlt, zieht eine Zirkustruppe auf: ein bläßliches Mädchen im Tüllrock, ein alternder Feuerschlucker, der lieber ein Gläschen Grappa kippen würde, der Paukenschläger verpaßt seinen Einsatz, und der Jongleur verschluckt einen Ball. Man gebe ihm einen Spritz (Weißwein, Mineralwasser, etwas Campari, eine Olive) zum Nachspülen aus und begebe sich auf weitere Streifzüge in Richtung Campo San Giacomo dell'Orio.

Der Rio Terrà San' Antonia erinnert daran, daß hier einst die Waren mit dem Boot direkt zum Billigmarkt auf dem Campo San Polo geliefert wurden. Auch die geschwungene Form der Palazzi-Fassaden zeigt den Wasserlauf an. Durch die Calle dell'Scaleter, dann rechts ab, auf den pittoresken **Campo San Boldo**. Träge liegen die Häuserfassaden im Wasser, Wohnungen wuchsen in den Campanile hinein. Wo ist die dazugehörige Kirche? Über die Calle del Tintor (des Färbers) nach links in den Corte Tagliapietra (Steinmetz): ein kleines Höfchen mit Brunnen und Andròn, Blumenschmuck in den Fenstern. Der Steinmetz arbeitet hier schon längst nicht mehr. Die Campiello-Atmosphäre zwischen Barbacani, Brunnenrand und zum Wasser führenden Treppenstufen machte die Wohnungen zu begehrten Immobilien.

Campo San Giacomo dell' Orio: endlich wieder etwas Grün, alte räudige Bäume, ihre Wurzeln lüften das Pflaster, am sonnigen Herbstmorgen lange Schatten und ein dunstiges Licht. Hier riecht es noch manchmal nach Erde, nach «Campo». Frauen mit Kinderwagen bei Schwätzchen, ein stehender Zeitungsleser, eine Gruppe von Männern mit Weingläsern vor der Bar. Der Küster schlurft langsam über den Platz, öffnet die Kirche. Wie ein umgedrehtes Schiff wirkt die hohe Holzdecke, das Fundament stammt aus dem 9. Jahrhundert, die gotische Holzkonstruktion ist sechs Jahrhunderte jünger. Hinter der Kirche, auf dem Campiello dei Morti, auf dem früheren Friedhof, gibt es eine Osteria, wo man auch draußen sitzen kann. Ein beschauliches Plätzchen.

Bevor man sich niederläßt, schnell noch zum **Ramo dell' Isola**, eine für Venedig typische «Inselsituation» hinter den Palästen, unverändert seit mehr als einem halben Jahrtausend. Ein Abstecher führt durch die Calle Larga in die Calle del Tintor zum Campiello Spezier, dann zum Campo San Cassian. Hier wird es wieder betriebsamer. Es gibt jede Menge Maskengeschäfte und Pizzaläden. Rialto ist nicht mehr weit. Enge Calli, kleine Gebäudekomplexe: Der Blick auf den Stadtplan verdeutlicht das engmaschige Netz des historischen Kerns der Stadt. Je weiter man sich von diesem Kern entfernt, desto weiträumiger werden die Wohnanlagen.

Ware Liebe im Mittelalter

Die Fondamenta delle Tette (Brüste) am Rio di San Cassian führt zu einem Eroscenter der Serenissima. Diese Gegend wurde den Prostituierten der Stadt als Arbeitsplatz zugewiesen, er ist zu Wasser und zu Fuß gut zugänglich und in der Nähe des Geschäftszentrums. Da die langen Schiffsreisen und der Kontakt mit orientalischen Gepflogenheiten offensichtlich die Homosexualität förderten, sorgten sich die Stadtväter um die Sexualhygiene. Nach guter Kaufmannsart versuchte man auch dieses Problem zu lösen: Eine Ware, die gut herausgestellt wird, lockt zum Kauf. Die Frauen zeigten sich hier barbusig, das Geschäft florierte, so jedenfalls weisen es die historischen Quellen aus. Sie bezeugen auch, daß man dem «Übel» der Männerliebe mit recht drakonischen Strafen zu Leibe rückte: Überführte Frevler wurden einen Kopf kürzer gemacht.

Das mittelalterliche Venedig bekämpfte mit einem komplexen und effektiven Überwachungsapparat die in Hafenstädten immer wieder ausbrechenden Epidemien. Aus Seuchengebieten einlaufende Schiffe mußten auf die Quarantänestation einer Insel, erkrankte Personen wurden sofort isoliert. Die medizinische Forschung war hier in erster Linie durch das Wirken orientalischer Ärzte weit entwickelt und erfuhr eine besondere Förderung. Der Pestdoktor hat die venezianische Maskenwelt um eine äußerst auffällige Vermummung bereichert: Ein Gesichtsschutz mit einer überlangen Nase sollte den Arzt vor der Ansteckung durch die Kranken schützen. In der Nasenspitze befand sich eine Riechessenz, die den Pesthauch bannen sollte.

Unser Geruchssinn signalisiert, daß der Fischmarkt ganz in der Nähe ist, ein Abstecher zu den Rialto-Märkten wäre jetzt möglich. Oder man schlendert geruhsam über die Riva del Vin. Wer noch Lust auf eine kleine Gondelfahrt und eine besondere Attraktion venezianischer Architektur hat, steigt in die Gondelfähre und setzt zur Riva del Carbon über. Die **Scala del Bovolo**, ein Treppenturm am Zusammenfluß des Rio di San Luca und des Rio Fuseri, gilt als gelungene Mischung aus Gotik und Moschee-Architektur. Man erreicht ihn vom Campo Manin aus, indem man den Hinweisschildern folgt und schließlich über die Calle della Vidal zum Corte Contarini del Bovolo kommt. Die Bankpaläste zwischen Campo San Luca und Campo Manin – hier steht der Freiheitskämpfer Daniel Manin auf einem etwas verunglückten Sockel – wecken traurige Erinnerungen an die Architektur moderner Städte.

Ruine der Oper und Schlammpfade

Wer noch entdeckungsfreudig ist, kann die urbane Insel zwischen den Rii della Verona, dei Bacaroli und delle Veste erforschen: Pittoreskes und Ästhetisches mischt sich hier mit dem Alltag in einer musealen Stadt. Dazu gehört inzwischen auch die Brandruine des Theaters **Fenice**. Mysteriöses rankt sich um dieses wohl absichtlich gelegte Feuer, das eines der schönsten Theater Europas zerstörte. Analogien zu einem Theaterbrand in Bari nähren die Verdachtsmomente, daß es sich um einen Racheakt des organisierten Verbrechens handeln könnte. Und wer von der Jetztzeit genug hat, phantasiert sich bei einem «piccolo bianco» auf dem nahe gelegenen Campo Sant' Angelo ins Mittelalter Venedigs zurück und folgt der Reitergruppe in Richtung Campo Morosini. Eigentlich kann man sich Pferde in Venedig gar nicht vorstellen, höchstens die auf der Markuskirche. Ein Erlaß von 1392, der das Reiten auf dem Markusplatz an Sonntagen untersagte, bezeugt, daß Pferde aber durchaus zum Stadtbild gehörten. Die im 15. Jahrhundert errichteten steinernen Brücken stimmte man auf dieses Verkehrsmittel ab: Sie waren insgesamt flacher, weniger gewölbt und mit breiten Treppenstufen versehen. Statt über die Steinplatten, die heute das Stadtbild bestimmen, ging man um 1500 noch über gestampfte Erde. Jeder Regenguß verwandelte die Calli in Schlammpfade.

Schellenklingeln warnen vor dem Herannahen eines Pferdes, rasch drückt man sich an die Wand, da kommt schon wieder eine Herde Antoniusschweine vorbei. Eine religiöse Sekte ist auf die Idee gekommen, mit der Schweinezucht die Ordenskasse aufzubessern. Wer die Schweine mästet, bekommt himmlische Ehren, so das Versprechen der geschäftstüchtigen Mönche, die sich dann an dicken Schinken labten. Ein spitzer Schrei, eine beleibte Dame in üppigem Faltenwurf ist gerade mit ihren Stelzschuhen gestolpert. Diese «zoccoli», bis zu einem halben Meter hoch, sind ein äußerst riskanter Versuch, sich den Straßenschlamm vom Leib zu halten. Wegen der vielen Unfälle begrenzte der Große Rat 1430 ihre Höhe und sorgte schließlich dafür, daß die Gehwege gepflastert wurden. «Venedig ist eine einzigartige Stadt, wo die Pferde in der Luft sind, die Löwen Flügel haben und die Tauben zu Fuß gehen» – Jean Cocteaus treffende Beschreibung ließe sich jetzt noch erweitern: Venedig ist eine einzigartige Stadt, wo die Steine Geschichten erzählen. Man muß sich nur die Zeit nehmen, ihnen zuzuhören.

A TAVOLA!
KULINARISCHES UND KURIOSES

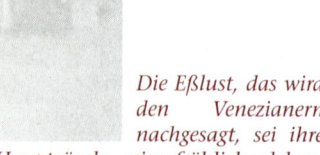

Die Eßlust, das wird den Venezianern nachgesagt, sei ihre Hauptsünde, «eine fröhliche, lebendige Eßlust», so jedenfalls urteilte George Sand. Auch wenn sich diese kulinarische Leidenschaft heute nicht unbedingt im breiten gastronomischen Angebot realisiert, so kann man etwas davon erahnen, wenn man die appetitanregenden Rialto-Märkte besucht oder das Glück hat, in einem der wenigen vorzüglichen Restaurants zu speisen, die venezianische Gerichte zubereiten. Der Streifzug durch venezianische Küchen und Kochrezepte stellt Kurioses und Kulinarisches vor und ist dem Weltgeist, der in die Kochtöpfe bläst, dicht auf der Spur. A tavolà!

«La cucina veneziana» ist die Summe all dessen, was venezianische Geschichte beeinflußt hat: die Stadt und ihr Hinterland, das Meer und die Handelskontakte, Eroberungen und Eroberer. Die «arme Küche» der frühen Lagunenbewohner mischte sich mit der römischen Tradition, erfuhr eine Erweiterung durch byzantinische Elemente. Gewürze und Zucker kamen hinzu, ein faszinierendes Spannungsverhältnis zwischen süß, salzig und pikant entstand.

Im 15. und 16. Jahrhundert wird Venedig zum Zentrum der gastronomischen und kulinarischen Publizistik, «la cucina veneziana» beeinflußt ganz entschieden die Kochkunst des französischen Absolutismus und die «grande cuisine». Vielfältiges Gemüse, Muscheln und Fisch sind nach wie vor unverzichtbare Bestandteile, raffinierte Gewürze verfeinern die Speisen. Kulinarische Einflüsse aus dem «Hinterland» prägen: Polenta und Reis gehören zu venezianischen Gerichten ebenso wie Rosinen, Pinienkerne, Sardinen und Zwiebeln, Bohnen und Kastanien, Leber und andere Innereien. Ohne Vorbehalte öffnete sich die «venezianische Küche» den unterschiedlichsten kulinarischen Einflüssen und machte das Beste aus dem, was Lagune und Hinterland boten.

An der Wende zum dritten Jahrtausend kann man auch im venezianischen Centro Storico die Segnungen des Hamburgers und der Papptellerkultur ausmachen. Allerdings bieten dem Zeitgeist und dem eigenen Gewinn gegenüber aufgeschlossene venezianische Traditionalisten auch eine gediegene lokale Variante an, die zugleich eine erste Lektion in Sachen «cucina veneziana» erteilt und Appetit macht auf mehr. Man findet sie in Speiselokalen oder auch in den «bacari» (Weinbars), die im vorderen Bereich hinter Chrom und Glas kleine Leckereien offerieren: überbackene Zichorien, Auberginen, Zucchini, diverse Nudelgerichte, manchmal

Gediegenes Dolce far niente
in Cafés rund um San Marco

auch Hasenkeule mit Rosmarin
und Knoblauch, pikant gewürzte
Hühnchenschlegel und «Baccalà», höchst erfinderische Ver-
arbeitungen des Trockenfisches.
Als Beilage gibt es Polenta, geröstete Kartoffeln, diverse Salate.
Menge und Reihenfolge bestimmt
man selbst.

In den «bacari» trinkt man tra-
ditionsgemäß am späten Vormittag oder vor dem Abendessen
eine «ombra», ein Gläschen
Weißwein; hier trifft man sich zu
einem kleinen Plausch, entspannt
sich in einer Arbeitspause oder
macht sich Appetit für das Essen

zu Hause. Im Sestiere San Polo
gibt es besonders viele «bacari».

Die Wiederbelebung der Osteria, der Weinschenke, hat dafür
gesorgt, daß es nicht nur in den
Randbereichen der Stadt neben
dem piccolo bianco oder rosso
auch die «cicchetti» oder «stuzzi-
chini», kleine Leckereien auf
Zahnstochern, gibt: «frutti di
mare» in den verschiedensten Zu-
bereitungen, panierte Gemüse-
würfel je nach Saison, kleine
Fleischklopse («polpette»), kleine
Häppchen von fritiertem Fisch,
Weißbrot mit Fischpaste oder einfach nur Käse.

Armenküche und höchste Ansprüche

Anfängern in Sachen «cucina veneziana» sei die Trattoria **Antico Dolo** empfohlen: die Theke bietet eine reiche Auswahl an «cicchetti», die Atmosphäre vermittelt noch etwas von der traditionellen venezianischen «osteria», zumal die Kundschaft von den nahe gelegenen Rialto-Märkten kommt, um sich hier mit einem «piccolo bianco» und einem kleinen Imbiß zu stärken. «Trippa bollita» (gekochte Kuddeln), so heißt hier das Stammgericht, das man probieren sollte; wer weniger

wagemutig ist, greift zu venezianischer Leber (mit viel Zwiebeln) oder bestellt Spaghetti mit Muscheln («spaghetti con le vongole veraci»). Die **Osteria al Ponte** (nahe dem Campo) hält neben den genannten Köstlichkeiten eine besondere Spezialität bereit: gebratene oder fritierte Kartoffeln, die auf Spießchen serviert werden. Für den kulinarischen Auftakt gleichfalls empfehlenswert ist **L'Incontro** am Campo Santa Margherita. Wer sich an diesem umtriebigen Campo, der seit einigen Jahren zu einem der belebtesten ganz Venedigs gehört,

am prallen Leben satt gesehen hat und nun Appetit auf venezianische Spezialitäten bekommt, ist in dieser Trattoria am rechten Ort. Die Preise sind noch moderat, das Ambiente ist gediegen, der mit der Hand geschnittene Schinken köstlich, ebenso wie die «gnocchetti con pomodoro e pecorino». Vor kurzem wurde auf dem Campo Santa Margherita «La Fiera della Gola», eine traditionsreiche Messe, wiederbelebt, bei der es an Marktständen und in den vorhandenen zahlreichen Bars und Restaurants kulinarische Köstlichkeiten gibt, eine «Messe für den Gaumen» eben (Mitte Juli).

«La cucina veneta», das ist eigentlich das Armeleuteessen in diversen Abwandlungen und Verfeinerungen: Reis und Polenta gehören unbedingt dazu, werden mit dem ergänzt, was Meer und Gemüsegarten hergeben. Innereien sind unverzichtbar, ebenso die verschiedenen Vogelarten, von denen es in den Feuchtgebieten der Lagune einmal viele gab. Venezianische Leber sollte man sich nicht entgehen lassen. Langusten, gegrillter Schwertfisch, mit Kräutern fein gewürzte Goldbrassen, kurz – ein Fischgericht kann, ungeachtet aller Bedenken wegen der Schwermetallrückstände, ein phantastisches Vergnügen werden: der Fisch ist frisch, jedenfalls frisch aufgetaut, der trockene Weißwein aus der Gegend um Conegliano schmeckt so gut wie der junge Prosecco vorweg und das Gläschen Grappa zum Abschluß.

Wer die einfache Küche sucht, der geht am besten um die Mit-

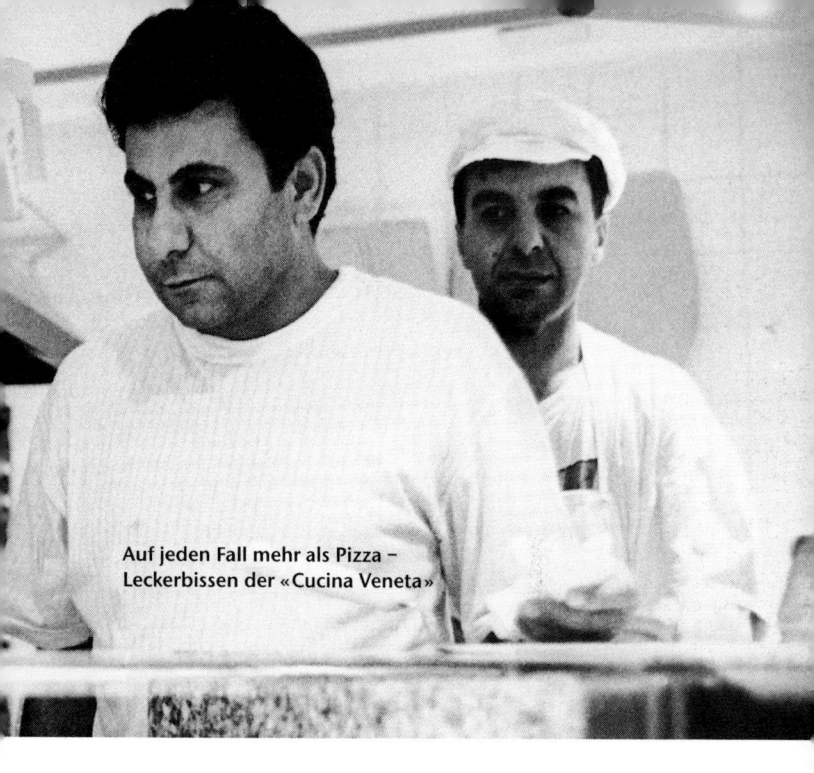

**Auf jeden Fall mehr als Pizza –
Leckerbissen der «Cucina Veneta»**

tagszeit den Arbeitern nach, die wegen der fehlenden Werkskantinen in Trattorien essen. Die liegen häufig in den Randzonen der Stadt, sind billiger und bieten gute «Hausmannskost». Die **Hostaria Al Galeon** in Castello gehört dazu, ebenso **La Zucca** in unmittelbarer Nähe zum Campo San Giacomo dell'Orio oder die **Osteria al Bacco** in Cannaregio. Hier gibt es Pasta e fasoi, eine dicke Nudelsuppe mit Bohnen; auch Kutteln, Risi e bisi, verschiedene Variationen des Risotto; Polenta und Baccalà, gesottener Stockfisch, gehören dazu; ebenfalls die breite Pasta mit Sardellensauce, je nach Jahreszeit verschiedene Muschelarten und auch die «ciccheti» direkt an der Theke. Ein solches Essen eröffnet tiefe Einblicke in die Volksseele.

Wer damit nichts zu tun haben möchte, kann bei Cipriani essen: in Asolo, auf Torcello, auf der Giudecca und direkt bei San Marco; zudem gibt es eine Vielzahl von Restaurants, die diesem durchaus reizvollen Stil der kühlen Untertreibung und der heißen Preise nacheifern. Diese «nuova cucina» überzeugt mit ihrer perfekten Abstimmung der einzelnen Elemente und der Qualität der verwendeten Produkte. **Cipriani** auf der Giudecca gehört zu einem der schönsten und gepflegtesten Lokale Venedigs, besonders stimmungsvoll wird es, wenn man auf der Terrasse sitzen kann. Die raffinierten Fisch- und Gemüsegerichte, die auserlesenen Weine und eine aufmerksame Bedienung genügen den höchsten Ansprüchen.

Das Restaurant **Da Fiore**, in Nachbarschaft zum Campo San Polo, ist für Feinschmecker, die Besonderheiten der «cucina veneziana» kennenlernen wollen, ein Muß. Der Tisch im kleinen, äußerst gepflegten Lokal muß rechtzeitig, manchmal Tage voraus, bestellt werden. Die Fischgerichte orientieren sich an der besten Tradition der venezianischen Küche, das Gemüse ist wohlschmeckend, die Zubereitung ausgesprochen einfallsreich, Süßspeise und «caffè» delikat.

Kaffee und Zucker als Medizin

Der Atem der Geschichte hat im Laufe der Jahrhunderte auch gewaltig in die Kochtöpfe geblasen, auf diese Weise haben sich die verschiedenen Besatzer und Besitzer in der venezianischen Küche verewigt. Die Gewürze, durch die Venedig reich wurde, verfeinerten auch einheimische Speisen. Schon vor der ersten Jahrtausendwende wurde der Zucker importiert, um 1600 der Kaffee, der sofort ein begehrtes Mitbringsel der Lagunentouristen wurde. Die gediegenen Cafés auf San Marco waren ehemals Kaffeebuden, die eine bunte Kundschaft anzogen. Zunächst als Medizin zu Höchstpreisen in Apotheken verkauft, gefiel der «Mohrentrank» auch bald dem breiten Volk. 1683 eröffnete auf San Marco das erste Kaffeegeschäft, andere folgten überall in der Stadt. Erst das 18. Jahrhundert brachte die Blüte der Kaffeehauskultur, deren glorreiche Relikte rund um San Marco zu besuchen sind. Der europäische Romantizismus und die Revolutionäre von 1848 trafen sich hier. Das **Florian** wurde zum Zentrum eines fortschrittlichen, auch libertinären Geistes, im **Quadri** trafen

sich die österreichischen Besatzer und ihr venezianisches Gefolge.

Daß die Güte des Kaffees von der Herkunft der Bohne, der Röstung und der Zubereitung abhängt, ist inzwischen Gemeinplatz. Die strittige Frage der Zubereitung ist allgemein mit der Erfindung der Espressomaschine gelöst worden. Doch die Venezianer kennen noch eine traditionsreiche Variante, «el caffè con steco»: In einem Kupfergefäß wird Wasser zum Kochen gebracht, der frisch geröstete und gemahlene Kaffee schnell beigemischt, dann, während man das Gefäß mehrfach von der Feuerstelle nimmt, mit einem Stöckchen (steco) umgerührt. Nicht vergessen: etwas Alkohol zur Verfeinerung und natürlich der Zucker, am besten gleich dem Wasser beim Aufkochen beigemischt.

Überhaupt der Zucker: Auch er galt als Medizin, wurde bereits im 11. Jahrhundert als «confettino» oder «pasticca» verarbeitet, an Personen in bedeutender Stellung verschenkt, auch heute sind silbrig überzogene Zuckerstücke als Gabe durchaus üblich. Den Zucker holten sich die Venezianer auf arabischen Märkten, verkauften ihn in kleinen Säckchen zu Höchstpreisen auf Rialto. In einer guten Pasticceria, wo sich Venedig zu fast jeder Tageszeit die Mundwinkel schleckt – bei **Tonolo**, nahe der Frari-Basilika zum Beispiel – sollte man einige der süßen Köstlichkeiten genüßlich verspeisen und sich die nächsten gleich vormerken. Eine venezianische Pasticceria gleicht einem internationalen Schlaraffenland: Traditionsreich sind orientalische Rezepte, der süße Reiskuchen zum Beispiel; dann gibt es Delikatessen aus der französischen und österreichischen Besatzungszeit –

Strudel, Kipferl und Krapfen; die «Nicolotti», süße Armut, hergestellt aus altem Brot, das mit Eiern verknetet und leicht gezuckert wird, benannt nach dem Stadtteil San Nicolò, wo einst viele Bettler wohnten. Venezianische Kekse haben eine bewegte Vergangenheit; als Verpflegung für die Galeeren bestimmt, mußten sie besonders nahrhaft und dauerhaft sein. Auch die «frittelle», leichtes Fettgebackenes, sollte man probieren, die Vanillecreme-Füllung ist eine Köstlichkeit. Im **Antico Caffè Rosa Salva**, Campo SS Giovanni e Paolo (Campo Zanipolo), hat man ein breites Sortiment an venezianischem Backwerk zur Auswahl, zudem auch noch ein köstliches hausgemachtes Eis. Süßes für zwischendurch, das höchsten Ansprüchen genügt, gibt es auch in der **Pasticceria Marchini**, unweit des Campo Santo Stefano.

Küchenforscher haben überzeugend nachgewiesen, daß die große europäische Küche in Venedig entstand, was in erster Linie arabischen Köchen zu verdanken ist. Bereits um das Jahr 1000 gab es etwa zehn arabische Kochbücher, einige davon wurden zwei Jahrhunderte später ins Venezianische übersetzt. Fast alle Kochbücher, die an den absolutistischen Höfen Europas kursierten, sind in Venedig gedruckt. Auch die Gabel soll von Venezianern in Byzanz geraubt und dann zur Verfeinerung der europäischen Sitten eingeführt worden sein. Die verschiedenen ethnischen Minderheiten, die sich in Venedig ansiedeln durften, bereicherten die Kochkünste der Stadt, dabei ist insbesondere die jüdische Küche zu nennen. In der noch heute bestehenden Bäckerei **Volpe** (Campo del Ghetto Nuovo) sollte man die Mandelplätzchen probieren, diverse Zuckerringe und andere Köstlichkeiten. Das Restaurant auf dem Campo del Ghetto Vecchio bietet Speisen nach «ricette ebraiche veneziane» an: Pasticcio di maccheroni, Gnocchi, Risotto mit viel Gemüse, viel Geflügel.

Die Vielfalt venezianischer Kochkünste erfährt man, wenn man den Hausfrauen bei den Einkäufen folgt. Kritisch werden Qualität und Frische von Fisch und Fleisch, Gemüse und Obst geprüft. Sträußchen von Petersilie, Basilikum, Salbei zieren die Einkaufstaschen; frische Zwiebeln unterschiedlicher Größe und Farbe, Knoblauch fehlen nie. Die venezianische «salsa» baut darauf auf. Die Tomate und deren diverse Verarbeitungsmöglichkeiten sind Bestandteile der süditalienischen Küche und eher Produkte der italienischen Einigung, die Pizza gleichfalls. Glücklicherweise gelingt es den separatistisch gesinnten Anhängern der Liga Veneta nicht, die Pizzaproduktion in Venedig zu verbieten. Immerhin sind diese belegten Teigstücke unverzichtbare Grundnahrungsmittel für Touristen, zudem sichern sie den vereinigten Pizzabäckern reiche Einkünfte. Unweit des Campo San Polo gibt es bei der Bäckerei **Spagnol** ein einmalig reiches Angebot an wohlschmeckenden Pizzen. Dort kann man auch köstliche Olivenbrötchen bekommen. Wer im Sitzen eine exquisite Pizza verspeisen möchte, ist bei **Alle Oche**, nahe dem Campo San Giacomo dell'Orio, gut aufgehoben; am Wochenende sollte man unbedingt einen Tisch vorbestellen oder sich auf eine Wartezeit vor Ort einrichten.

An der Bar oder im Café?

Die Bar als zentrale Institution des

venezianischen Alltags verdient abschließend eine besondere Erwähnung; sie ist Sozialstation, Informationsbörse, Bedürfnisanstalt im weitesten Sinne, auch wenn man das Bedürfnis im engeren Sinne hier nicht immer erledigen kann. Eine Bar ist ein Stehcafé, so lautet die sachlichste Erklärung, die aber inzwischen, da die meisten Bars auch Sitzplätze drinnen und draußen anbieten, nicht mehr zutrifft. Die Grenzen zwischen Bar und Caffè sind inzwischen fließend.

Eine Stammbar, ein Stammcafé sollte man sich auch bei einem kurzen Venedigaufenthalt suchen, das Gefühl von «Heimat» stellt sich dann wie von selbst ein. Die Kriterien der Auswahl hängen selbstverständlich von den persönlichen Wünschen ab; folgende Hinweise könnten aber bei der Auswahl hilfreich sein: Morgens sollten frische «cornetti» (Kipferl) und mit Vanillecreme gefüllte Krapfen und anderes köstliches Backwerk zur Auswahl bereitstehen. Die Schaumkrone des «cappuccino» sollte so dicht sein, daß sie den aufgestreuten Zucker aushält, und schließlich als leckerer Rest in der geleerten Tasse zum Auslöffeln zurückbleiben. Und das Entscheidende: Die Arbeit an der Espressomaschine ist eine Kunst für sich und fordert volle Aufmerksamkeit. Jeder Handgriff folgt einer einstudierten Choreographie; die Routiniertheit der Herstellung wie auch die Qualität des Kaffees ist an der Dichte der Creme auf dem Espresso abzulesen; sie muß eine goldbraune Färbung aufweisen und eine geschlossene Decke bilden, die sich auch nach dem heftigsten Umrühren des Zuckers sofort wieder schließt. Außer Zucker darf nur Milch eine Verbindung mit Espresso eingehen, daraus ergeben sich dann die weiteren Variationen wie «caffè latte», der klassische Milchkaffee, «caffè macchiato», ein Espresso mit einem Schuß Milch, oder «latte macchiato», eine aufgeschäumte Milch mit einem Fleck Espresso. Ein Milchkaffee gilt als Mahlzeit, nur dem puren Espresso wird die Fähigkeit zugeschrieben, verdauungsfördernd zu sein.

Natürlich ist die logistische Position der Bar, des Cafés von Bedeutung: Seit drei Jahrhunderten ist das **Café Florian** auf dem Markusplatz Treffpunkt für Künstler, Dichter, Politiker und für solche, die ihnen nahe sein wollen; aber im **Gran Caffè Chioggia** ganz in der Nähe gibt es immer noch den besten Espresso. Auf dem Campo Santa Margherita kann man sich eine Bar nach der anderen aussuchen und den Sitzplatz je nach Sonnenstand wählen. **Causin** sollte man dabei nicht auslassen, zumal es hier ein vorzügliches Eis gibt. Sobald man aber sitzt, ist in Venedig mit einem bis zu hundertprozentigen Preisaufschlag zu rechnen.

Venezianisches Nachtleben – inzwischen kann auch davon die Rede sein, wenn auch in höchst bescheidenem Ausmaß: In **Haig's Bar**, in der Nähe des Hotels Gritti, treffen sich ruhelose Venezianer und Touristen; bis morgens um fünf kann hier gegessen, getrunken und gefeiert werden. Wer nach dem Essen noch beschaulich sitzen oder Live-Musik hören will, geht ins **Da Codroma**; bis zwei Uhr nachts kann man hier noch Backgammon spielen. Ansonsten sollte der «Giro d'Ombra», die «Schattenrunde» durch Bars und Bacari, recht früh beginnen, denn manche schließen schon um 22 Uhr.

In den Randzonen garantiert –
Hausmannskost und Sozialromantik

IM KUNSTRAUSCH
MÄZENE, MADONNEN UND MUSEEN

Die Kunst geht nach dem Brot, das gilt auch für Venedig. Die reichsten Patrizier beauftragten die besten Maler, die wohlhabendste Scuola wurde am schönsten geschmückt, und die einflußreichsten Orden leisteten sich die prächtigsten oder größten Kirchen. Das wirtschaftlich erfolgreiche und politisch mächtige Venedig brachte große Künstler hervor und gab ihnen ein gutes Auskommen. Ihre Werke spiegeln die Wechselwirkung von Kunst, Ökonomie und Politik und zeigen mitunter, daß Künstler ihren Auftraggebern gegenüber durchaus kritisch sein konnten. Die Route führt zu Schauplätzen, Objekten, Personen und «Prinzipien» venezianischer Kunst und ist weniger der Vollständigkeit als dem Exemplarischen verpflichtet. Das «Auffinden» mag vielleicht zwei Stunden dauern, alles weitere hängt von der Begeisterungsfähigkeit und dem Steh- und Gehvermögen der Betrachter ab.*

Mehr als vierhundert Kirchen gibt es in Venedig, etwa zwei Dutzend Klöster, sechs große religiöse Bruderschaften und eine Vielzahl kleiner Gilden, Zunftverbindungen und Zusammenschlüsse ethnischer oder religiöser Minderheiten. Angestammte Patrizierfamilien, aber auch «Neureiche» und «foresti», Auswärtige, die

dem Mythos Venedig oder der Investitionsrendite folgten, kamen hinzu. Sie alle waren potentielle Auftraggeber für Baumeister, Architekten, Maler, Musiker und Maurer. Schon ein kurzer Blick auf die Baugeschichte der Palazzi entlang dem Canal Grande und der Gebäude rund um San Marco verrät, daß Venedig zwischen dem 14. und dem 17. Jahrhundert eine riesige Baustelle war. Daneben gehörte es zum guten Ton und zum neuen Geschäftsinteresse, eine Villa im Hinterland zu haben. Daß unter diesen Bedingungen auch die Künste blühten und die Künstler gut verdienten, liegt auf der Hand.

Die «Beutekunst» rund um San Marco machte schon einige Grundprinzipien venezianischen Kunstverständnisses deutlich: Die Kunst folgt einer bestimmten Funktion, nämlich der Steigerung des Ruhmes der Serenissima und ihrer politischen Klasse; die Kunst soll schmücken und keinem übergeordneten Prinzip oder Lehrsatz folgen. Der Hang zum Ornamentalen, die Ästhetisierung der Politik und die Politisierung der Religion dominieren. Wer den Dogenpalast besucht, kann diesen Thesen im wahrsten Sinne des Wortes «nachgehen»: Die überdimensionalen Wand- und Deckengemälde feiern die Siege der Serenissima und können als Apotheose der ökonomischen und

politischen Macht der Seerepublik gelesen werden. «Staatsmaler» schufen diese Kunstwerke; sie entsprechen dem Selbstverständnis und den Herrschaftstechniken der mächtigen Familien der Stadt, die religiösen Inhalte ordnen sich den politischen und ökonomischen Funktionsprinzipien unter.

Bestes Beispiel für venezianische «Kunstfertigkeiten» ist die abenteuerliche Inbesitznahme der Reliquie von San Marco. Aber auch «hinter dem Markusplatz» haben diese Prinzipien Gültigkeit: Die Dogen waren den Nonnen des Klosters San Saccharia (im 9. Jahrhundert gegründet) zu besonderem Dank verpflichtet, da diese, so die Stadtchronisten, ihren Gemüsegarten für den Bau der Basilika von San Marco und die Er-

weiterung der Piazza stifteten. Die enge Verbindung von Kirche und Politik läßt sich beim Gang durch das Kircheninnere in einer Reihe von Gemälden entdecken. Die Darstellung biblischer Motive verknüpft sich darin mit der Verherrlichung diverser Staatsakte: Der Doge beim Besuch der Kirche, Kaiser und Papst bei der Entgegennahme einer heiligen Leiche, die Heilige Jungfrau, der im Beisein des Dogen Kirchen geschenkt werden, darunter auch das Modell von San Zaccaria.

Auf den Spuren von Griechen und Slawen

Daß auch die ethnischen Minderheiten als wichtige Auftraggeber in Sachen Kunst fungierten und damit wesentlich zum Ruhme Venedigs als Kunststadt beitru-

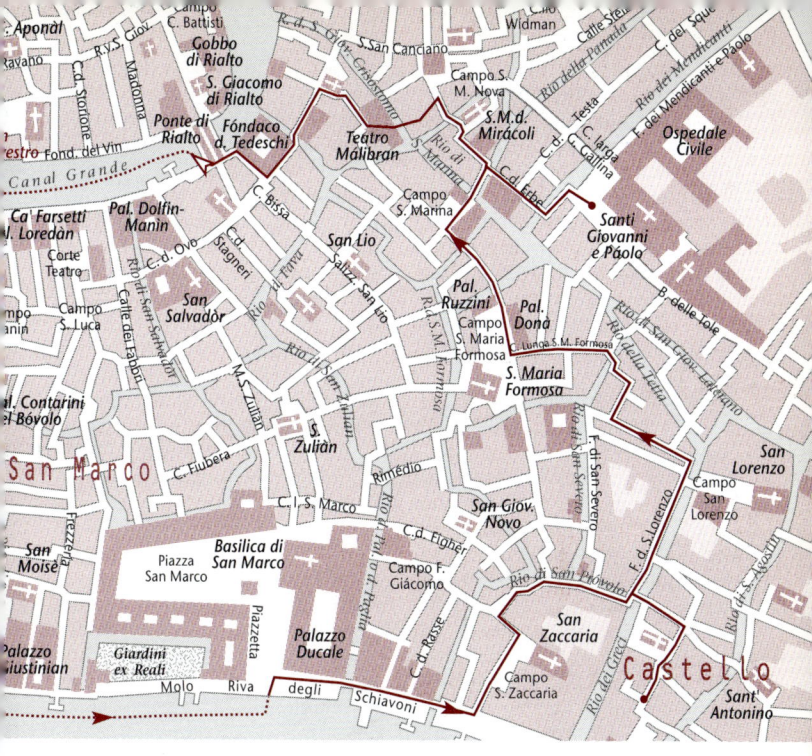

gen, zeigt ein kleiner Abstecher zum Rio dei Greci. Dort ist man im ehemaligen Wohnviertel der Griechen, deren Anwesenheit in Venedig bis auf das Jahr 1000 zurückzuverfolgen ist. Im 15. Jahrhundert lebten 4000 Griechen in Venedig, vor allem Flüchtlinge aus Konstantinopel, das 1453 von den Türken erobert wurde. Griechische Gelehrte und Künstler beeinflußten entscheidend das geistige Leben der Stadt, insbesondere die Weiterentwicklung der Buchdrucktechnik. Die Serenissima, allen kulturellen Neuerungen gegenüber aufgeschlossen, sofern sie dem Staatswohl und den Geschäften dienten, gewährte Minderheiten religiöse Freiheit. In der Salizzada dei Greci entstand ein Kolleg, in dem sich heute das Istituto Ellenico befindet, das sich mit byzantinischer und postbyzantinischer Forschung beschäftigt. In der nahen Scuola ist die schönste Ikonensammlung Europas zu besichtigen. Kirche, Scuola und Kolleg bilden eine ethnische Insel mit architektonischen Kostbarkeiten, geschaffen von Longhena, Lombardo und Sansovino, den bedeutendsten venezianischen Baumeistern.

Ganz in der Nähe der Griechen lebten die Schiavoni, Slawen, aus Dalmatien zumeist. In der Calle dei Furlani hatten sie ihre Scuola, die Bruderschaft von **San Giorgio degli Schiavoni**. Einst Kulturzentrum und religiöser Raum, ist sie heute berühmt wegen eines Gemäldezyklus Carpaccios im Stil des phantastischen Realismus. Da kämpft ein heiliger Georg, schön wie einst Robert Redford, gegen den Drachen; mit bluttriefender Genauigkeit werden die vom Untier abgebissenen Gliedmaßen gezeigt. Kuttenträger fliehen, weil ein Löwe die fromme Klosterszene betritt, ein ironisches Bild, wenn man um den Symbolgehalt des Löwen weiß. 1451 wurde die Schule gegründet, 1551 restauriert, unverändert hat sie Jahrhunderte überdauert, ein seltenes Juwel venezianischer Kunstgeschichte.

Über den Rio della Pietà, entlang der Fondamenta San Giorgio degli Schiavoni und der Calle San Lorenzo gelangt man zur gleichnamigen Kirche und zum Campo und gewinnt diesmal Einblicke in das Scheitern von «Kunsträuschen». **San Lorenzo** fasziniert heute mit seiner Ästhetik des Unfertigen und teilt das Schicksal einiger venezianischer Kirchen, die nie fertiggestellt wurden, weil die Geldgeber aus verschiedenen Gründen ihre Zahlungen einstellten. Mag sein, daß die Geschäfte nicht mehr so liefen, daß eine Nacht im Spielkasino nicht folgenlos blieb oder auswärtige Kriegshandlungen den Handel blockierten. Der Kirchenraum von San Lorenzo dient heute kulturellen Zwecken: Während des Karnevals feiert man hier ausgefallene Kostümfeste. Luigi Nonos «Prometheus» fand darin seine Uraufführung; die eigens dafür hergestellte Holzkonstruktion gilt als Meisterwerk moderner Akustik. Auf diesem ruhigen Campo ließe sich ein Picknick inszenieren oder wieder einmal phantasieren. Rio, Brücke, Palazzi fließen zusammen zu einem Gemälde von Gentile Bellini, «Il miracolo della Croce sul Ponte di San Lorenzo». Ein ins Wasser gefallenes schweres Kreuz geht nicht unter, erstaunte Pfaffengesichter

ob des Wunders. Das Interessanteste an dieser religiösen Anekdote ist die Dokumentation der Stadt und ihrer Menschen um 1500. Die meisten Werke dieses malenden Stadtchronisten kann man in der **Galleria dell'Accademia** oder in der **Galleria Querini-Stampalia** in Santa Maria Formosa besichtigen. Und wer den Madonnenmaler Giovanni Gentile genauer kennenlernen möchte, sollte sich nicht mit der Accademia bescheiden, sondern auf ausgiebige Fußmärsche oder Gondelfahrten einstellen. Giovannis schöne Jungfrauen sind in diversen Kirchen Venedigs und auf Murano anzutreffen; angesichts so vieler touristischer Imperative stöhnte bereits der klassische Bildungsreisende Goethe über die unzähligen Variationen jungfräulicher Empfängnisse und heiligster Jungfrauen mit Söhnen auf dem Arm.

Der Trick mit dem Reiterstandbild

Der kunsthistorische Spaziergang führt als nächstes zum **Campo Santa Maria Formosa**. Hier gibt es wieder einmal alle Besonderheiten eines venezianischen Campo: rundherum Palazzi aller Stilrichtungen, der schönste ist wohl der Palazzo Vitturi (Hausnummer 5246) im venezianisch-byzantinischen Stil aus dem 12. bis 13. Jahrhundert; sehenswert ist auch der barocke Kirchturm mit «Mascherone», einer angsterregenden, selbst Dämonen abschreckenden Fratze über der Eingangstür. Auch hier ist der Kirchgang unerläßlich, nicht nur wegen der Madonna della Misericordia von Vivarini, sondern auch wegen der Kapellen der Bombardieri und der Casseleri, der Kanonenbauer und der Hersteller

Gelassenheit angesichts der
Monumente und Madonnen –
eine venezianische Tugend

von Hochzeitstruhen, deren Schulen unweit der Kirche standen und vom Dogen jährlich in einem feierlichen Akt besucht wurden.

Die über das ganze Stadtgebiet verteilten Bruderschaften hatten nie ein bedeutendes politisches Gewicht, waren jedoch in dem öffentlichen Leben der Stadt integriert, nahmen an feierlichen Staatsakten teil, organisierten Feste und schmückten sich mit den Werken illustrer Künstler. Dokumente bezeugen, daß sich die Handwerker keineswegs der Politik enthielten. In den Versammlungsräumen ihrer Scuola diskutierten sie die politischen und wirtschaftlichen Angelegenheiten; innerhalb ihrer kleinen hierarchischen Ordnung spiegelten sie die Struktur des Staates.

Auf dem nahe gelegenen **Campo «Zanipolo»**, die übliche Abkürzung für SS Giovanni und Paolo, geht es neben Kunst auch um Zoten und Skandale. Neben der Piazza di San Marco, der einzigen «Piazza» in Venedig, ist «Zanipolo» wohl der monumentalste Campo. Ein Blick auf den Stadtplan macht deutlich: Man steht auf einer urbanen Insel, von drei Kanalläufen und der Lagune umgrenzt. Hier errichteten die Dominikaner einen riesigen Klosterkomplex mit einer monumentalen Kirche, die zur Grabstätte für viele Dogen wurde.

Mächtig, massiv wirkt auch die Reiterstatue des Söldnerführers Colleoni aus Bergamo, welcher der Stadt sein Vermögen vermachte mit der Auflage, ihm «*vor San Marco*» ein Denkmal zu errichten. Die clevere Signoria, der Rat der Stadt, umging diese Testamentsklausel, indem sie dem verdienten Kämpfer ein Reiterstandbild vor der Scuola von San Marco errichtete. Seitdem sitzt Colleoni kraftstrotzend auf dem Pferd. Von der Brücke del Cavallo kann man das Reiterstandbild des Söldnerführers, der von Venezianern öfter mit deftigen Zoten bedacht wird, besonders gut sehen. Das Tier ist aus einem Guß, Leonardo da Vinci soll dabei Hand angelegt haben.

Die von Mauro Codussi und Pietro Lombardo geschaffene Fassade der **Scuola di San Marco** beweist die venezianische Leidenschaft für das Ornamentale: vielfarbige Marmorplatten, kunstvoll zusammengesetzt, «gemalte» Perspektiven nicht vorhandener Portale; vorgetäuschte Kuppeln, Säulen, Löwen, Putten erinnern an die Basilika von San Marco. Die Scuola von San Marco gehörte zu den sechs großen Schulen; bereits 1206 entstanden, widmete sie sich religiösen und humanitären Zielen, darin wurde sie von der Regierung besonders unterstützt.

Nur wenige Schritte sind es von hier bis zur **Chiesa dei Miracoli** auf dem gleichnamigen Campo, man sollte sie unbedingt gehen, um ein «Wunder» zu sehen. Dieses Juwel der Renaissancebaukunst wurde zwischen 1481 und 1489 nach einem Projekt von Pietro Lombardo errichtet, das Geld stiftete die Familie Amandi, nachdem in ihrem Haus ein Madonnenbildnis wundertätig wirkte. Venedig am Ende des 15. Jahrhunderts: 120 000 bis 150 000 Personen leben in der Stadt; die ärmlichen Behausungen sind in den Vierteln Cannaregio und Dorsoduro. Hier aber ist das Zentrum des Reichtums und der Pracht. Kirchen und Klöster, Schulen, Palazzi entstehen: der Bauboom lockt Architekten, Maler, Baumeister und Handwerker in die Stadt. Neue Stilformen werden assimiliert, die traditionellen Elemente der byzantinischen Kultur mischen sich mit denen des Festlandes und des europäischen Auslands. Pietro Lombardo bringt die toskanische Kunst nach Venedig. Mauro Coducci macht die Renaissance populär. Die Kunstfertigkeiten venezianischer Steinmetze dokumentiert die Fassade der Miracoli-Kirche nachhaltig. Jeder Quadratmeter ist mit einem hohen Bewußtsein für Harmonie in Farbe und Form gestaltet. Nach aufwendiger Restaurierung ist die Kirche wieder zu besichtigen, der Schutz der Monumente schafft jedoch auch hier erhebliche Probleme und umfangreiche Kosten.

Das Bauprinzip der künstlichen Stadt

Über die Salizzada San Canciano und San Giovanni Crisostomo, dann ist man wieder im Sog von Rialto. Bevor man sich mitziehen läßt, schnell noch ein kleiner Ausflug in venezianische Baugeschichte: Gleich hinter der Kirche San Giovanni Crisostomo geht es links in die Calle dell'Ufficio di Seta, hier war das Kontrollamt der Seidenindustrie, vorbei an der Calle und dem Campo del Teatro, heute **Theater Malibran**, dann in den ersten und zweiten Hof del Milion. Der Name erinnert an Marco Polos berühmtes Buch «Il Milione», seine Reisenotizen aus dem fernen Asien des 13. Jahrhunderts. Ein Blick in die Runde bietet einen Kurzlehrgang in venezianischer Stilkunde: verzierte Holzvorbauten aus dem 15. Jahrhundert, «Barbacani» genannt; eine spätgotische Bogenreihe im «piano nobile», eine veneto-byzantinische Fensterreihe mit umlaufenden Verschnürungen, das sind Ornamentrahmen, welche die Bogenform zusätzlich unterstreichen; dazu Opferschalen, geschnitzte Balken und Pfosten. Diese Höfe bieten einen geschützten Raum zwischen Öffentlichkeit und Privatheit, sie waren Spielplatz, Waschraum, Verlängerung der Werkstatt oder Küche. Von dem nahen Ponte Marco Polo läßt sich die Fassade des Palazzo Bragadin Carabba studieren: Hier verschmelzen venezianische Gotik und Renaissancestil. Über die Calle und Fondamenta delle Dose gelangt man zur Calle del Paradiso: Zu Karfreitag pflegte man hier Tausende von Kerzen anzuzünden, der Lichterglanz sollte die Menschen an das Himmelreich erinnern. Gotische Portale führen in das Venedig des 13. Jahrhunderts: Inzwischen sensibel für Formen und Stile, erkennt man hinter dem grauen, aufgeplatzten, rissigen Putz die Lust am Ausschmücken: Ein Farbenspiel reichverzierter, bunt ausgemalter Kamine, der Fresken und Marmorintarsien der Fassaden bestimmte früher das Stadtbild.

Der an den rechten Winkel gewöhnte Blick hat heute mit ständig verrutschenden Linien zu schaffen. Diese Stadt ist unheilbar schief, doch was allgemein als Makel empfunden wird, ist hier Überlebensprinzip: Die Mauern und Wände, Decken, Säulen, Fundamente bilden einen lebendigen Organismus, der sich seiner Umwelt anpaßt. Er ist flexibel, um nicht zu brechen. So imposant auch marmorne Fassaden wirken, sie täuschen Schwere nur vor. Selbst der massige Barockbau folgt den Baugesetzen des Holzes, das auf dem Wasser schwimmt. Das Schiff ist die Wiege der venezianischen Kultur. Sein Bauprinzip und seine Form sind immer wieder anzutreffen; der umgekehrte Schiffsleib erscheint als Kirchendecke, das Konstruktionsprinzip

129

weist Stützbalken, horizontale Querverstrebungen und «Ruder» genannte Holzbalken im Mauerwerk auf. Zwischenwände bestehen aus mit Mörtel verkleidetem Holzgeflecht. Das Holz sorgt für Elastizität im Mauerwerk, es verteilt den Druck der Steinlast, ist selbst leicht und den äußeren Bedingungen angepaßt.

Venezianische Baukunst prägen die Arbeitserfahrungen von Generationen. Der mittelalterliche Bau kannte noch keine Trennung zwischen Planung und Ausführung. Die Handwerker bestimmten den Baustil. Ihre Kunstfertigkeit und ihren Geschmack kann man an den reichen Ornamenten, an der überraschenden Statik der Bauten aus dem 13. Jahrhundert ablesen. Erst im 15. Jahrhundert wird der Name des Architekten von Bedeutung: die Baumode beginnt. So wechselvoll sie sich nun im weiteren gestaltet, der Grundriß, das Fundament des venezianischen Palazzo, blieb erhalten. Allein die Fassadenfläche bot den Dekorateuren und Architekten eine Spielwiese. Die Spuren der vorgenommenen Veränderungen lassen sich unschwer ausmachen, besonders dort, wo inzwischen der schützende Putz abbröckelt, wo ein Rundbogen wieder auftaucht, wo zugemauerte Fensterbögen den Baustil der Vergangenheit verraten. Das Fundament blieb bei den Umbauten meist unverändert, da es aufgrund der angewandten Bauweise noch am besten erhalten war. Auch die eigenwilligsten Bauvorhaben folgten diesem Grundsatz.

Man baute nicht auf Fels, sondern auf Wasser, das in Venedig lernte, Balken zu tragen. Zugespitzte Eichen- und Lärchenpfähle rammte man in den Boden, verankerte sie im «caranto», einer festeren Lehmschicht, ordnete sie systematisch an, in Vierecken zumeist, in denen die Stämme spiralenförmig zusammenliefen. Darauf wurde wie ein Floß ein Holzgeflecht gesetzt, das man mit dem äußerst widerstandsfähigen istrischen Stein beschwerte, der den Mauern Halt bot. Venedig ist eine künstliche Stadt: das ganze Baumaterial mußte herantransportiert werden. Ganze Wälder des Hinterlandes wurden abgeholzt, um Paläste und Kirchen auf das Wasser zu setzen. Der rote Marmor stammte aus Verona, die Trachytplatten aus Padova, weißer Marmor aus Istrien, grauer aus Griechenland. Die riesigen Steinbrocken für die Befestigung der Lidi, die «murazzi», wurden gleichfalls importiert. Selbst der Ton, aus dem man die Ziegeln brannte, kam vom Festland. Der Sand wurde mit großen Frachtschiffen, «burchi» genannt, von den Ufern der Brenta herbeigeschafft. Der Materialmangel machte sparsam und erfinderisch zugleich. So praktizierte man bereits beim Bau der Basilika von San Marco das Recycling-Prinzip: Im Mauerwerk sind römische Ziegel, die bereits Jahrhunderte zuvor von Altino nach Torcello transportiert wurden, um dort beim Kirchenbau verwendet zu werden. Als die Insel Torcello langsam versumpfte, machte man sie zum «Steinbruch», um die Materialnachfrage während des Baubooms im 15. Jahrhundert befriedigen zu können. Opferschalen, Säulen, Kapitelle, Marmorreliefs nutzte man ohne stilistische oder kulturelle Vorurteile, doch stets mit einem sicheren Gefühl für ornamentale Wirkung. So gesehen stimmt die Aussage, die Stadt Venedig sei schon alt gewesen, als sie geboren wurde. Der durch äußere

Bedingungen auferlegte Zwang, zu bewahren und wiederzuverwenden, mischte sich mit der Freude am Vorzeigen dessen, was man erworben hatte. Daraus entstand ein eigener eklektischer Stil, dem Purismus fremd ist. Hinzu kam der Geschäftssinn des Händlers: Die Ware soll wirken, den Kunden anziehen, besser aussehen als die der Konkurrenz. Im Wettkampf um die am reichsten ausgeschmückte Scuola, den prächtigsten Palazzo, die bedeutendste Kirche maßen sich die Venezianer, und die Künstler lebten gut davon.

Von der Akademie zur Kulturinsel

Nur unvollkommen wäre die Einladung zum Kunstrausch, führte sie nicht in die Galerie der **Accademia** auf dem Campo della Carità. An diesem Platz liegen die Akademie der Bildenden Künste und ihr Museum, die im Konvent der Lateranenser, der Kirche und der Scuola Santa Maria della Carità untergebracht sind. Zur Fakultät gelangt man durch die Vorhalle, die Kirche und Scuola verbindet, ins Museum durch das Portal der Scuola. 1750 gründete der Senat der Stadt die Akademie der Künste, die von Giambattista Piazzetta und danach von Tiepolo geleitet wurde und das Ziel verfolgte, die Kunsttradition wachzuhalten und neue Talente zu fördern. Nach dem Fall der Serenissima erhielt die Accademia eine neue Aufgabe: Als Pinakothek sollte sie zum einen Anschauungsmaterial für die Kunststudenten bieten, zum anderen Kunstwerke, die beim Fall der Seerepublik verstreut wurden, und Schätze aus den durch Napoleon säkularisierten Klöstern und Kirchen aufnehmen. Die Accademia bietet heute den umfassendsten Einblick in die venezianische Malerei seit dem 14. Jahrhundert. Im Saal der sogenannten Primitiven findet man Paolo und Lorenzo Veneziano sowie Michele Giambono. Die Renaissancekünstler des 15. Jahrhunderts sind Bellini und Carpaccio. Giorgione, Tizian, Tintoretto, Veronese, Bassano und Lorenzo Lotto repräsentieren den Höhepunkt venezianischen Kunstschaffens im 16. Jahrhundert. Den Stil des 17. und 18. Jahrhunderts vertreten die Werke von Tiepolo, Piazzetta, den Longhi, Guardi und von Rosalba Carriera. Daneben können Sammlungen von Zeichnungen von Leonardo da Vinci und Canaletto besichtigt werden. Die Künstlerbiographien dokumentieren, daß nach erfolgreich ausgeführten privaten Aufträgen häufig die «Anstellung» als Staatsmaler folgte. Der große Brand des Dogenpalastes gab aufstrebenden Malern Chancen, ihre Kunstfertigkeit zu beweisen. Der Villenboom im Hinterland sorgte für weitere lukrative Aufträge. So unterschiedlich Stile und Künstlerpersönlichkeiten auch sind, allen gemeinsam war die enge Verbundenheit zur venezianischen Kultur und Politik und die Abhängigkeit von finanzkräftigen «Brotgebern». Der wirtschaftliche und politische Niedergang Venedigs bedeutet auch das Ende dieser im künstlerischen Sinne fruchtbaren Verbindung.

In unserem Jahrhundert war der Staat in erster Linie als Konservator vorhandener Kunstwerke aktiv, und das mehr schlecht als recht. Doch bereits seit Mitte der achtziger Jahre zeichnen sich neue Entwicklungen ab: Privates Kapital statt öffentlicher Gelder, das ist die neue Devise der Kultur-

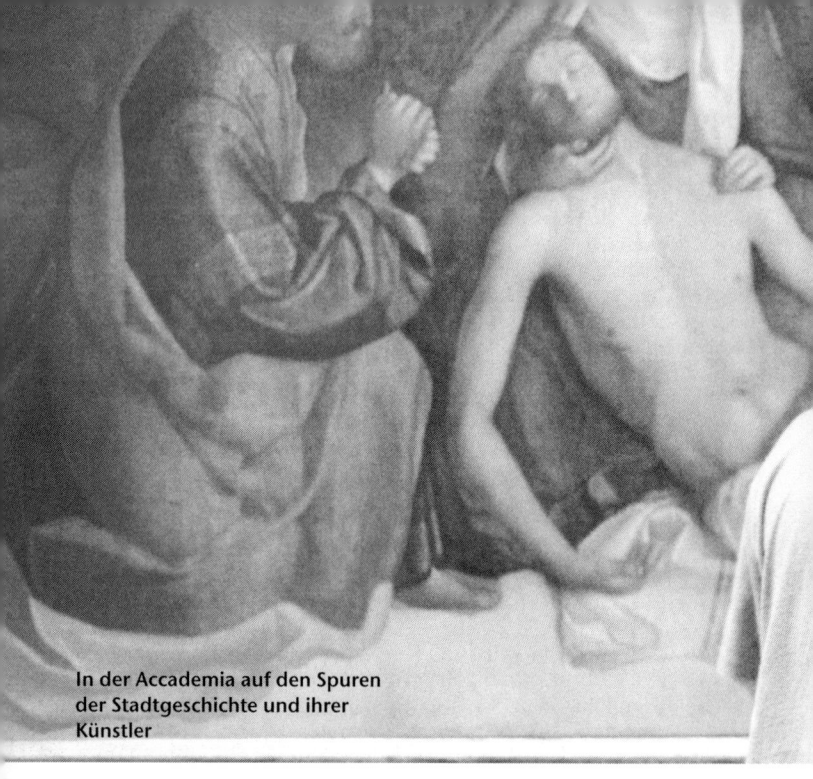

In der Accademia auf den Spuren der Stadtgeschichte und ihrer Künstler

politiker. Fiat hat sich im **Palazzo Grassi** einen Kulturtempel geschaffen; andere Multis stehen auf der Liste mit konkreten Projekten in Sachen Kulturinvestment. Der französische Historiker Ferdinand Braudel, passionierter Erforscher venezianischer Geschichte und Kunst, forderte bereits Mitte der achtziger Jahr recht provokativ die politische Unabhängigkeit Venedigs, die Gründung einer neuen Republik, allein beschäftigt mit der Verwaltung des kulturellen Erbes und der Beherbergung der Kulturbotschafter und Künstler aus aller Welt. Aktuelle Tendenzen kommen diesem Traum nahe: Venedig entwickelt sich unter internationalen Investoren und Sponsoren zu einer Kulturinsel, zu einer internationalen Metropole des Geistes, abgeschnitten vom provinziellen Hinterland, ein künstliches Konstrukt. Warum soll es da nicht auch ein internationales Gremium geben, das lokalen Politikern «zur Seite steht»? «Sponsor-Kultur» ist das neue Zauberwort, das leere Staatskassen sanieren und langweilige Festivals aktivieren soll.

«Indem man die Kultur mit der Industrie verbindet, strebt man danach, dem Wesen der heutigen Kultur angemessenen Ausdruck zu verleihen. Indem man Venedig für diese Zielsetzungen wählt, beweist man Vertrauen in eine Stadt, welche gerade im Begriff ist, ihre Natur als Kulturzentrum zu entfalten.» Mit dieser Erklärung leiteten die «Amici di Palazzo Grassi»

bedeutende Vertreter der italienischen Kulturszene, den Umbau des heruntergekommenen Museumspalastes zu einem modernen Kulturzentrum ein. Es wurde zu einem Erfolgsrezept, zumal das neue Kulturmanagement auch die staatlichen und städtischen Museen unter Modernisierungsdruck setzte, was neue Organisations- und Finanzierungsformen hervorbrachte. Biennale, Regata Storica und Karneval, auch dafür suchten die Verantwortlichen inzwischen mit Erfolg Sponsoren: Kartoffelchips und Karneval, Kekse und Kunst, Poesie und Pomodori Pelati gehen wirkungsvolle Verbindungen ein. Inzwischen wächst auch die alternative Kunstszene, der Stadtteil Marghera hat dadurch ein neues Image gewonnen, weil hier von der Kommune Räume zur Verfügung gestellt wurden und auch private Sponsoren auf den Plan traten. Für viele Kritiker deutet sich damit eine bedrohliche Abhängigkeit der Kunst und Kultur von potenten Geldgebern an. Wenn man aber genau nachdenkt, erübrigt sich dieses Lamento: In Venedig bestand die Verbindung von Kunst und Kommerz schon im Mittelalter. Es kommt nur darauf an, was demokratisch kontrollierte Politik daraus macht.

VENEDIG ALS VITRINE

«Zweifüßer machen sich zu Affen, was Einkaufen und Kleidung angeht», so kommentiert Joseph Brodsky (Ufer der Verlorenen) die Kauflust der Touristen. Er erklärt das Phänomen, daß die Schönheit der Lagunenstadt bei Männern wie Frauen ein «animalisches, unlogisches Verlangen» weckt, ihr nicht nachzustehen, sondern wie sie zu sein. Die «Vitrine Venedig» kommt diesem Verlangen auf vielerlei Weise nach und hält für jeden Geschmack und Geldbeutel Souvenirs bereit. Im folgenden werden neben italienischer Mode in erster Linie venezianisches Kunsthandwerk und seine Produkte sowie spezielle Märkte vorgestellt. Im Infoteil sind die entsprechenden Adressen zu finden (siehe S. 221, 222, 226).

Wer italienische Mode liebt und große Preise nicht scheut, wird in den Mercerie, erst recht aber in der Calle Larga XXII Marzo fündig. Hier gibt es die großen Namen von Armani über Krizia, Maxx Mara bis zu Versace. Die Vitrinen folgen dem kühlen Stil der Untertreibung und bilden zusammen mit den gepflegten Verkäuferinnen und Kleiderpuppen, dem unauffälligen Geräusch der Regi-

strierkasse und der Farbkomposition der Stoffteile ein einzigartiges Gesamtkunstwerk. Kein Wunder, daß nach dem Kauf das Kleidungsstück, für sich allein betrachtet, nicht mehr diesem Einkaufserlebnis entspricht. Aber immerhin, in der Erinnerung wird es zu einem Stück Venedig.

Wer typisch venezianische Mode sucht, kann bei **Ars Nova / Venetia Studium**, ebenfalls in der Calle Larga XXII Marzo, in Handarbeit kunstvoll gefaltete Seidenplisseekleider auswählen. Hier hat man die berühmte Fortuny-Technik, von der schon Marcel Proust schwärmte, wiederbelebt und zu zauberhaften Gewändern verarbeitet. Als schöne Mitbringsel gibt es Seidenschals in jeder denkbaren Farbe, aber auch filigrane Seidenlampen, Kissen und Taschentücher. Bei **Norelene**, Campo San Maurizio, werden Seide, Samt und Baumwolle mit Stempeln nach traditioneller Technik mit zeitgenössischen Motiven bedruckt. Ganz in der Nähe bei **Trois** hat man die Exklusivrechte an den kostbaren Fortuny-Stoffen, von denen der Meter mehr als 300 Mark kostet.

Bevilacqua und **Rubelli** sind in Venedig die ersten Adressen für kostbare Stoffe (Samt, Damast,

Basarstimmung auf der Rialto-
brücke – für jeden Geschmack
etwas

Wo das Handwerk noch goldenen Boden hat – Werkstätten rund um den Campo San Tomà

Brokat), die in firmeneigenen Werkstätten seit Mitte des 19. Jahrhunderts von Hand gewebt wurden; deren museales Ambiente soll für Besichtigungen freigegeben werden.

Bei **Jesurum** auf der Piazza San Marco kauft man die Produkte der Spitzenmanufaktur: Taschentücher, Hemden, Bettwäsche, Tischdecken und vieles mehr – alles sehr teure Stücke, die in der Regel noch von Hand entstehen. Wer Burano besucht, kann auf der Piazza Galuppi die **Scuola dei Merletti** besichtigen und Arbeiten der Spitzenstickerinnen der Kooperative kaufen. Wenn von venezianischer Spitze die Rede ist, meint man die Nadelspitze, obwohl andere Techniken, wie die Klöppelspitze, in Chioggia, auf dem Litorale und in Pellestrina

auch gepflegt werden. Mitte des 16. Jahrhunderts entstand der sogenannte «punto in aria», der die Stickerei ablöste, die, sei sie auch noch so fein, bisher immer auf Gewebe ausgeführt wurde. Die neue Erfindung machte das unnötig, jetzt reichte als Grundlage ein Pergament, auf das einige Fäden gespannt werden; Nadel und Faden sind die einzigen Werkzeuge der Spitzenstickerin.

Neben den Modeboutiquen unterschiedlichster Preis- und Qualitätslage bestimmen Schuhgeschäfte die Einkaufszonen Venedigs. Daß Venedig als Vitrine der äußerst erfolgreichen und traditionellen Schuhindustrie des Nordostens fungiert, liegt nahe. Die Symbolkraft des Ortes soll magnethaft die Kunden anziehen, entsprechend zieren auch

die entlegensten Schuhfabriken des Veneto ihre Produkte mit dem Namenszug «Venezia» oder «Serenissima». Auch wenn die Preise hier um einiges höher liegen als in Mestre und Treviso, wird der Schuhkauf in Venedig auf jeden Fall zum besonderen Erlebnis. Wer seinen Füßen etwas ganz besonders Gutes tun will, sollte zu **Rolando Segalin** gehen. Dieses Maßschuhgeschäft erfüllt jeden Wunsch, vom Stöckelschuh bis zum handschuhweichen Schlangenleder-Mokassin oder Schnallenschuh im Rokokostil. Aber Achtung, beim ersten Sirenenklang, der «acqua alta» ankündigt, sollte man lieber zu Hause bleiben oder Gummistiefel anlegen. In den Lederwarenfabriken der Brenta-Region entstehen zudem stilvolle oder höchst modi-

sche Taschen. In Venedig selbst gibt es einige Werkstätten, die zum Teil nach individuellen Entwürfen fertigen und höchste Qualitätsarbeit anbieten.

Adressen für Schmuck

Wer ausgefallenen venezianischen Schmuck sucht, sollte den Laden **Lapis** ansteuern. Hier gibt es antike venezianische Perlen, die je nach Wunsch und auch nach persönlichem Entwurf zu Broschen, Ohrringen oder Ketten verarbeitet werden. Zur Auswahl stehen auch antike Schmuckstücke von der Krawattennadel aus den zwanziger Jahren bis zum Siegel- und Ohrring und Armbändern der Jahrhundertwende. Bei **Herriz** in der Calle Larga XXII Marzo wählt man Schmuckstücke aus der Zeit zwischen 1900 und

137

1950, vor allem aus den zwanziger Jahren. Die Vitrinen des seit 1836 bestehenden Juweliergeschäfts **Missiaglia**, Piazza San Marco, sollte man auf jeden Fall besichtigen, auch wenn man keine ernsthaften Kaufabsichten hat, es ist in ganz Italien bekannt.

Das Kunsthandwerk mit seinen Produkten wie Spitze, edle Stoffe, Glas, Goldschmiedearbeiten, Metallguß und Möbelproduktion trug lange zum Wohlstand Venedigs bei, erlebte im 18. Jahrhundert jedoch einen Niedergang. Erst Mitte des 19. Jahrhunderts nahmen die venezianischen Werkstätten alte Handwerkstraditionen wieder auf. So konnten die überlieferten Techniken – zum Teil auch nur mit staatlicher Hilfe – bis heute bewahrt werden.

Die Tradition der Glasbläserkunst dokumentiert am besten das **Museo dei Vetrai** auf Murano. Rund um den Markusplatz stellen die bedeutendsten Häuser (**Seguso, Salviati, Venini**) ihre Produkte aus, die häufig in Zusammenarbeit mit berühmten Designern und großen Künstlern wie Scarpa, Tapio, Bianconi und Santilliana (Venini) entstanden. Auf Murano kann man in Schauwerkstätten die traditionelle Technik der Glasbläserkunst und die verschiedenen Stadien der Herstellung eines Glases verfolgen. Im Centro Storico selbst gibt es eine Reihe von Werkstätten, in denen aus bunten Glasstäben zauberhafte Tier- und Menschenfiguren entstehen. Auch hier kann man unter Umständen den Glaskünst-

Originalität und Kitsch – nirgendwo dichter beisammen als in der Vitrine Venedig

lern bei der Arbeit zusehen und liebenswerte Mitbringsel finden.

Papier und Masken

Marmoriertes Papier und eine Vielzahl daraus entstandener Produkte gelten inzwischen als typisch venezianische Souvenirs. Seit dem Frühmittelalter war diese Technik der Marmorierung in Asien, später auch in der Türkei verbreitet. Diese einzigartige Färbung eines Papierbogens garantierte Sicherheit vor Fälschung, deswegen benutzte man das marmorierte Papier für Dekrete des Sultans. Seit dem 15. Jahrhundert fand diese Technik auch in Europa Verbreitung, wo marmoriertes Papier für Einbände religiöser Bücher und Schachteln verwendet wurde. In den siebziger Jahren entdeckte man den Reiz dieses in aufwendiger Handarbeit entstandenen, farbig schillernden Papiers wieder. Seitdem entstanden in Venedig eine Reihe von Werkstätten mit jeweils charakteristischen Techniken und speziellen Produkten.

Die **Legatoria Piazzesi** ist das älteste Papier- und Buchbindergeschäft Venedigs. Hier stellt man marmoriertes Papier sowie die «carta varese» mit Hilfe von Schablonendruck her und verarbeitet beides zum Briefpapiersortiment, zu Geschenkschachteln und Schreibtischutensilien. Die **Werkstatt Alberto Valese-Ebrù** produziert von Hand marmoriertes Papier in charakteristischen Farben und verarbeitet es zu Tagebüchern, Heften, Kalendern und

Zweifüßer machen sich zum Affen, was Einkaufen und Kleidung in Venedig angeht, und nicht gerade aus praktischen Gründen; sie tun es, weil die Stadt sie tatsächlich dazu herausfordert.

Wir alle hegen alle möglichen Bedenken hinsichtlich der Mängel in unserem Erscheinungsbild, ja, der Unvollkommenheit unserer Gesichtszüge selbst. Was man in dieser Stadt auf jeden Schritt, bei jeder Abzweigung, Perspektive und Sackgasse sieht, verschlimmert die eigenen Komplexe und Unsicherheiten. Deshalb fällt man – Frauen besonders, doch Männer auch –, sobald man hier ankommt, in die Läden ein, daß es eine Art hat. Die umgebende Schönheit ist so beschaffen, daß man nahezu unmittelbar ein animalisch unlogisches Verlangen verspürt, ihr nicht nachzustehen, sondern wie sie zu sein. Das hat nichts zu tun mit Eitelkeit oder mit dem natürlichen Überangebot an Spiegeln hier, an erster Stelle dem Wasser selbst. Es ist einfach nur so, daß die Stadt Zweifüßern eine Vorstellung von visueller Überlegenheit bietet, die ihren natürlichen Weideplätzen, ihrer gewohnten Umgebung abgeht. Deshalb sieht man hier Pelze in Hülle und Fülle, und ebenso Velours, Seide, Leinen, Wolle und alle anderen Arten von Gewebe. Wenn die Zweifüßer nach Hause zurückkehren, starren sie verwundert an, was sie erworben haben, wohl wissend, daß es keinen Ort in ihren angestammten Gefilden gibt, wo sie diese Erwerbungen zur Schau stellen könnten, ohne bei den Einheimischen Anstoß zu erregen. Diese Dinge muß man im Schrank verwelken lassen oder sie jüngeren Verwandten schenken. Ich zum Beispiel erinnere mich daran, daß ich etliche Dinge hier gekauft habe – auf Kredit, versteht sich –, die zu tragen ich nachher nicht den Mut oder die Nerven hatte.

Joseph Brodsky: Ufer der Verlorenen. Aus dem Amerikanischen von Jörg Trobitius.
© 1991 Carl Hanser Verlag, München/Wien.

präsentiert Figuren aus marmoriertem Gips. Bei **Paolo Olbi** gibt es gleichfalls ein großes Angebot von Artikeln aus marmoriertem Papier.

Die Objekte des venezianischen Metallgusses genießen gleichfalls einen besonderen Ruf. Seine schönsten Produkte zieren Gondeln oder mächtige Portale: glänzend polierte Seepferdchen, an den Seiten der Gondeln angebracht, mächtige, grün patinierte oder glänzende Türklopfer in Form eines Löwenkopfes, ebenso beliebte Motive sind Mauren, groteske Figuren und Narren, die man noch heute in einigen alten Werkstätten in Handarbeit herstellt. Die Kunst, Bronze zu gießen, erlebte in der Renaissance eine Blütezeit, als man die Kanonengießerei wiederentdeckte.

Für die Freunde der Ruderkunst und der Holzskulptur hält «**Spaziolegno**» aus einem Stück gefertigte Dollen in verschiedenen Größen bereit. Diese «forcula» der Gondel gilt inzwischen als Kunstwerk und ist im New Yorker Museum of Modern Art ausgestellt. Auch wenn man nicht gleich eine Originalgondel oder einen Topo ordert, so kann man hier ein Miniaturmodell erstehen oder zumindest die Modellvielfalt venezianischer Boote studieren. Was man aus Holz alles machen kann, führt eine Reihe von Werkstätten vor, die sich auf Nachbildung venezianischer Möbel und Dekorobjekte des «Settecento» spezialisiert haben.

Auch wer zu Hause kühlen High-Tech liebt, kann sich in Venedig unerwartet und Hals über Kopf in verspielte Rokokokonsolen, zierliche Sesselchen, bemalte, lackierte und vergoldete Kommoden und mit Bändern und Voluten verzierte Spiegel verlieben. Das Objekt der Begierde zu erstehen kommt teuer, aber es verschafft Einzigartigkeit: In der ersten Hälfte des 18. Jahrhunderts setzte sich in der Lagunenstadt der zierliche Luxus des Rokokostils durch und löste den mächtigen, schweren Barock ab. Chinoiserien und große Spiegel, die den Raum optisch erweiterten, wurden Mode; zarte Farben und Blumendekors auf Pastellgrund dominierten, die klaren Formen lösten sich in geschwungene Linien auf, der zarte Glanz von Satin und vergoldetem mehrschichtigem Lack verdeutlichte den Geschmack der «Salongesellschaft», die den Niedergang der Seerepublik mit neuer Häuslichkeit, verspielter Mode und schließlich ganzjährigem Karneval kompensierte.

Und damit wären wir beim erfolgreichsten Souvenir Venedigs: der Maske. Die venezianische Tradition der Masken und Karnevalskostüme lebte in den achtziger Jahren erneut auf, als der Karneval zum Touristenmagnet wurde. Irgendwann sollen sich einige Venezianer in ihrer Stammbar überlegt haben, daß es an der Zeit wäre, wieder richtigen Karnevalsspaß zu haben. Den machten sie sich auch, spontan und improvisiert, und im nächsten Jahr griff der Verband des Hotel- und Gaststättengewerbes die Idee auf, um profitträchtiger zu überwintern: «Venezia d'inverno» wurde zum absoluten Verkaufsschlager. Die Eurovisionsübertragung des venezianischen Mummenschanzes machte, für die Organisatoren kostenlos, beste Werbung. Inzwischen gilt der venezianische Karneval als internationale Touristenattraktion, und die Maske hat als Souvenir der Gondel den Rang abgelaufen. «Bauta» und

141

«tabarro» galten als unverzichtbare Kostümelemente des historischen Karnevals: Die «bauta» war ein kurzer, durch Spitzenstickerei verzierter Umhang mit einer schwarzen Seidenkapuze, der über einem weiten Cape («tabarro») getragen wurde. Mit dieser Verkleidung und der weißen Gesichtsmaske streifte man unerkannt umher; die Adligen betraten ihre Spielkasinos und Theater nur in dieser Kostümierung. Der traditionelle Karneval – er begann jedes Jahr am 26. Dezember und endete ursprünglich am Fastnachtsdonnerstag – wurde von prächtigen Bällen auf den größten Plätzen und spontanen Festen begleitet. In dieser Narrenzeit verloren viele Gesetze und soziale Unterschiede ihre Gültigkeit. Die den Oberen vorbehaltenen Räume der Öffentlichkeit okkupierte das «gemeine Volk» und parodierte offizielle Staatszeremonien. Während der Karnevalszeit florierte das Geschäft der fliegenden Händler, Schausteller und Schauspieler der Commedia dell'Arte. Ihre Masken inspirieren die heutigen Maskenbauer ebenso wie die traditionsreichen Modelle aus dem 15. Jahrhundert, deren Hersteller sich in Zünften zusammenschlossen. Wer an ausgefallenen und phantasievollen Masken Gefallen gefunden hat und sich für ihre Produktionstechniken interessiert, sollte unbedingt Giano Levatos Werkstatt und Laden **Mondonovo** (nahe Campo Santa Margherita) besuchen. Im **Laboratorio Artigiano Maschere** stellen Giorgio Clanetti und seine Mitarbeiter traditionelle Masken aus Leder und Papier her. Die **Ca'Macana** hat sich auf die Herstellung von glasierten Masken und Stoffmasken spezialisiert (Dorsoduro 3172).

Antiquitäten und Trödel
Die Schnäppchensucher unter den Trödelexperten haben in Venedig wenig Aussicht auf Erfolg. Dennoch kann man auch hier mit etwas Geduld fündig werden. Die meisten der gut eingeführten Antiquitätenläden findet man rund um den Campo San Maurizio und Campo Francesco Morosini. Ertragreich und auf jeden Fall preisgünstiger ist auch die Antiquitätensuche in den Geschäften rund um San Barnaba. Auf dem Campo San Maurizio gibt es regelmäßig einen Trödelmarkt der gehobenen Preisklasse. Flohmärkte werden in unregelmäßigen Abständen von Kirchengemeinden zu wohltätigen Zwecken veranstaltet; zwischen viel Ramsch findet man da auch so manches schöne Glas oder Spielzeug. Drei Tage vor Ostern gibt es jedes Jahr entlang der Strada Nuova buntes Markttreiben: vom hölzernen Kochlöffel, von schweren Bronzefiguren, afrikanischer Schnitzkunst bis zu Herrensocken und Büstenhalter ist dann alles zu haben.

Eigentlich gibt es in Venedig nur ein einziges Kaufhaus, das tatsächlich diesen Namen verdient: COIN. Es liegt an der Ostseite der Salizzada San Giovanni Crisostomo (Nähe Rialto-Brücke) und führt neben Mode auch Toiletten- und Geschenkartikel, Accessoires sowie Wäsche und Geschirr.

Die Vitrine Venedig hält für alle erdenklichen Geschmacks- und in allen Preislagen etwas bereit. Das Bedürfnis der Touristen, sich «ein Stück Venedig» anzueignen, fördert das Geschäft der Buden- und Boutiquebesitzer und hat auch zur Wiederbelebung und Tradierung alter Handwerkskunst beigetragen.

Maskenspiele zwischen Tradition
und Kommerz

ABSTECHER UND AUSFLÜGE

LEBENDIGE AUSSENPOSTEN

CANNAREGIO UND SANTA CROCE

In den «Randzonen» Venedigs, in Cannaregio oder Santa Marta (Santa Croce) existiert genausowenig wie in Castello das «Venedig der Venezianer». Diese Viertel haben aufgrund ihrer Geschichte und geographischen Lage einen ganz eigenen Charakter. Die Tatsache, daß diese Stadtteile dem Festland zugewandt sind, war entscheidend für ihren Aufstieg; ihren «Fall» bewirkte der ökonomische Wandel in unserem Jahrhundert. Streifzüge durch diese Sestieri, zu denen auch das ehemalige jüdische Ghetto gehört, vermitteln einen ganz besonderen Eindruck der «venezianità», die hier wenig gemein hat mit dem Venedigbild des Massentourismus. Die vorgestellten Touren in Cannaregio und Santa Marta (Santa Croce) dauern jeweils etwa zwei Stunden und sind gut zu Fuß zu bewältigen.

Cannaregio auf dem Stadtplan: Die Rii sind wie mit dem Lineal gezogen, auch Calli und Fundamente verlaufen geradlinig, es fehlen die verwirrenden Verzweigungen, die charakteristisch für den ältesten Stadtkern zwischen Rialto und San Marco sind. Über die Strada Nuova von Rialto oder über die Lista di Spagna vom Bahnhof aus kommt man auf dem direkten Weg in diese «Kanalregion». Schnell läßt man Neon, Nippes und Nepp zwischen Bahnhof und Campo San Geremia hinter sich, ein kurzes Verweilen vor dem **Palazzo Labia**, wo der Staatsrundfunk RAI untergebracht ist, dann weiter, entlang dem Canale di Cannaregio, um das richtige Gefühl für dieses Sechstel Venedigs zu bekommen. Über eine lichtdurchflutete Fondamenta geht es in Richtung Campo San Giobbe. Ein kurzer Abstecher führt zum Botanischen Garten des Palazzo Savorgnan (Fondamenta Vernier). Viel Grün gibt es in diesem Stadtteil, wohl verbirgt es sich auch hier hinter hohen Mauern, es prägt jedoch ganz entscheidend die architektonische Struktur. Von der Ponte dei Tre Archi hat man einen weiten Blick auf Fondamente und Lagune, wer mehr davon kennenlernen will, geht über die Calle Fer-

Reizvolle Entdeckungen
in der Peripherie

rarù bis zur Fondamenta Sacca di San Girolamo, bis zum Ricovero dei Pentiti. Dieses Hospiz, Anfang des 18. Jahrhunderts gegründet, bot «gefallenen» Frauen Obdach. Jüngere lernten hier klöppeln und musizieren, wurden auf die Ehe vorbereitet, den Älteren gewährte man Kost und Logie. Hier in der Peripherie scheint der soziale Zusammenhalt auch heute noch intakt. Bar und Osteria sind noch Treffpunkt für die Alten der Nachbarschaft; die Bevölkerung Venedigs wird immer älter, es gibt inzwischen dreimal so viele Menschen um die fünfzig als unter zehn Jahren. Hier, wo der Touristenstrom nicht dominiert, läßt sich diese Entwicklung auch im Stadtbild ablesen.

Von der breiten Fondamente fällt der Blick in langgestreckte Calli, Innenhöfen ähnlich, überspannt von Wäscheleinen. Früher wurde am Brunnen gewaschen, heute ist nur noch das Trocknen ein öffentlicher Akt. Erfinderisch sind die Seile gespannt, mit einem Rollmechanismus läßt sich die Wäsche quer über die Calle verteilen, ein metallisches Kreischen signalisiert Auf- und Abgänge: Die «Poesie der Wäscheleine» entsteht, wenn der Geruch weichgespülter Laken sich vor die rissigen Fassaden und den blauen Himmel hebt, wenn sich zarte Spitzen im schaumgekrönten Phosphatwasser spiegeln.

Im Judenviertel: Ghetto Nuovo

Entlang der Fondamenta di Cannaregio biegt man links in den Sottoportego del Ghetto Vecchio und befindet sich am Eingang

148

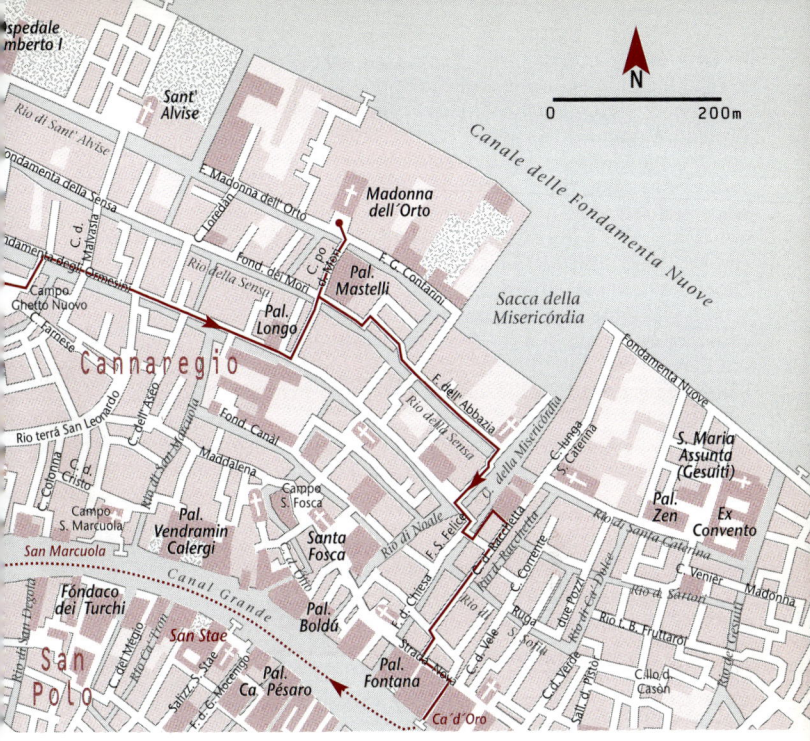

oder Ausgang des historischen Judenviertels und auf dem besten Weg zur urbanen Insel des **Ghetto Nuovo**. 1516 wies die Seerepublik den Juden dieses Gebiet als Wohn- und Arbeitsraum zu. Während im übrigen Europa die Juden verfolgt wurden, gewährte ihnen Venedig beschränkte Rechte, da man ihr Handelsgeschick und besonders die medizinischen Kenntnisse jüdischer Ärzte schätzte. Die Zahl der Emigranten aus allen Teilen Europas und des Orients wuchs beständig, während der zugewiesene Raum beschränkt blieb. Das zwang die Häuser in die Höhe, acht Stockwerke sind keine Seltenheit. Man wohnte bei den Wolken, jedoch in engen niedrigen Zimmern; Brände und Seuchen konnten sich hier leicht ausbreiten. Unter den beengten Ver-

hältnissen wuchs ein kulturell produktiver Geist und ein sozial engverbundenes Gemeinwesen.

Die Synagogen entsprachen dem Organisationsprinzip, das Öffentlichkeit und Privatheit regelt: Die aus Deutschland und Polen stammenden Juden gründeten bereits 1528 die Deutsche Schule, die «Scuola Canton» und die «Scuola Italiana» folgten. Die nach der Eroberung Konstantinopels vor den Türken geflohenen Juden schlossen sich in der «Scuola Levantina» zusammen. 1589 entstand die Spanische Schule, die Synagoge der aus Spanien und Portugal stammenden Juden. Die letzten beiden wurden von der Republik besonders gefördert, weil ihnen reiche Kaufleute angehörten, die bei den Geschäften mit den Türken großes Verhandlungs-

In dem Stück Venedig, von dem ich erzähle, sind nur arme tägliche Geräusche, die Tage gehen gleichförmig darüber hin, als ob es nur ein einziger wäre, und die Gesänge, die man dort vernimmt, sind wachsende Klagen, die nicht aufsteigen und wie ein wallender Qualm über den Gassen lagern. Sobald es dämmert, treibt sich viel scheues Gesindel dort herum, unzählige Kinder haben ihre Heimat auf den Plätzen und in den engen kalten Haustüren und spielen mit Scherben und Abfällen von buntem Glasfuß, demselben, aus dem die Meister die ernsten Mosaiken von San Marco fügten. Ein Adeliger kommt selten in das Ghetto. Höchstens zur Zeit, wenn die Judenmädchen zum Brunnen kommen, kann man manchmal eine Gestalt, schwarz, im Mantel und mit Maske bemerken. Gewisse Leute wissen aus Erfahrung, daß diese Gestalt einen Dolch in den Falten verborgen trägt. Jemand will einmal im Mondlicht das Gesicht des Jünglings gesehen haben, und es wird seither behauptet, dieser schwarze schlanke Gast sei Marcantonio Priuli, Sohn des Proveditore Nicolò Priuli und der schönen Catharina Minelli. Man weiß, er wartet unter dem Torweg des Hauses von Isaak Rosso, geht dann, wenn es einsam wird, quer über den Platz und tritt bei dem alten Melchisedech ein, dem reichen Goldschmied, der viele Söhne und sieben Töchter und von den Söhnen und Töchtern viele Enkel hat. Die jüngste Enkelin, Esther, erwartet ihn, an den greisen Großvater geschmiegt, in einem niederen, dunklen Gemach, in welchem vieles glänzt und glüht, und Seide und Samt hängt sanft über den Gefäßen, wie um ihre vollen, goldenen Flammen zu stillen. Hier sitzt Marcantonio auf einem silber-

gestickten Kissen, dem greisen Juden zu Füßen und erzählt von Venedig, wie von einem Märchen, das es nirgendwo jemals ganz so gegeben hat. Er erzählt von den Schauspielen, von den Schlachten des venezianischen Heeres, von fremden Gästen, von Bildern und Bildsäulen, von der ‹Sensa› am Himmelfahrtstage, von dem Karneval und von der Schönheit seiner Mutter Catharina Minelli. Alles das ist für ihn von ähnlichem Sinn, verschiedene Ausdrücke für Macht und Liebe und Leben. Den beiden Zuhörern ist alles fremd; denn die Juden sind streng ausgeschlossen von jedem Verkehr, und auch der reiche Melchisedech betritt niemals das Gebiet des Großen Rates, obwohl er als Goldschmied und weil er allgemein Achtung genoß, es hätte wagen dürfen. In seinem langen Leben hat der Alte seinen Glaubensgenossen, die ihn alle wie einen Vater fühlten, manche Vergünstigung vom Rate verschafft, aber er hatte auch immer wieder den Rückschlag erlebt. Sooft ein Unheil über den Staat hereinbrach, rächte man sich an den Juden; die Venezianer selbst waren von zu verwandtem Geiste, als daß sie, wie andere Völker, die Juden für den Handel gebraucht hätten, sie quälten sie mit Abgaben, beraubten sie ihrer Güter und beschränkten immer mehr das Gebiet des Ghetto, so daß die Familien, die sich mitten in aller Not fruchtbar vermehrten, gezwungen waren, ihre Häuser aufwärts, eines auf das Dach des anderen zu bauen. Und ihre Stadt, die nicht am Meere lag, wuchs so langsam in den Himmel hinaus, wie in ein anderes Meer, und um den Platz mit dem Brunnen erhoben sich auf allen Seiten die steilen Gebäude wie die Wände irgendeines Riesenturms.

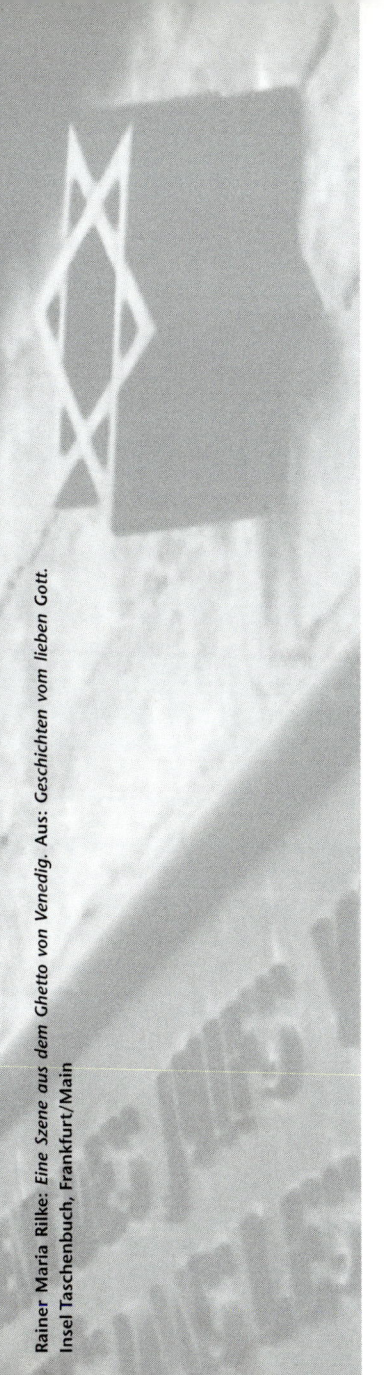

Rainer Maria Rilke: *Eine Szene aus dem Ghetto von Venedig. Aus: Geschichten vom lieben Gott.*
Insel Taschenbuch, Frankfurt/Main

geschick zeigten. Aus Tradition und wegen der Berufsverbote widmete man sich rund um den jüdischen Campo hauptsächlich dem Geldgeschäft. Die immer noch sichtbare Aufschrift «Banco Rosso» zeigt an, daß man hier gegen Pfand Geld leihen konnte, ein florierendes Geschäft, das von der Republik streng kontrolliert und besteuert wurde. Vor allem die ärmeren Schichten, die in diese Außenbereiche der Stadt abgedrängt waren, mußten häufig davon Gebrauch machen, was den Ruf dieser Gegend und ihrer Bewohner nicht verbesserte.

Gesetzliche Auflagen zwangen die Juden zur unauffälligen Gestaltung ihrer Kunststätten, die hinter der Fassade der Wohnhäuser versteckt wurden. Die Pracht im Inneren, besonders der levantinischen und der spanischen Synagogen, dokumentiert den einstigen Reichtum der Gemeinden. Hier wird auch heute noch Gottesdienst gefeiert, doch sind nach der Deportation und Ermordung während der deutschen Besatzungszeit nur noch wenige jüdische Familien in Venedig verblieben. Ihre Initiative und internationale Spenden machten die Restaurierungsarbeiten möglich. Das **Jüdische Museum**, in der Scuola Tedesca untergebracht, zeigt die reiche Geschichte des venezianischen Judentums. Hier beginnt auch die Führung durch die Synagogen, die auf Anmeldung erfolgt.

Die in allen europäischen Sprachen bekannte Bezeichnung «Ghetto» für ein abgeschlossenes jüdisches Wohngebiet kommt vom venezianischen «getàr», was «gießen» bedeutet. Bevor man dieses Gebiet den Juden zuwies, befanden sich hier Gießereien, die dann wegen der beständigen

LEBENDIGE AUSSENPOSTEN

151

Brandgefahr auf die Giudecca verlegt wurden. Die unterschiedlichen Volksgruppen mit ihren verschiedenen Sprachen und Bräuchen haben unter sich einen jüdisch-venezianischen Dialekt hervorgebracht, der wohl einzigartig ist und das Venezianisch in vielfältiger Weise beeinflußt hat.

Der Spaziergang durch das Ghetto Nuovo, über den Campo und die Calle Farnese zum Ghetto Novissimo, das 1633 als erweitertes Wohngebiet von der Republik eingeräumt wurde, vermittelt die besondere Atmosphäre dieser Gegend. Im Ghetto wohnen galt

lange Zeit als unfein. Heute kosten Sozialromantik und Geschichte einen Aufschlag auf den Quadratmeter. In der letzten Zeit hat der Ghetto-Tourismus zugenommen, eine ökonomische Verbesserung für den Stadtteil verspricht man sich von alternativen Stadtrundgängen, die Cannaregio und das Ghetto zum Ziel haben. Eine Bücherei mit religiösen und historischen Schriften zum Judentum, ein Restaurant mit koscherem Essen, die Renovierung der traditionsreichen Bäckerei, die den kultischen Gepflogenheiten entsprechendes Backwerk anbie-

tet, aber auch der Maskenladen und die Reiseagentur zeigen, daß es gelungen ist, das Ghetto zu beleben.

Ehemalige und neue Paradiese

Über den Rio Terrà Farsetti zur Fondamenta degli Ormesini und nach links entlang dem **Rio della Misericordia**: Lebensmittelläden, Werkstätten, Osterien – die soziale Struktur scheint hier noch nicht so gestört wie im Kernbereich der Stadt. Auf der Calle della Malvasia – dieser süße Wein aus Griechenland muß in Venedig sehr beliebt gewesen sein, jedenfalls hat er vielen Straßen seinen Namen gegeben – geht es geradeaus und über zwei Brücken bis zum Campo San Alvise. In der Calle della Rotonda ist nach aufwendigen Restaurierungsarbeiten ein Zentrum entstanden, das inzwischen auch von sozialen und kulturellen Initiativen belebt wird. Unweit davon ist die Psychiatrische Klinik. Nach der Auflösung der geschlossenen Anstalt für psychisch Kranke auf der Insel San Servolo fiel der Klinik die Rolle einer geistig-seelischen Aufarbeitung zu, welche sie eindeutig überlastete. Die so erfolgverspre-

chende italienische Psychiatrie-
reform führte wohl die Kranken
aus unwürdigen Verhältnissen
heraus, schob jedoch den Familien die Hauptlast ihrer Betreuung
zu, während die Staatskassen ent-
lastet wurden.

Zurück durch die Calle del Ca-
pitello. Von der Brücke über den
Rio della Sensa geht ein Blick in
die Vergangenheit: Hier pflegten
die Kurtisanen mit ihren Galanen
den «fresco» einzunehmen, Gondelgeschwader kreuzten, dabei
wurde musiziert, gegessen und ge-

trunken, wie historische Augen-
zeugen schwärmerisch berichte-
ten. Der Rio della Sensa war auf
höchsten Beschluß «Spielwiese» –
wieder einmal eine staatliche Ka-
nalisierung der Lustbarkeiten.
Diese ruhige und abgeschieden
erscheinende Gegend war in vergangenen Zeiten nicht unbedingt
sicher. Überall in der Calle del Ca-
pitello wurden kleine Altäre auf
Sockeln (Kapitelle) aufgestellt. Die
erleuchteten Heiligenbilder sollten Übeltäter bessern und von
Straftaten abhalten. Bei nächt-

**Weitab von den «Leimrouten»
des Massentourismus**

lichen Spaziergängen in dieser Gegend mag es einem manchmal unheimlich werden. Tatsächlich gilt die Stadt als eine der sichersten Italiens. Aber dort, wo Menschen gehäuft auftreten, droht Taschendiebstahl. Fuß- und Wasserwege sind gut kontrollierbar, Bankräuber arbeiten unter erschwerten Bedingungen. Der internationale Drogen- und Waffenhandel und die damit verbundene Geldwäsche schaffen schon größere Probleme, weil der Ausländerzustrom kaum zu überprüfen

ist. Venedig und Mestre gelten dabei als Drehscheiben im Ost-West-Handel, eine letzte, wenn auch äußerst zwiespältige Reminiszenz an die alte Handelsrolle. Wie in allen größeren Städten existieren auch in Venedig Drogenprobleme: Über 4000 Fixer sind bekannt, das Gesundheitsamt rechnet mit einer Dunkelziffer von 2000 weiteren.

Campo dei Mori: Da stehen sie schon, die lastentragenden «Mohren», offensichtlich arabische Händler, Skulpturen aus dem

13. Jahrhundert, auf romanischen Säulen. Daneben lümmelt eine Gruppe Jugendlicher am Kiosk. Unverändert sind dieselben Probleme gleich neben dem Geburtshaus von Tintoretto seit über einem Jahrzehnt: Langeweile und fehlende Erwerbsmöglichkeiten, Arbeits- und Perspektivlosigkeit werden beklagt. Ein Topo, ein kleines, flaches Boot, tuckert heran, mit Gejohle steigt man ein: Im **Paradiso** an der Fondamenta della Misericordia spielen zwei Musikgruppen. Das Paradiso ist eine der wenigen Szenekneipen mit einem guten Livemusik-Programm, als solche ist es in alle alternativen Reiseführer der Welt eingegangen und zieht auch entsprechend Publikum an. Seine Monopolstellung im bescheidenen Nachtleben Venedigs hat das Paradiso inzwischen glücklicherweise verloren.

Kaufleute, Künstler, Kämpfer

Paradiesvögel sind selten in dieser Stadt, die vorwiegend von den Moden bestimmt wird. Der Mohr mit der eisernen Nase, «Sior Antonio Rioba», wie ihn die Venezianer nennen, hat einige davon schon gesehen, immerhin steht er auf dem Campo dei Mori schon seit siebenhundert Jahren. Sein Kostüm ist unverändert: Orientalischer Rock und Hose, ein Turban; auf den Schultern trägt er ein Paket, die Geldtasche unter dem Arm, wohl ein Geschäftsreisender nach guter arabischer Tradition. Seine Begleiter Sandi und Afani sind nicht weit entfernt – ihm jedoch schob man, ähnlich wie dem Gobbo von Rialto, Schmähschriften zu. Man liebt diese Figuren heiß und innig, rankt Geschichten um sie, läßt sie im Palazzo Mastelli gleich neben-an wohnen. Von der Fondamenta della Madonna dell'Orto aus, am gleichnamigen Rio, kann man nachschauen. Tatsächlich, da bewegt sich der Kamelzug, allen voran wieder der «Mohr», der eines der Tiere hinter sich herzieht – die Ähnlichkeit mit den Figuren vom Campo ist unverkennbar. Das Steinrelief, das uns diese Szene zeigt, ziert einen Palast im Fondaco-Stil. Unten bietet der Portico direkten Zugang vom Wasser aus, im Erdgeschoß sind die Lagerräume und Schreibstuben des Familienbetriebs. Der Piano nobile zeigt besten gotischen Stil und einen Übereckbalkon mit römischen Säulen.

Auf dem **Campo Madonna dell'Orto** jenseits des Rio steht neben der gotischen Kirche die Schule der Mercanti. Wer die Werke des Malers Tintoretto in der Scuola San Rocco nicht kennt oder mehr sehen will, hat hier beste Gelegenheit dazu. Zur Blütezeit Venedigs wohnten in dieser Gegend viele Kaufleute und Künstler. Der Tizian-Schüler Paris Bordon arbeitete hier, unweit des Campo, im Corte del Cavallo, wurde das Reiterstandbild Colleones gegossen, das auf dem Campo «Zanipolo» vor der Scuola di San Marco zu bewundern ist. Im Palazzo Contarini, der der ganzen Gegend seinen Namen gab, fanden berühmte, einst philosophische Treffen statt. Weiter geht es über die Brücke und durch den Corte Vecchia zur Scuola della Misericordia und zum **Campo dell'Abazia**. Der gleichnamige Sottoportego wurde durch die Öffnung des großen Saals der Schule geschaffen. Die «Schule des Erbarmens» gehört zu den sechs großen Bruderschaften Venedigs, auch sie widmete sich der Armenpflege, ihren weiträumigen Hausbesitz stellte sie Bedürftigen zur Verfügung. Über die Calle della Rocchetta kommt man zu einer der ältesten Brücken Venedigs: Ihre Stufen sind breit und vergleichsweise niedrig, die Brüstung fehlt. Die Faust- und Stockkämpfe zwischen den Nicoletti und Castellani fanden auf solchen Brücken statt. Von den Massenaufläufen zu diesen Anlässen erzählen uns die Bilder Gabriel Bellas. Nicht selten kamen bei diesen martialischen Wettkämpfen Schaulustige und Beteiligte ums Leben. Die Nobili sehen diesen Schaukämpfen von der Gondel aus zu, meist außerhalb der Gefahrenzone. Sie tummelten sich auf dem Campo dei Gesuiti an der Fondamenta Nuova, der ihnen als Fußballplatz vorbehalten war. Beliebt bei allen Ständen war das Schliddern auf der zugefrorenen Lagune entlang der Fondamenta Nuova.

Rund um den **Campo dei Gesuiti** waren die Schulen der Schneider, der Gerber, der Faß- und Kreuzmacher. Die Barockfassade der Jesuitenkirche nimmt sich monumental aus im Vergleich zu den eher bescheidenen Wohngebäuden. In dem ehemaligen Kloster und dem Armenhaus sind heute städtische Sozialwohnungen. Selbst während der Hauptreisezeit wirkt diese Gegend verlassen. Allein die Mückenschwärme fallen alljährlich im Sommer hier ein. Ein Spaziergang durch die Gegend zwischen dem Canale della Misericordia und dem Rio dei Gesuiti kann dennoch zu einem romantischen Abenteuer werden. Urbane Inselchen wie der Corte dei Albanesi, eine fast rechteckige Insel, sind zu entdecken; versteckte Campielli und architektonische Seltenheiten zwischen Palästen und einfachen Häuschen. In allen Teilen

der Stadt finden sich Straßennamen, die auf die Präsenz der «Albanesi» hindeuten, gemeint sind die Emigranten aus Albanien, die während des 15. Jahrhunderts als Flüchtlinge vor den Türken zahlreich nach Venedig kamen. Überhaupt erinnern die Straßennamen an die ökonomische und soziale Geschichte der Stadt. Hier erzählen sie von den kleinen Handwerkern, den Schneidern, den Kerzendrehern, den Bootsbauern und Segelmachern. Corte und Calle della Posta, ganz in der Nähe des Campo Santi Apostoli, verraten, wo der Baron von Taxis sein Postamt betrieb. Die Calle Larga dei Proverbi erinnert an ein Haus, das Sprichwörter zieren. Die Pizzakultur unweit der Strada Nuova setzt andere Kontraste: Hier hofft man auf das schnelle Geld im Familienbetrieb, riskiert das Restaurant in einer abgelegenen Calle. Die Übergänge sind klar und hart. Wer über die Strada Nuova nun in Richtung Bahnhof geht, folgt wieder der Leimroute des Massentourismus.

Problemzone Santa Marta

Am Rio delle Burchielle, direkt hinter der Piazzale Roma, wird es schon ruhiger, erst recht, wenn man in den Rio Terrà dei Pensieri einbiegt. Die sozialromantischen Fassaden der Fondamenta dell'Arzere, delle Terese und Tron gehören zu einem besonderen Teil der Geschichte Venedigs: Der berühmte Stadtplan de'Barbaris von 1500 zeigt hier noch Sumpf; der westliche Stadtrand entstand erst im 16. Jahrhundert und wurde bald Spekulationsobjekt mit Toprendite. Die Scuola di San Marco und die reiche Familie Pisani kauften sich ein, bauten Mietwohnungen im Reihenhausstil. Diese Gebäude weisen alle eine äußerst funktionale Bauweise auf, sie ist vergleichbar mit den modellhaften Arbeitersiedlungen in den zwanziger Jahren unseres Jahrhunderts.

Durch die Insellage eingeschränkt, fand man in Venedig bereits vor Jahrhunderten heraus, wie man mit knappem Baugrund effizient plant. Diese Baukonzeption trug auch der ersten «industriellen» Revolution Venedigs Rechnung. Dicht neben den Produktionsstätten lagen die Wohnungen der Arbeiter, der Kaufleute und Beamten. Die repräsentativeren Wohnhäuser baute man entlang dem Rio Nuovo, wo auch die entsprechenden Geschäfte zu finden waren. Mit dem Niedergang der Handelsmacht Venedig verlor auch der produktive Sektor an Bedeutung; im 19. Jahrhundert kam es noch einmal zu einer kurzfristigen Wiederbelebung.

Das Sestiere Santa Croce ist wie ein Kapitel der Wirtschaftsgeschichte Venedigs zu lesen. Je weiter westlich man zwischen Laderampen, Lagerräumen und Schienensträngen gerät, desto näher kommt man dem Ende der Epoche. Die Hafenaktivitäten sind seit den siebziger Jahren um fast ein Drittel zurückgegangen. Der Standort Venedig ist zu ungünstig, die Lohnkosten sind zu hoch; allein die Spediteure scheinen noch Gewinne zu machen. Im Stadtteil selbst macht sich seit einigen Jahren ein Umschichtungsprozeß bemerkbar: restaurierter Wohnungsbesitz neben Mietwohnungen im ruinösen Zustand. «Lo sfratto», die Kündigung, geht um, ihr folgen die neuen Wohnungsbesitzer: Beamte und Angestellte im Dienstleistungssektor.

Die Gegend der Nicoletti rund um den **Campo San Nicolò dei Mendicoli** scheint noch unverändert «volkstümlich». Auf dem Campo steht der Stolz des Stadtteils, die Standarte mit dem geflügelten Löwen. Hier in der Kirche wurde der «Volksdoge» gewählt, vom offiziellen Dogen dann auf San Marco festlich empfangen und mit einem Bruderkuß geehrt. Die Kirche San Nicolò stammt wohl aus dem 7. Jahrhundert, wurde mehrmals verändert und präsentiert sich heute wie ein Kurzlehrgang in Stilkunde. Kunstfreunden empfiehlt sich der Besuch der Kirche San Sebastian wegen der reichen Ausschmückung durch Veronese. Studenten prägen zunehmend das Gesicht dieses Stadtteils, seitdem man Fakultätsräume hierher verlagert hat. Um die Mittagszeit bevölkern sich die Bars zwischen San Sebastian und Ca'Foscari mit jugendlichem Publikum, an sonnigen Nachmittagen füllen sich die Ponton-Cafés entlang des Zattere. Der Großteil der Studenten hält sich nur stundenweise in der Stadt auf, lebt aus Kostengründen noch im Elternhaus auf dem Festland. Wohnungen im Centro Storico sind zu teuer, die Plätze in den Studentenheimen reichen bei weitem nicht aus. Nicht selten teilt man sich zu zweit, zu dritt eines der Miniappartements, die bei den Immobilienfirmen Hochkonjunktur haben. Für viele Studenten ist die Universität nur ein Parkplatz bis zur festen Anstellung. Stellen in der Verwaltung sind besonders begehrt, auch für akademische Abschlüsse ist der Job bei der Post erstrebenswert. Wer dort nicht unterkommt, jobbt bei der Biennale, bei diversen Kongressen, in der Touristikindustrie.

Szenenwechsel: Direkt gegenüber der beliebten Musikkneipe **Codroma** war eine historische Institution besonderer Art, welche der Fondamenta auch den Namen gab: Il Soccorso, eine Sozialstation für «gefallene Frauen», gegründet von der berühmten Dichterin und Kurtisane Veronica Franco Ende des 16. Jahrhunderts. Veronica, durch Schönheit und Geist zu Reichtum gelangt, nahm sich des Schicksals der in Not geratenen Prostituierten an. Entlang der Fondamenta del Soccorso gelangt man zum **Collegio Armeno** in der Ca'Zenobio Nummer 2596. Dieser Palast ist ein einzigartiges Beispiel des venezianischen Barock. Auf Anfrage ist der Besuch der Innenräume des Kollegs möglich. Armenische Mönche erwarben 1850 den weiträumigen Palazzo und dessen Parkanlage. Im Ballsaal läßt sich dem vergnügungssüchtigen Venedig des 18. Jahrhunderts nachspüren. Das heute in den Räumlichkeiten untergebrachte armenische Gymnasium strahlt demgegenüber den mönchischen Geist seiner Gründer aus. Neben dem Sitz der armenischen Gemeinschaft auf der Insel San Lazzaro findet man hier das deutlichste Zeichen für das lebendige Kulturschaffen einer Minderheit. Das Gebäude Nummer 2615 auf dem **Campo dei Carmini** bietet eine literarisch-musikalische Erinnerung: Hier soll einmal das Haus Othellos gestanden haben. Die Karmeliterkirche, «I Carmini» genannt, ein wertvolles Juwel venezianischer Architektur und Kunst, ergänzt durch die nach Entwürfen Longhenas errichtete Schule mit berühmten Tiepolo-Fresken, bleibt vom Massentourismus relativ verschont.

Gondelkunst mit Zukunft
Zum Ausruhen laden der belebte Campo Santa Margherita oder die Ponton-Cafés am Zattere ein. Zuvor lohnt ein Abstecher zum **Campo San Trovaso**: Die Rasenfläche vor der Kirche erinnert daran, daß hier früher einmal die Haustiere weideten. Der Campo ist gegenüber der Fondamenta stark erhöht, was durch die zur Filterung des Regenwassers nötige Tonschicht unter dem Brunnen verursacht wurde. Die Gondelwerkstätte («squero») ist die älteste Venedigs; sie wurde historisch getreu restauriert und erinnert nicht von ungefähr an einen Bergbauernhof. Die Gondelbauer, die einst Haus und Werft errichteten, kamen aus der Berggegend der Cadoro, dem Voralpengebiet Venedigs. Wie gestrandete Riesenfische nehmen sich die kieloben liegenden Gondeln auf der Werft von San Trovaso aus, pechschwarze Leiber, auf die die Sonne glitzernde Lichter setzt. Das Fotoauge folgt diesem Schauspiel am besten von der Fondamenta Nani aus. Die Gondelwerft gehört heute der Gondolieri-Kooperative «Daniele Manin». Noch vor Jahrzehnten galt das Handwerk der Gondelbauern als aussterbende Kunst, heute fehlt es an Fachkräften, um der großen Nachfrage entsprechen zu können. Der Squero von San Trovaso ist für die nächsten Jahre ausgebucht – und das trotz eines Preises von fast vierzigtausend Mark für ein Standardmodell.

Und wer von den Randzonen nicht genug hat, setzt am Zattere auf die Giudecca über (Linie 82), um neben Palladios Redentore auch den Charme dieser Insel zu entdecken.

INSELN IN DER LAGUNE

VON MURANO NACH TORCELLO

Ein frischer Wintermorgen: Die Fondamenta Nuove sind menschenleer, feuchtkalt zieht es durch die zerbrochenen Scheiben der Vaporettostation, glasklar der Himmel. San Michele, die Toteninsel, schwebt auf dem Lagunenblau. «La luce di Venezia», das magische Licht, das die Maler hier inspirierte, schafft Transparenz und Schärfe. Nichts erinnert mehr an die Schirokko-Schwere des Sommers. Jetzt ist die beste Zeit für eine Inselfahrt durch die Lagune. Viel Zeit sollte man sich dafür nehmen, mindestens aber einen halben Tag, wenn man Murano, Burano und Torcello besuchen will.

Mit dem Vaporetto (Linien 82, 52) gelangt man über die Haltestelle San Michele auf die Glasbläserinsel **Murano**, Haltestelle Murano-Colonna. Dort steht der Doge Domenico Contarini (1659 bis 1675) auf besagter Säule. Den Au-

tonomiebestrebungen der Glasbläserinsel kam dieser Doge besonders entgegen. Er erlaubte sogar das Prägen eigener Münzen. Murano, knapp eineinhalb Kilometer von Venedig entfernt, nahm gegenüber der Serenissima stets eine relativ eigenständige Position ein, verfügte über eine eigene Gerichtsbarkeit und Regierung, hatte sogar einen ständigen Botschafter in dem ein Kilometer entfernten Venedig. Die Glasbläserfamilien der Insel trugen sich in ein eigenes «Goldenes Buch» ein.

Tatsächlich befand sich Murano aber in einer Satellitenposition; mit scharfen Gesetzen kontrollierte die Regierung Venedigs die Glasindustrie, die hier nach einem Beschluß des Großen Rates von 1291 angesiedelt wurde. Mit der Verbannung der Schmelzöfen aus Venedig wollte man die drohende Brandgefahr wegen der da-

**Streifzüge am Strand entlang –
mit Fahrrad und Badezeug**

mals üblichen Holzbauweise reduzieren. Außerdem konnte auf Murano die Glasindustrie besser vor Spionage geschützt werden. Die Republik wachte sorgsam über das Know-how der Glasbläser. Die Meister dieser Kunst ehrte die Serenissima mit besonderen Privilegien. Die Heirat ihrer Töchter mit einem venezianischen Adligen galt als standesgemäß. Härteste Strafen hatten aber jene zu fürchten, welche die Insel verließen oder Produktionsgeheimnisse verrieten. Strenge Berufsbestimmungen regelten die Arbeit der Glasbläser. Der Gesundheitsschutz entsprach modernen Bestimmungen. Auch die Idee der Mitbestimmung war hier bereits in Ansätzen realisiert; so wurde der Vorsitzende der Glasbläser fast zu gleichen Teilen von Arbeitern und Hüttenbesitzern gewählt.

Die Glasindustrie – ihre Ursprünge in der Lagune gehen auf römische Zeit zurück – hat die Insel weltweit bekannt gemacht: Das Muranoglas war gefragter Luxusartikel vergangener Jahrhunderte. Die Vitrinen der Glasfabriken entlang dem Rio dei Vetrai zeigen nur noch wenig von der alten Kunstfertigkeit. Es lohnt sich aber, die Einladung zur Besichtigung eines Schmelzofens anzunehmen und dem Glasbläser bei der Arbeit zuzuschauen. Blasrohr, Schere, Zange, die Werkzeuge zur Glasbearbeitung, sind immer noch die gleichen wie vor Jahrhunderten. Wohl haben sich die Arbeitsbedingungen inzwischen verbessert: Methangas, Sauerstoffgebläse, Klimaanlage erleichtern die für den Körper anstrengende Arbeit. Die Produktionskosten sind jedoch enorm hoch, das zwingt zum Massenumsatz durch Export. Für künstlerische Experimente bleibt unter diesen Bedingungen kein Freiraum. Einige gelungene Werkstücke finden sich in den großen Ausstellungshallen, die kostenlos besichtigt werden können. Wer sich für die Entwicklung der gläsernen Kunst interessiert, sollte das Glasmuseum **Museo dei Vetrai** besuchen: Hier ist das kristallklare, geschliffene, gravierte, hauchzarte, kolorierte, stets erlesene Glas zu sehen, mit dem die Fürstenhäuser der vergangenen Jahrhunderte beliefert wurden.

Der Spaziergang über die Fondamenta dei Vetrai führt vorbei an Vitrinen mit den obligatorischen Lüstern, Vasen, Kelchen, Ketten; dazwischen ist auch Kurioses zu entdecken, winzig kleine Orchester, ein gläserner Zoo. In einigen Auslagen fallen künstlerisch gestaltete Exponate im modernen Design auf; junge Glasbläser aus ganz Europa erlernen hier auf der Insel die traditionellen Techniken, verbinden sie mit ihrer eigenen künstlerischen Ausdruckskraft und gelangen zu einem eigenen Stil. Es lohnt sich, genau hinzusehen und das Besondere zu entdecken.

Die Fondamenta dei Vetrai ist aber auch Bilderbuch der architektonischen Vielfalt Muranos: Fassaden im gotischen Stil, Arkaden mit Barbacani, reichverzierte Stützbalken, viel Renaissance und rissiger Zement der fünfziger Jahre. Ponte Vivanini erinnert daran, daß die berühmte Malerfamilie des 15. Jahrhunderts, deren Werke Venedigs Kirchen schmücken, aus Murano stammte. Unweit davon, an der Fondamenta Cavour, beeindruckt die monumentale Marmorfassade des **Palazzo Giustinian** aus dem 16. Jahrhundert. Seit 1861 befindet sich hier das Glasmuseum. Bekannt sind die Bellini-Madonnen in der

Kirche **San Pietro Martire**; der **Palazzo da Mula** gehört zu den schönsten und wohl auch unter architektonischen Gesichtspunkten vielfältigsten der Insel; sehenswert ist auch die **Basilika Santa Maria e Donata** aus dem 12. Jahrhundert, ganz in der Nähe des Glasmuseums. Für Murano hatte sie einst eine ähnliche Bedeutung wie die Markusbasilika für Venedig.

Im 15. Jahrhundert erlebte Murano eine Blütezeit; doch die Pracht der Paläste und Parks, der Kirchen und Klöster kann man heute nur erahnen. Mit dem Ende der Republik zerbrach auch das Glasmonopol, die Insel verarmte. Nötige Instandsetzungsarbeiten konnten nicht mehr durchgeführt werden, Kunstschätze wurden verkauft. Erst mit der Zunahme des Massentourismus in unserem Jahrhundert erlebte das Muranoglas eine neue Blüte. Zwar gibt es noch die teuren Lüster und Kristallkelche der traditionsreichen Häuser Cenedese, Barovier oder Salviati, doch die besichtigt man am besten in den Privatsammlungen oder in den Geschäften rund um San Marco. Die mundgeblasenen Stücke sind heute wertvolle Raritäten. Industrieglas befriedigt den Massengeschmack, das Etikett «Muranoglas» ziert beide.

Etwas entfernt von den Glasvitrinen zeigt sich Murano fast dörflich still. Ein ausgedehnter Spaziergang bietet sich an: Saubere kleine Höfe, Gemüse- und Blumengärten sind zu entdecken, dazwischen auch Reste eines pompösen Lebensstils, welcher in vergangenen Jahrhunderten das Gesicht der Insel prägte. Und immer wieder öffnet sich der Blick in die Lagune, wo kleine Inseln, zum Teil direkt mit Murano durch Brücken verbunden, auszumachen sind. Sacca Serenelle, eine von ihnen, wurde durch schrittweise Trockenlegung als Baugrund für eine kleine Glasfabrik gewonnen. Diese unerlaubte «Landgewinnung» ist inzwischen legalisiert, der Staat hat seine Besitzansprüche an Meistbietende abgetreten.

Die Nutzung oder gar der Verkauf kleiner, seit langem und vielfach verwahrloster Inseln ist seit Mitte der neunziger Jahre in der Diskussion. Das Spezialgesetz räumt der Kommune dabei ein Vorkaufsrecht ein. Angesichts leerer Kassen und mangelnder Initiativen der Stadtregierung nehmen reiche Privatleute die Gelegenheit wahr, sich in die Lagune einzukaufen. In der Regel werden zeitlich begrenzte Pachtverträge vergeben, die mit strengen Auflagen hinsichtlich Nutzung und Erhalt verbunden sind. **Monte dell'Orto**, in der nördlichen Lagune bei Torcello gelegen, ist eine von diesen Inseln, die zur Versteigerung freigegeben sind. «Goldener Berg», ihr Name geht auf die Legende zurück, die besagt, daß hier die mit goldenen Schätzen beladenen Karren des Hunnenkönigs Attila versunken sind. Das Sumpfgebiet von Monte dell'Orto ist heute gewiß keine Goldgrube. Aber es gibt noch Interessanteres im Angebot, zum Beispiel Sant' Angelo della Polvere, dicht bei der Giudecca. Die Perspektive, reizvolle, ganz in der Nähe des Centro Storico gelegene Inseln privat zu nutzen, treibt die Gebote in die Höhe.

Zu den Spitzenklöpplerinnen Buranos

Wer Murano bereits besichtigt hat oder sich nur auf Burano und Torcello konzentrieren will, steigt an der Fondamenta Nuove in den Va-

Ich wende mich mit meiner Erzählung nochmals ans Meer: dort habe ich heute die Wirtschaft der Seeschnecken, Patellen und Taschenkrebse gesehen, und mich herzlich darüber gefreut. Was ist doch ein Lebendiges für ein köstliches, herrliches Ding! Wie abgemessen zu seinem Zustande, wie wahr, wie seiend! Wie viel nützt mir nicht mein bischen Studium der Natur, und wie freue ich mich es fortzusetzen! Doch ich will, da es sich mitteilen läßt, die Freude nicht mit blosen Ausrufungen anreizen.

Die dem Meere entgegengebauten Mauerwerke bestehen erst aus einigen steilen Stufen, dann kommt eine sachte ansteigende Fläche, sodann wieder eine Stufe, abermals eine sanft ansteigende Fläche, dann eine steile Mauer mit einem oben überhängendem Kopfe. Diese Stufen, diese Flächen hinan steigt nun das flutende Meer, bis es, in außerordentlichen Fällen, endlich oben an der Mauer und deren Vorsprung zerschellt.

Dem Meere folgen seine Bewohner, kleine eßbare Schnecken, einschalige Partellen, und was sonst noch beweglich ist, besonders die Taschenkrebse. Kaum aber haben diese Tiere an den glatten Mauern Besitz genommen, so zieht sich schon das Meer, weichend und schwellend, wie es gekommen, wieder zurück. Anfangs weiß das Gewimmel nicht, woran es ist, und hofft immer, die salzige Flut soll wiederkehren; allein sie bleibt aus, die Sonne sticht und trocknet schnell, und nun geht der Rückzug an. Bei dieser Gelegenheit suchen die Taschenkrebse ihren Raub. Wunderlicher und komischer kann man nichts sehen, als die Gebärden dieser aus einem runden Körper und zwei langen Scheren bestehenden Geschöpfe; denn die übrigen Spinnenfüße sind nicht bemerklich. Wie auf stelzenartigen Armen schreiten sie einher, und sobald eine Patelle sich unter ihrem Schild vom Flecke bewegt, fahren sie zu, um die Schere in den schmalen Raum zwischen der Schale und dem Boden zu stecken, das Dach umzukehren und die Auster zu verschmausen.

Johann Wolfgang Goethe: *Italienische Reise.*
Insel Verlag, Frankfurt/Main

poretto Linie 12; durch den Canal San Giacomo geht es an San Michele und Murano vorbei. Ein leichter Wind bringt den Schneegeruch der Cadore, der Blick ahnt die weißen Gipfel der Alpen. Vorbei an Mazzorbo mit der gotischen Kirche Santa Caterina, schließlich erreicht der Vaporetto **Burano**. Der Ort ist ganz so, wie man ihn von Postkarten und Gemälden kennt: bunte Hausfassaden, malerische Fischerboote mit Netzen, einfache Trattorien mit guten Fischgerichten; ein Fischerdorf, nichts Monumentales, das einfache Leben in der Lagune, aber höchst eindrucksvoll. Die leuchtenden Farben der Fassaden, Tiefrot, strahlendes Grün, kräftiges Blau, heben sich um so mehr hervor, als Fenster und Türen mit Weiß umrahmt sind. Wie die anderen Inseln der Lagune wurde Burano wahrscheinlich von den Römern besiedelt. Während der Blütezeit von Torcello und Mazzorbo blieb Burano bescheiden im Hintergrund. Der Aufstieg der Insel begann im 16. Jahrhundert, als sich hier das Zentrum der Spitzenarbeiten entwickelte. Im Museo dei Merletti kann man die schönsten Beispiele dieser Frauenkunst bewundern. Der Versuch, die alten Arbeitstechniken zu tradieren, hatte nur bescheidenen Erfolg. Den Mädchen war das Klöppeln zu anstrengend, außerdem verdient man als Verkäuferin oder in der Fabrik mehr. Wer an den zahlreichen Verkaufsständen Spitzenarbeiten auswählt, sollte genau prüfen, was mit der Hand und was maschinell hergestellt wurde. Die Stiftung Consorzio Merletti di Burano, von Region, Stadt, Handwerkskammer und dem Fremdenverkehrsverband getragen, unterhält das Spitzenmuseum an der Piazza Baldassare Galuppi. In seinen Räumen arbeitet auch die Kooperative der letzten Spitzenklöpplerinnen Buranos.

Ein Besuch in einer der rauchigen Osterien, ein Gläschen Wein zum Aufwärmen, knusprige Meeresfrüchte an Spießen, das wäre ein rechter Abschluß eines Besuches im «bunten Fischerdorf» Burano. Daß es nicht nur eine Postkartenidylle ist, zeigt der Blick auf die Hände und Gesichter der alten Männer im Halbdunkel. Die Söhne fahren Taxi in der Lagune, pendeln zu den Fabriken des Festlandes, die «Spitzenarbeit» sichert den Frauen schon längst keine ökonomische Selbständigkeit mehr.

Die Wiege venezianischer Geschichte: Torcello

Zurück zur Haltestelle des Vaporetto, in wenigen Minuten Wartezeit erreicht man **Torcello**, wenn man sich die Abfahrtszeiten vorher merkt. Einst stand hier eine blühende Stadt, sie war ein ökonomisches Zentrum der Lagune. Klöster und Kirchen prägten das kulturelle Leben. Bis ins 15. Jahrhundert hinein garantierte eine entwickelte Textilproduktion den Wohlstand der Insel, die politisch und administrativ von Venedig abhängig war. Von der einstigen Größe ist heute nichts mehr wiederzuerkennen. Eine winterliche Einsamkeit liegt über Torcello; von der Vaporettostation führt ein schmaler Weg an einem stillen Kanal entlang zur Piazzetta, vorbei an brüstungslosen Brükken, wie es sie einst auch in Venedig gab. Nur wenige Häuser, zwei Paläste, hier ist auch das Museum untergebracht, in dem man der Geschichte der Lagune nachspüren kann. Das äußerlich bescheiden wirkende Restaurant auf der rechten Seite der Piazzetta gehört zur

Cipriani-Kette. Hier läßt sich eine vorzügliche Kleinigkeit einnehmen, sofern man bereit ist, für gepflegte Gastlichkeit etwas tiefer in die Tasche zu greifen.

Das wäre es dann eigentlich schon. Das große Torcello ist längst in den Sümpfen untergegangen; verlassene Kirchen und Paläste dienen den Venezianern als Steinbrüche. Nur die Kirche Santa Fosca und die Kathedrale **Santa Maria Assunta**, wohl aus dem 7. Jahrhundert, zeugen von dem einstigen Reichtum. Der monumentale Bau im Stil einer ro-

manischen Basilika vermag etwas von der früheren Bedeutung der Insel zu vermitteln, die nach der Flucht der kirchlichen Führer vom Festland religiöses Zentrum der Lagune wurde. Tiefe Stille empfängt den Besucher; der Geist frühmittelalterlicher Frömmigkeit, die schlichte Größe beeindrucken. So etwa muß die Basilika von San Marco ausgesehen haben, bevor der wachsende Reichtum den Geschmack veränderte. Vom nahen Campanile aus böte sich ein phantastischer Blick in die nördliche Lagune, der Turm

ist aber leider nicht zugänglich. Ein Spaziergang über die Insel zeigt das ständige Wechselspiel zwischen Wasser und Land, berichtet von dem, was Venedig vollbracht hat, um in der Lagune zu überleben. Die wenigen Familien, die noch hiergeblieben sind, Weinbauern und Fischer, trotzen der fortschreitenden Versumpfung, bauen Entwässerungsgräben, kultivieren den Boden. Die Alten erzählen gerne von der Geschichte ihrer Insel, sind stolz auf ihren Wein, den sie zum Kosten anbieten.

In ihren Erzählungen mischen sich Mythos und Realität. So kann auch der tiefrote Sonnenuntergang in der Lagune, der entflammte Himmel, nicht fehlen. Den Kopf voller Geschichten und Geschichte, ziehen wir uns von Kälte und Dunkelheit in den warmen Bauch des Vaporetto zurück, schaukeln durch die dunkelblaue Lagune zur Fondamenta Nuove zurück. Was wäre eigentlich geschehen, wenn die Leiche des heiligen Markus in Torcello geblieben wäre? Waren es tatsächlich nur die schlechte Lage und der

Malariasumpf, die Torcello bedeutungslos machten?

Mazzorbo, San Francesco del Deserto, Le Vignole und Sant'-Erasmo sowie Lazzaretto Nuovo, die ehemalige Quarantänestation der Serenissima, das sind die wichtigsten Inseln in der nördlichen Lagune. Die Klosterinsel San Francesco del Deserto, südlich von Burano, ist wohl die schönste von ihnen. Bis heute wird die Insel vom Franziskanerorden bewirtschaftet.

In der südlichen Lagune lohnt die Insel **San Lazzaro dei Armeni** mit dem armenischen Mechitaristenkloster einen Besuch wegen des von den Patres gepflegten Museums mit kostbaren Handschriften, einer Pinakothek und einer Druckerei aus dem 18. Jahrhundert. Um den Klosterkomplex erstreckt sich ein riesiger gepflegter Garten, in dem zwischen seltenen Blumen und Pflanzen Pfaue herumstolzieren. Auch San Ser-

volo und San Clemente waren ursprünglich Klosterinseln und weisen eine höchst wechselvolle Geschichte auf, genauso wie Lazzaretto Vecchio gegenüber dem Lido, wo sich heute ein Tierheim befindet, und Santa Maria delle Grazie, wo ansteckende Krankheiten im Spital behandelt werden. Santo Spirito und Poveglia hinter dem Lido blicken auf eine bewegte Geschichte als Residenz des Dogen, Kaserne, Munitionsdepot, schließlich Gemüsegarten zurück. Die Inseln waren einst auch Teil der Verteidigungsanlage der Serenissima. Die ausgedehnten Festungsmauern sind heute in der Regel in einem ruinösen Zustand. Bootsausflüge in die Lagune auf eigne Faust sollte man nur mit einer guten Karte und nautischem Geschick wagen, schließlich muß man genau den Begrenzungspfählen, den «Bricole», folgen, um in der Fahrrinne zu bleiben. Bei den «fitabarche»,

den Bootsverleihern an den Fondamenta Nuove, kann man auch nach einem ortskundigen Steuermann fragen.

Über die Lidi nach Chioggia

Goethe ließ hinüberrudern, um bei des Meeres Wellen Naturstudien zu betreiben. Lord Byron wünschte sich seine letzte Ruhestätte an diesen Gestaden. Zur Glanzzeit der Serenissima vermählte sich hier der Doge jedes Jahr mit dem Meer. In den ersten Jahrzehnten unseres Jahrhunderts war der **Lido di Venezia** schon längst kein strategischer Stützpunkt und erst recht keine romantische Enklave. In den Nobelhotels wie Des Bains und Excelsior oder den Villen, gebaut in einer zuckersüßen Variante des Jugendstils, «Liberty» genannt, tummelten sich Europas Neureiche und alter Adel. Viscontis Film *Tod in Venedig* zeigt die Dekadenz zwischen Belle Époque und Erstem Weltkrieg. In den fünfziger Jahren kamen die Wirtschaftswunder-Touristen, die erste Welle des Massentourismus; die nächste überschwemmte den Lido mit Hotels und Restaurants, Eisdielen und Pizza-Stuben. Zugleich entstanden auch Wohnsiedlungen im Hochhausstil, der Bauboom der sechziger Jahre hinterließ auch hier seine Spuren.

Lido di Venezia heute: Das Tourismusgeschäft ist rückläufig, Spielkasino und Palazzo del Cinema ziehen auch nicht mehr; die Filmbiennale ist in Verruf geraten, und der feine Sandstrand ist in den Sommermonaten überbevölkert. Fährt man an einem bereits hitzeträchtigen Julimorgen hinaus zum Lido, teilt man den Vaporetto vorwiegend mit Frauen und Kindern. Folgt man ihnen, so lernt man den kürzesten Weg zum Meer und ein allsommerliches Ritual venezianischer Familien kennen: Zu Fuß oder mit dem Bus geht es zum Strand, dort verschwindet man zum Umkleiden in einem der Badehäuschen, «capanna» genannt, die in mehreren Reihen den Strand säumen. Diese Badehäuschen sind äußerst begehrt; da die Mieten ausgesprochen hoch sind, pro Monat ca. 2500 Mark, teilen sich häufig zwei Familien eine Capanna. Hier kann man auch die unverzichtbare «spaghettata» auf dem Campingkocher zubereiten, zwar ist es verboten, aber alle tun es. Am Nachmittag kommen die Männer von der Arbeit direkt zum Strand, gegen neun macht man sich auf den Nachhauseweg. Im August wird es leerer, dann zieht man in die Berge nach Cortina, Asiago und Umgebung. Einen Monat Meer, einen Monat Berge – diesen kleinbürgerlichen Traum können sich heute nicht mehr alle Familien erfüllen, die fetten Jahre sind vorbei.

Der berühmte feinsandige Strand der Lidi ist am Ende der Saison voller Glasscherben und Zigarettenkippen. Alljährlich zu Beginn der Saison gibt es dann wieder alarmierende Berichte von der Verschmutzung der Strände, ebenso regelmäßig erfolgen Dementis der verantwortlichen Tourismusdezernenten. Die blaue Adria steht, was die Giftkonzentration betrifft, der Lagune keineswegs nach. Doch das stört die sommerlichen Baderituale nur wenig. Wer den Lido genauer entdecken möchte, kann den Lokalbus (Haltestelle Gran Viale Santa Maria Elisabetta) benutzen oder ein Fahrrad ausleihen. Wer den historischen Spuren folgen will, radelt entlang der Riviera Santa Maria Elisabetta bis zum **Jüdischen Friedhof**. 1386 erhielten die Juden Venedigs die Erlaubnis, ihre Toten auf einem Stück Land an der Lagunenseite des Lido di San Nicolò zu bestatten. Der Friedhof, halb verfallen, ist ein einzigartiges Dokument jüdischer Geschichte in Europa. Goethe, Shelly, Byron haben die Schönheit dieses Ortes, der wie ein verwunschener Garten wirkt, eindrucksvoll beschrieben. Ganz in der Nähe befinden sich der protestantische und der neue jüdische Friedhof. Vorbei an der Kirche San Nicolò kommt man zu den Resten ehemaliger Befestigungsanlagen.

Wer Lust hat auf eine Fahrt entlang den Schutzgürteln Venedigs bis nach Chioggia, der steige in den entsprechenden Bus, der von der Viale Santa Maria Elisabetta aus über den Lungomare Gugliemo Manconi am Kasino vorbei in Richtung Malamocco und Alberoni den Lido entlangfährt, setze mit der Fähre zum Litorale di Pellestrina über, fahre wieder mit dem Bus über San Pietro in Volta und Pellestrina, setze dann mit dem Boot nach Chioggia über. Das ist die tägliche Strecke der Pendler von den Lidi nach Mestre, Marghera oder zum Centro Storico. Viele von ihnen sind «Fünfuhrfischer», sie arbeiten in der Fabrik und haben noch einen Nebenverdienst bei der Fisch- und Muschelzucht.

Vor Chioggia sieht man die Murazzi, riesige Steinwälle, das letzte große Befestigungswerk der Seerepublik. **Chioggia**, jedenfalls der historische Kern, ist ein Fischernest, ein kleines dreckiges Venedig, wie vielleicht früher die Gegend ausgesehen hat, wo heute die Kunstpavillons der Biennale stehen. Bunte Fischerkähne auf den Kanälen, ratternde Vespas, kleine Maskenläden, nur zu einem kurzen Abstecher kommen Touristen hierher. Als Souvenir nimmt man ein handgeschnitztes buntes

Fischerboot mit der Aufschrift «Chioggia» mit. Die Champiello-Atmosphäre ist hier noch ursprünglich, an den Fischernetzen wird noch tatsächlich gearbeitet. In einigen Osterien gibt es *die* Fischsuppe. Kaum Chromglanz in den Bars, wachstuchbespannte Tische davor, daran sitzen alte Männer mit rissigen Gesichtern und Händen. Die Häuser sind inzwischen teilweise restauriert worden, staatliche Subventionen und Gelder für den Tourismus haben Chioggia gutgetan, inzwischen gibt es auch ein umfassendes Sanierungskonzept.

Die Geschichte Chioggias geht auf die römische Besiedlungszeit zurück. Bereits im 5. Jahrhundert genoß die Stadt einen gewissen Wohlstand; die Salzgewinnung und der Handel mit Fischen und alltäglichen Bedarfsgütern brachten etwas ein. Gegenüber Venedig konnte man trotz der politischen Abhängigkeit eine administrative Selbständigkeit bewahren. Während der Auseinandersetzungen zwischen Venedig und Genua (1378–1380) leistete die Stadt treu Unterstützung, wurde jedoch fast völlig zerstört. Dieser Schlag bestimmte die weitere Geschichte Chioggias negativ. Mit Venedig teilte die Stadt Siege und Niederlagen und nahm 1848 am Aufstand gegen die österreichischen Besatzer teil. Venedigs Touristenboom «genießt» es nicht, nur Tagesbesucher kommen; Klein-Chioggia, Sottomarina, bietet den Strandurlaubern noch gewisse Attraktionen.

Für die Rückfahrt wählt man am besten den Touristen-Vaporetto, der direkt von der Mole, wo auch die Fähre hält, abfährt. Man passiert nun die etwa vier Kilometer langen Murazzi, 1782 nach fast vierzigjähriger Bauzeit fertige-

stellt. Riesige Steinbrocken wurden dazu aus Istrien herantransportiert und zu einem stellenweise vierzehn Meter breiten Wall aufgeschichtet. In seinem Tagebuch der *Italienischen Reise* beschreibt Goethe höchst beeindruckt diesen Schutzgürtel. Die Rückkehr bei Sonnenuntergang zeigt uns die Einsamkeit der Lidi aus angemessener Distanz. Bunte Häuschen, malerische Fischerboote, «casoni», auf dem Wasser, schilfbedeckt wie die ersten Behausungen der frühen Lagunenbewohner. Pellestrina, San Pietro in Volta, malerische Punkte auf den Inselstreifen, sie erwarten den Lagunentourismus – oder auch nicht. In den Immobiliengeschäften Venedigs und Mestres werden die leerstehenden Häuser angeboten. Die Alten sterben aus, die Kinder halten sich hier noch «la seconda casa» für das Wochenende oder verkaufen den Familienbesitz. Der Quadratmeterpreis steigt bereits, der Jachthafen für die betuchten Kreise ist in Sicht.

ZWISCHEN VILLEN UND FABRIKEN

DAS REICHE HINTERLAND

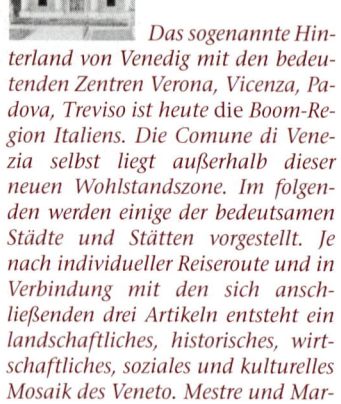

Das sogenannte Hinterland von Venedig mit den bedeutenden Zentren Verona, Vicenza, Padova, Treviso ist heute die Boom-Region Italiens. Die Comune di Venezia selbst liegt außerhalb dieser neuen Wohlstandszone. Im folgenden werden einige der bedeutsamen Städte und Stätten vorgestellt. Je nach individueller Reiseroute und in Verbindung mit den sich anschließenden drei Artikeln entsteht ein landschaftliches, historisches, wirtschaftliches, soziales und kulturelles Mosaik des Veneto. Mestre und Marghera laden nicht unbedingt zu einer touristischen Besichtigung ein, soll-

ten jedoch nicht als bloße Durchgangsstation betrachtet werden. Treviso könnte reizvoller Ausgangspunkt für die intensivere Erkundung des Nordostens sein, ist aber auch für einen Tagesausflug von Venedig aus mit öffentlichen Verkehrsmitteln gut zu erreichen. Der Besuch der Brenta-Villen und Padovas nimmt etwa einen Tag in Anspruch, der Ausflug von Vicenza aus Richtung Montagnana und Monselice gleichfalls.

Bereits im frühen 15. Jahrhundert, als Treviso, Padova, Vicenza und Verona der «Serenissima» angegliedert wurden, begann so-

Boomregion Veneto – zwischen
Tradition und High-Tech

Lokomotive Nordosten – das zweite
Wirtschaftswunder Italiens?

wohl für Venedig als auch für die
Terraferma eine Zeit des fruchtbaren, wechselseitigen Austausches.
Venedig fand durch die Städte seines Hinterlandes Anschluß an das
geistige Leben und die künstlerische Tradition des Festlandes.
Über die Universitätsstadt Padova
gewannen Frührenaissance und
Humanismus Einfluß auf das kulturelle Leben der Seerepublik,
viele der großen Künstler Venedigs kamen von der Terraferma,
Giorgione aus Castelfranco, Tizian aus Pieve di Cadore, Veronese
aus Verona, Jacopo Bassano aus
Bassano del Grappa, Sebastiano
Ricci aus Belluno. Der Vicentiner
Palladio prägte mit seiner Formensprache nicht nur Venedig,
sondern auch die einzigartige Vil-
lenkultur der Terraferma.

Fruchtbarer wechselseitiger
Austausch
Das wirtschaftliche Engagement
venezianischer Patrizierfamilien
auf dem Festland begann, als Venedig seine zentrale Position im
Osthandel mit der Entdeckung

des direkten Seeweges um Afrika herum nach Indien (Vasco da Gama, 1498) verlor. Der venezianische Landbesitz, zu großen Teilen versumpft und brachliegend, mußte urbar gemacht werden. Diese Aufgabe wurde mit ähnlichen organisatorischen Strukturen bewältigt, wie sie sich bereits im Seehandel und beim Schutze der Lagunenstadt bewährt hatten. So wurde 1545 der «Magistrato dei Beni incolti» geschaffen, ein Amt, das die Trockenlegung koordinierte. Auch das Patriziat der von Venedig kontrollierten Städte beteiligte sich im 16. und 17. Jahrhundert an ähnlichen landwirtschaftlichen Unternehmungen und schuf, zum Teil unabhängig von der venezianischen Palastarchitektur, die auf die Villenbauten übertragen wurde, eine eigene Formensprache für ihre Landsitze.

Eine Reise durch das Hinterland Venedigs wird stets auch eine Reise zu den historischen Spuren der Serenissima. Ihre auf die Landwirtschaft übertragene un-

«Pünktlich um neun Uhr morgens schlug eine Glocke und signalisierte den Gästen, daß die Stunde des Aufstehens gekommen war. Es gab zwei Räume, in denen die beiden Barbiere darauf warteten, die Gäste zu frisieren und zu rasieren. Wer zuerst kam, wurde zuerst bedient ... Vom Barbiersalon begaben sich die Gäste in den Speisesaal, wo ein Lakai ständig seinen Dienst versah. War das Frühstück um die zehnte Stunde beendet, erklang wieder eine Glocke: Dies war das Zeichen, daß der Hausherr den Speisesaal betreten hatte, um einen privaten Empfang zu geben. Alle Gäste versammelten sich, ihm einen guten Morgen zu entbieten und ein zweites Frühstück in seiner Gesellschaft einzunehmen. Um elf Uhr rief eine Glocke die Versammlung zur Messe, und alle Gäste folgten dem Marchese in die Kirche. Nach der Messe erfreuten sich die Versammelten des reizenden Schauspiels, wie zahlreiche Jungfern aus dem Dorf, säuberlich gekleidet, ihrem Herrn kleine Blumensträußchen offerierten; sie wurden gestreichelt und zum Dank für ihre Artigkeiten mit einer kleinen Gabe bedacht. Es ging zurück in den Speisesaal, wo manche sich einem modesten Kartenspiel hingaben, während andere sich auf der Schaukel amüsierten oder eine Partie Billard spielten oder aber sich ins Studierzimmer zurückzogen. Um zwei Uhr verkündete die Glocke, daß die Suppe serviert würde, und die Spieler forderten einander auf, an der Tafel Platz zu nehmen, bevor sie durch weitere Glockenschläge zum Mittagsmahl gerufen wurden. Die Gerichte waren von einer solchen Vielfalt und Delikatesse, daß die Auswahl schwer fiel. Während des Speisens entsagte man der ernsthaften Konversation, nicht aber der Mäßigung: Heiterkeit vermischte sich mit Verstand und Tugendhaftigkeit. Hatten die Gäste sich von der Tafel erhoben, diktierte die Jahreszeit den weiteren Fortgang der Ereignisse. Im Sommer zogen sich einige zurück, der Ruhe zu pflegen; andere ergingen sich im Garten, bis die Glocke sie zur großen Promenade rief. Im Herbst schloß sich die Promenade unverzüglich an das Mittagsmahl an. Manche ließen sich in Kutschen fahren, andere in Sänften tragen, wieder andere kamen zu Pferd. Bisweilen formierte man sich zu einer Karawane: Einer trug das Kochgeschirr in einem Behältnis, ein anderer schulterte den Bratenspieß, einer trug die Polenta, ein anderer das Wasser, einer den Wein und einer die Vogelfalle – kurzum, ein jeder brachte, was vonnöten war, die Polenta zu bereiten und im Freien zu verzehren, das Essen aber war gewürzt mit Lachen und Stegreifversen. Gegen Abend ergriff ein jeder seine Habe und begab sich zurück ins Haus, wo man diversen Spielen frönte. Des Morgens um zwei ging die Gesellschaft auseinander, und ein jeder zog sich in sein Schlafgemach zurück.»

Aus einem Bericht des Marchese Albergati.
© 1996, K. Zimmermanns, *Kunstreiseführer Das Veneto.* DUMONT Buchverlag Köln

ternehmerische Rationalität hat die Bodenkultur offensichtlich bis heute beeinflußt. Anders als in der Toscana, wo ästhetische Vorstellungen dominierten, sieht man im Veneto bis heute das Land vorwiegend unter wirtschaftlichen Aspekten. Wie sich unter den Gesetzen des Profits und der Effizienz der Siedlungsraum veränderte, kann zwischen Treviso, Vincenza, Verona und Padova sehr eindrücklich erfahren werden. Und das auch im übertragenen Sinne: Die alten, zum Teil auf die Römer zurückgehenden Verbindungsstraßen sind dicht befahren, das gilt für den Terraglio, die villengesäumte Landstraße zwischen Mestre und Treviso, genauso wie für die vielgerühmte Riviera del Brenta mit ihren Palladio-Villen zwischen Padova und Mestre. Diese Region gehört heute zu den wirtschaftlich erfolgreichsten Europas. Kleinunternehmen und mittelständische Betriebe haben unter günstigen Rahmenbedingungen – Öffnung der Ostgrenzen, Abwertung der Lira, Strukturkrise der großindustriellen Zentren – für ein zweites italienisches Wirtschaftswunder gesorgt. Venedig mit seiner Monokultur Tourismus, Mestre und Marghera mit der Großindustrie haben daran keinen Anteil. Ob es zu einem neuen fruchtbaren Austausch zwischen Venedig und seinem Hinterland kommt, wird die Zukunft zeigen.

Mestre, Marghera – postindustrielle Zukunft?

Venedig, Mestre, Marghera, Lido und die umliegenden Inseln bilden zusammen eine moderne Großstadt mit der bekannten Aufteilung in funktionale Bereiche: Mestre-Marghera, hier sind die Industriezonen, der Hafen, die Wohnsilos; Venedig ist die Altstadt mit teuren Geschäften, Restaurants, Theatern, eine künstliche Struktur; Lido, hier ist das Freizeitgelände. Innerhalb der letzten drei Jahrzehnte hat sich die Comune di Venezia herausgebildet, die halb auf dem Festland, halb in der Lagune liegt und 360 000 Einwohner beherbergt. Davon leben mehr als zwei Drittel auf dem Festland in Mestre und Marghera samt Vororten, der Rest in der Lagune.

Mestre-Marghera ist ein Produkt des italienischen Wirtschaftswunders der sechziger Jahre. Der miserable Zustand der Wohnsilos, der gesamten urbanen Struktur ist Folge der ökonomischen Krise der achtziger Jahre. An den Ausbau der dritten Industriezonen, wie es das Entwicklungskonzept vorsah, wird nicht mehr gedacht. Der «Petroleumkanal» hat nicht nur große Gewinne, sondern auch das Hochwasser gebracht. Der Chemiekonzern Montedison lud mit höchstadministrativer Erlaubnis den Giftmüll in die Adria, die Flut bringt ihn wieder in die Lagune, spült die chemischen Abfälle über Muschelbänke und in die Fischweiher. Die Gewerkschaften nehmen angesichts der entstandenen Umweltprobleme eine unentschiedene Position ein; sie müssen aus Angst um die Erhaltung der noch verbliebenen Arbeitsplätze kämpfen. Die Arbeitslosenquote ist hier doppelt so hoch wie im übrigen Veneto. Das industrielle Ballungszentrum Mestre-Marghera steht vor einem Berg sozialer Probleme: Den Jugendlichen bietet die Stadt wenig, auch wenn die Politiker wegen des wachsenden Drogenkonsums inzwischen für die Interessen der Heranwachsenden sensibler ge-

worden sind. Abends ist man auf der Piazza, am Wochenende in der Altstadt, im Sommer auf dem Lido, werktags hängt man in der Schule oder zu Hause rum. Fast ein Drittel der Jugendlichen hier ist arbeitslos. Bei den Rettungsaktionen Venedigs ist das Europa des Geistes und des Geldes vereint. Für die Probleme Mestres blieb lange Zeit nur ein müdes Achselzucken. Die Rettung Mestres erscheint vielen Bürgern deswegen nur auf der Grundlage einer radikalen Trennung von Venedig möglich. Die Gründung der Großkommune sei eindeutig auf Kosten der Mestriner gegangen. Man habe beständig Gelder zur Erhaltung des Centro Storico ausgeben müssen, aus dem die Venezianer inzwischen nach

und nach vertrieben wurden. Mestre müsse sich selbständig zum Hinterland hin orientieren und einen eigenen produktiven Weg finden, dürfe nicht mehr der schmutzige Fußabtreter der Serenissima sein. Bei dem Referendum um die endgültige Scheidung Mestres von Venedig war Anfang 1995 eine knappe Mehrheit für die Großkommune. Die neue Stadtregierung setzt sich inzwischen überzeugend für die Interessen Mestres ein. Aber angesichts leerer Kassen sind dem guten Willen enge Grenzen gesetzt. Privater Reichtum und wachsende öffentliche Armut – diese Verbindung weist auch hier in eine unsichere Zukunft.

Stilvolles Landleben nach ökologischen Prinzipien – die Villen des Veneto

Wo sich Mühlsteine drehten: Treviso

Eine lange Platanenallee, zwanzig Kilometer von Mestre bis Treviso, einst eine reiche, üppige Landschaft, gesäumt von Parks und Villen, «il Terraglio», für den venezianischen Theaterdichter Goldoni die schönste Straße der Welt. Nur mit viel Phantasie kann man sich heute diesem Urteil während der Fahrt über den Terraglio anschließen, vorbei an kleinen Ortschaften, Fabriken und großflächigen Lagerhallen. Zersiedelt wirkt die Gegend, so, als habe sich der neue Reichtum völlig ohne Plan eingestellt. Diese in Jahrhunderten entstandene Kulturlandschaft, reich an Quellwassern und äußerst fruchtbar, hat die Bodenspekulation der letzten zwanzig Jahre nachhaltig verändert. Treviso ist über sich hinausgewachsen, dabei ist viel aus den Fugen geraten. Der trotzdem noch bestehende Reiz der Stadt erschließt sich am besten rund um das Viertel am Canale Buranelli und am Canale Cagnan mit der Piazza Rinaldi und dem Fischmarkt auf der Isola: mit auffälligen Wasserläufen innerhalb der Stadtmauern; Häuser mit riesigen Rädern hat man einst auf das Wasser gebaut. Mühlen, Säulengänge, Freskenfassaden, auch hier verdoppelt sich der ästhetische Reiz im Spiegel des Wassers.

Die Gegend zwischen Brenta und Piave war die Kornkammer Venetiens, Mühlen konnten da nicht fehlen. Treviso war vom Mittelalter bis nach dem Zweiten Weltkrieg ein Mühlenzentrum. Hier hat man die Wasserkraft geschickt genutzt, um die Mühlen herum wuchsen Siedlungen. Das Geschäft mit dem Mehl sorgte für Reichtum, Treviso entwickelte sich bis zum 14. Jahrhundert auch zu einem kulturellen Zentrum. Hier lebten berühmte Literaten und Maler des Veneto. Die monumentalen Bauten des Centro Storico zeugen von dieser Blütezeit, die Geschäftsstraßen von der heutigen Prosperität. Die Vitrinen von Benetton, Krizia und Valentino beherrschen die Fußgängerpassagen. Für Treviso brachten Modehäuser den Boom der achtziger Jahre, neue Arbeitsplätze wurden geschaffen. Benetton expandierte heftig, eröffnete neue Geschäfte zwischen New York und Moskau. Man produziert bewußt in der eigenen Region, hat jedoch in Zusammenarbeit mit der Fiat-Gruppe voll auf Roboterfabriken gesetzt. Treviso und Padova gelten heute als Zentren des elektronischen Know-how.

Die alte Osteria in der Mühle, erkennbar noch an der offenen Raumtreppe, hat sich in ein Restaurant mit Marmorsäulen und gediegener Tischwäsche gewandelt. Alte Teller, Töpfe und Pfannen sollen als Zierat an den Wänden eine nostalgische Atmosphäre schaffen. Dieser Stil gehobener Uniformität paßt zur Sucht nach Anpassung und Erfolg, entspricht einer Generation, die sich zum Markenhemd die passende «macchina», «famiglia» und «casa» erträumt. Letzteres, die Wohnung, das Haus, ist in Treviso, Padova, Vicenza immer schwieriger zu haben. Die Quadratmeterpreise steigen ins Unermeßliche; die Kommunen müs-

sen Familien, die nach der Kündigung obdachlos geworden sind, in Pensionen unterbringen, oft sogar jahrelang. Das Centro Storico kann sich nur noch ein arrivierter Mittelstand leisten, Geschäfte, Restaurants und Bars richten sich nach seinen Bedürfnissen. Auch hier werden die Palazzi scheibchenweise verkauft, auch hier trägt der Immobilienmarkt zur «Gleichmachung» der Zentren bei.

Zum Abschluß noch einen Espresso auf der Piazza dei Signori, den Palazzo dei Trecento vor Augen. Hier haben die dreihundert führenden Patrizierfamilien Politik gemacht: eine Ähnlichkeit mit dem Dogenpalast in Venedig fällt auf. Vielleicht hat man sich bei den häufigen Renovierungen im Hinterland Anregungen geholt.

Zu den Brenta-Villen

An die fruchtbaren Zeiten der Beziehung Venedigs zu seinem Hinterland erinnert die **Malcontenta**, 1560 von Palladio erbaut für die Familie Foscari, in deren Besitz sie sich nach einer wechselvollen Geschichte wieder befindet. Bei der Ortschaft **Malcontenta**, direkt am Brenta-Kanal und an der Straße nach Fusina, liegt diese sehenswerte Palladio-Villa, die bereits Goethe zum Schwärmen brachte. Ihren Ruhm verdankt die Villa vor allem ihren Innenräumen mit einem Kreuzgratgewölbe. Goethe fuhr von Padova aus mit dem Burchiello über die Brenta bis nach Venedig, vorbei an siebzig Villenfassaden und Lustgärten samt dazugehörigen Dörfern. Il Burchiello, das war im 18. Jahrhundert ein Vergnügungsschiff für gehobene Kreise. Es verkehrt auch heute noch, jetzt für die Touristenklasse in der Hauptsaison. Man kann auch über die Landstraße zu den Brenta-Villen gelangen, es wäre auf keinen Fall aber dasselbe.

Wer eine exemplarische Villa des Veneto besichtigen möchte, sollte sich für die **Villa Pisani** bei Stra viel Zeit lassen, um sich im grünen Labyrinth ihres feudalen Irrgartens zu ergehen. Mit ihren 114 Zimmern ist die Villa Pisani, La Nazionale, nach den Plänen von Francesco Maria Preti begonnen, die größte des Veneto; sie sollte mit Versailles und den fürstlichen Residenzen in Konkurrenz treten. Der ganze Villenkomplex hat wenig mit den traditionellen Veneto-Villen zu tun und gleicht eher einem barocken Residenzschloß. Nach dem Untergang der Republik ging die Villa Pisani in den Besitz Napoleons über (1807), spätere Besitzer wurden das Haus Österreich und Savoyen, schließlich der italienische Staat. Die Fassaden der Villen sind, genau wie die venezianischen Paläste, dem Wasser zugekehrt, von hier aus gesehen entfalten sie ihre stärkste Wirkung. Grüne Architektur, die der Stein ergänzt, ein vom klassischen Geist gezähmtes «Zurück zur Natur» zwischen Irrgarten und Wasserspiel; Venus spiegelt sich im giftigen Flußlauf, Neptun ganz kopflos, romantische Ruinen, die den teuren Restauro vor oder gerade hinter sich haben.

Fortschritt mit Abriß: Padova

Nach den ländlichen Idyllen zwischen Villen und Wasserwegen ist die Einfahrt nach **Padova** recht ernüchternd. Symbol des ökonomischen Fortschritts im Veneto, Zentrum der Industrie und des Handels, ist die Stadt zugleich auch ein Beispiel dafür, was mit vielen historischen Zentren während der Wirtschaftswunderjahre passierte. «Risanamento», Sanierung, so nennt sich der Abriß des gesamten mittelalterlichen Stadtteils Conciapelli. Hier stehen heute die bekannt einfallslosen Wohnblöcke. Der Flußlauf, über Jahrhunderte zentrale Verkehrsader, wurde wegen des Straßenbaus zugeschüttet. So findet man problemlos die noch verbliebenen Monumente, den Palazzo della Regione, die Universität, die Basilika di Sant'Antonio, Kirchen und Paläste. Die Verkehrsregulierung in der Innenstadt ist immer noch nicht geglückt, und Fußgänger sind offensichtlich nur für die autofreien Zonen der Hauptgeschäftsstraßen vorgesehen. Hier aber stockt einem der Atem angesichts der teuren Läden, des Glanzes, des Reichtums, der zur Schau gestellt wird.

In den letzten Jahren hat sich Padova auch den Ruf eines Zentrums des Drogenhandels in größerem Stil erworben. Auffallend dabei ist die Verquickung seriöser Geschäftskreise mit denen der Unterwelt. Rund um die **Basilika di Sant'Antonio** blüht ein anderes Geschäft, das mit dem Pilgertourismus. Tiefe Einblicke in die fromme Volksseele bietet der religiöse Nippes in allen Preislagen rund um den Campo. Antonius ist *der* Schutzheilige des Veneto, von seinen wundertätigen Kräften bezeugen die Votivobjekte nahe der heiligen Überreste. Die Basilika, 1223 begonnen, ist von einer fast beklemmenden Schönheit. Auf einem byzantinischen Grundriß mischen sich romanische und gotische Elemente, die bedeutendsten Künstler des Veneto haben an der Ausgestaltung des Kirchenraumes mitgewirkt. Im 14. Jahrhundert erlebte Padova eine kulturelle, wirtschaftliche und soziale Blüte. Mit Giotto erfuhr die Freskenmalerei ihren Höhepunkt, in der Capella degli Scovegni lassen sich seine Technik und Ausdruckskraft studieren.

Die **Universität**, 1222 gegründet, Mittelpunkt des kulturellen Lebens der Stadt seit Anbeginn, genießt auch heute noch wegen der medizinischen Fakultät einen guten Ruf. Nach den politischen Unruhen der siebziger Jahre ist es an der Universität ruhig geworden. Alte Burschenschaften und akademische Rituale haben Konjunktur. Plakate und Sprühschriften sind verschwunden; allein die hektographierten Mitteilungen mit meist naiv-schlüpfrigen Bebilderungen über bestandene Examina lockern die massivgrauen Fassaden auf.

Der Spaziergang durch die Stadt zeigt den architektonischen Einfluß Venedigs, zugleich aber auch die Weitsicht der Städteplaner vergangener Jahrhunderte. In der zweiten Hälfte des 18. Jahrhunderts wurde ein sumpfiges Gebiet vor der Kirche Santa Giustina trockengelegt und in einen wundervollen Park verwandelt: **Prato della Valle** lädt zum Ausruhen ein. Wer noch mehr Lust an gepflegtem Grün hat, sucht den Botanischen Garten auf.

Erhabenes und Erhöhtes

Dem noch von der Horizontalen der Lagune bestimmten Blick erscheinen die Hügelketten südlich von Vicenza und Padova schon fast von alpiner Macht. **Colli Euganei** – als Insel haben diese Kegel einst aus dem Meer emporgeragt, als es noch die gesamte Ebene bedeckte. Auch heute noch gibt es hier Auswirkungen eines sekundären Vulkanismus: Thermalquelle, heißen Schlamm, Heilwasser, schon seit den Römern medizinisch genutzt bei Abano, Montegrotto und Battaglia Terme.

Die **Bérici-Hügel** bei Vicenza, weniger hoch, wirken insgesamt kompakter. Gegenüber den recht beachtlichen Temperaturschwankungen der Ebene, bedingt durch das Kontinentalklima, lockt dieses Hügelgebiet mit besonderen Vorzügen: weniger Regentage, warme Winter. Oliven gedeihen hier, mediterrane Gewächse, welche der Gegend einen besonderen Reiz verleihen.

Ausgangspunkt des Ausflugs ist **Vicenza**, neben Padova und Treviso das ökonomische Zentrum Venetiens. Wegen seiner verkehrsgünstigen Lage war es bereits im Mittelalter Sitz wichtiger Märkte und Messen. Schon vor den Römern gab es hier eine Siedlungsanlage, welche dann dem rechtwinkligen romanischen Grundriß angepaßt wurde. 1164 gewann die Stadt Unabhängigkeit, wurde aber dann von den mächtigeren Nachbarn Ezzelino da Romano Verona und Padova unterworfen, um schließlich 1404 von Venedig annektiert zu werden. Das heutige Stadtbild ist wesentlich von Palladio geprägt. Hier konnte er das Ideal der Renaissancestadt realisieren, während ihm in Venedig selbst der durchschlagende Erfolg versagt blieb. Der Italienreisende J. W. v. Goethe schrieb nach Hause, daß er «wieder an des Palladio Werk geschwelgt habe», nennt dabei besonders das Theater, ein Hauptwerk des Meisters, das wenige Monate vor dessen Tod 1580 abgeschlossen wurde. Wer die Stadt durchwandert und wie Goethe die «Dinge zu sich sprechen lassen will», kann zwischen Corso de Palladio, Corso Fogazzaro und dem Fluß Bacchiglione den klassischen Geist atmen.

Man kann aber auch andere Dinge zu sich sprechen lassen:

durchgestylte Vitrinen teuerster Geschäfte und die dazu passenden Käufer; in Padova wird man ihnen wiederbegegnen, aber auch der Armut.

Der Ausflug in die Hügel beginnt bei Brendola, führt über den Lonigo und Cologna Veneta nach **Montagnana**, einer mittelalterlichen Stadtfeste, die auf das 12. Jahrhundert zurückgeht, im 18. zum Teil rekonstruiert und erweitert wurde; ein Stück Stadtgeschichte läßt sich hier begehen. Im Inneren des Mauerrings gruppieren sich um Piazza und Dom die Patriziervillen, hier münden die Straßen, welche das urbane Gewebe durchziehen. Die Atmosphäre wird von einem merkwürdigen Gemisch aus Geschichte und Gegenwart bestimmt, besonders wenn man in der Jugendherberge, direkt innerhalb der Mauern der Befestigungsanlage untergekommen ist. Erste, eine fast mittelalterliche Kulisse, ist reizend gelegen, umgeben von Villen – eine Gegend für Dichter; hierher haben sich Byron und Shelly zurückgezogen, unweit davon, in Arquà Petrarca, liegt der große Dichter begraben, der dieser Stadt den Namen gab. Monselice: von dem fünffachen Mauergürtel, der es einst umgab, sind heute nur noch die Burg, einige Mauern und Türme vorhanden. Ihre Zerstörung verdankt die Stadt den Venezianern, die sich hier den Trachyt für die Befestigung ihrer Calli und Lidi holten; dabei wurde der Boden so ausgehöhlt, daß er in Bewegung geriet. Der Blick vom Berg, der auch der Stadt ihren Namen gab, **Monte Silicus**, lohnt die Anstrengung des Aufstiegs: das weite Panorama der reichen Kulturlandschaft der Colli Euganei öffnet sich dem Betrachter.

In den letzten Jahren sind viele Villen des Veneto aufwendig restauriert worden und stehen Besuchern offen. Die privaten Besitzer hoffen, mit dem Einlaß von Touristen die teuren Instandsetzungsarbeiten zu finanzieren, ein Modell, das bei der Villa Maser bei Asola bereits Erfolge erzielte. Wenige Kilometer von Arquà Petrarca entfernt, bei Valsanzibio, kann man die Villa Barbarigo besuchen, berühmt wegen ihrer Parkanlage im italienischen Stil. Überhaupt eignet sich die Gegend sehr gut zum Spazierengehen, besonders rund um Torreglia, mit einem kulinarischen Abstecher zur Trattoria Balotta, die auf das Jahr 1605 zurückgeht. Bei Toleo lockt der Aufstieg auf den Monte della Madonna (527 Meter), von dem man einen herrlichen Ausblick auf die Hügelkette hat. Auf der Straße in Richtung Padova kann man das Benediktinerkloster bei Praglia besuchen; auch Abano Terme, das schon zu Zeiten der Römer berühmte Thermalbad, hat seinen Reiz, obwohl es hauptsächlich auf Kulturbetrieb eingestellt ist. Zwischen Villen und Fabriken, von letzteren war nicht mehr die Rede, die politischen Auswirkungen dieser allgegenwärtigen wilden Industrialisierung werden im letzten Kapitel des Buches, «Wo liegt Padania? Der unruhige Nordosten», noch beleuchtet.

HINAUS IN DIE EBENE

VON CHIOGGIA ZUM PO-DELTA

Dieser Ausflug durchschneidet das aus der Vogelperspektive so übersichtlich erscheinende Netz der Flußdämme, Alleen, Kanäle, Feldwege und schmalen Erdstreifen zwischen den Lagunen und führt von einem Horizont zum nächsten bis zum Delta des Po. An Chioggia vorbei geht es über die antike «Strada Romea» Richtung Porto Tolle. Dort gibt es viele Möglichkeiten, das Po-Delta zu erforschen. Die vorgeschlagenen Routen, die teilweise das Hinterland einbeziehen, nehmen mindestens einen Tag in Anspruch.

Ein Blick auf die Landkarte macht deutlich, wie klug die Venezianer daran taten, sich die Flüsse vom Leib zu halten. Das Po-Delta ist genau die Gegenform zur Lagune: sie konkav, das Delta konvex. Dort die den Hafen von Venedig schützende Bucht der Lagune, hier ein beständiges Vordringen des Landes, wie es die Karte seit dem 15. Jahrhundert ausweist. Adria, eine heute unbedeutende Provinzstadt zwanzig Kilometer im Landesinneren, war zur Römerzeit eine bedeutende Hafenstadt mit regem Handelsverkehr nach Griechenland. Das Schwemmland von Po und Adige (Etsch) führte trotz der Umleitungsversuche unter venezianischer Herrschaft dazu, daß die Stadt Adria vom Meer, dem sie ihren Namen gab, abgeschnitten wurde.

Il Polesine di Rovigo, die Tiefebene zwischen Po und Adige, ist, bis auf einige Küstenstellen, kaum touristisch erschlossen, obwohl es auch hier reichlich historische und künstlerische Spuren gibt. Zwischen Rovigo und Porto Tolle liegt eine gleichförmige «holländische» Landschaft mit kleinen Dörfern, die zwischen den Maisfeldern kaum zu erkennen sind. Hier waren einst ausgedehnte Malariasümpfe. Damit aus Schwemmland Ackerland wurde, mußten weite Landstriche entwässert und die Flüsse eingedämmt werden; den Schöpfungsprozeß galt es hier noch zu vollenden, indem der Mensch das Land vom Wasser schied.

Stille Wasserlandschaften

Die flimmernde Hitze über dem schnurgeraden Asphalt der Landstraßen verstärkt die Eintönigkeit, eine schwüle, unwirkliche Träg-

Tausend Einsamkeiten zwischen
Lagune und Po-Delta

heit liegt im Sommer über dieser Landschaft. Nichts ist zu ahnen von den schweren Überschwemmungskatastrophen, welche diese Gegend immer wieder heimsuchen.

Polesine – der Name weist bereits auf ein Feuchtgebiet hin: Die Geographen unterscheiden zwischen der «alta pianura», der höher gelegenen Ebene, und der «bassa pianura» des Polesine, der «tiefen Ebene». In den höheren Zonen ist das Schwemmland gröber und kieselig; es absorbiert das Wasser. Im Polesine hingegen bildet sich aus den Ablagerungen der Flüsse der teils lehmige, teils sandige Boden. Nur mühsam fließt das Wasser hier ab. Dort, wo die beiden Zonen aneinanderstoßen, entstand ein reiches Quellgebiet.

Bei der bisher größten Hochwasserkatastrophe dieses Jahrhunderts, im November 1951, stand die gesamte Region des Polesine mehrere Tage unter Wasser. Das Mündungsdelta von Etsch und Po verändert ständig seine Gestalt und schiebt sich immer

stärker ins Meer. Deiche, Entlastungskanäle, eine künstliche Polderlandschaft sollen eine Ordnung in diese dauernde Bewegung der Landschaft bringen. Auch hier, wie in Venedig und auf den Laguneninseln, bedeutet das ständige Absinken des Landes eine Bedrohung, die durch den Anstieg des Meeresspiegels, bewirkt durch die weltweite Klimaveränderung, noch erhöht wird.

Viele Bewohner dieser Region haben im letzten Jahrhundert ihre Heimat verlassen, auf der Suche nach neuen Arbeitsmöglichkeiten und besseren Lebensbedingungen. Arbeit und Mühe des Menschen zielten hier stets darauf, die Flüsse unter Kontrolle zu bringen; Trockenlegen, Entwässern, Urbarmachen, das waren bereits die Leistungen der römischen Siedler. Im Mittelalter brach das entwickelte hydraulische System zusammen, allein der Benediktinerorden nahm sich dieser Aufgabe noch an. Bis zur Eroberung des Festlandes durch Venedig blieb die Entwässerung

Der Reiz der Tiefebene – Polesine, die Landschaft zwischen Po und Adige

privater Initiative überlassen. Unter den venezianischen Savi alle Acque, dem späteren Collegio alle Acque, herrschte dann eine strenge Kontrolle aller Aktivitäten, die in irgendeiner Weise das Wasser betrafen.

Die Trockenlegung des **Po-Deltas** geht auf die Unternehmungen einiger adliger Familien aus Venedig zurück, die Namen mehrerer Orte bezeugen dies eindeutig: Ca'Venier, Ca'Pisani, Ca'Dolfin. In dieser Gegend gibt es weder Städte noch Städtchen, nur verstreute Dörfer, benannt nach venezianischen Familien. Als Mitte des 16. Jahrhunderts aus den venezianischen Seefahrern Landwirte wurden, schufen sie sich auch die entsprechende ideologische Verklärung ihrer ökonomischen Absichten. Der Ackerbau wurde zur «santa agricoltura» und als Instrument zur Erschaffung des «wahren Menschen» interpretiert. Dabei berief man sich auf antike Autoren wie Cicero. Die Villa als Zentrum eines ausgedehnten Landguts erfüllte in erster Linie praktische Zwecke und lag zumeist in einer ästhetisch wenig reizvollen, aber fruchtbaren Ebene. Daß die venezianischen Adligen es dennoch verstanden, ihren verfeinerten Lebensstil und die entsprechenden Lustbarkeiten auch hier zu pflegen, dokumentieren die literarischen Zeugnisse.

Über Jahrhunderte bediente man sich hier der antiken Technik der Entwässerungskanäle. Eine revolutionäre Neuerung brachte die von den Holländern übernommene und erstmals 1837 bei Chioggia angewandte Technik des Verdampfens: So konnten auch Gebiete unter dem Meeresspiegel trockengelegt werden. Heute wird ein effizientes Pumpsystem eingesetzt.

Der mit der Region eng verbundene Schriftsteller Gianni Celati beschreibt diese Landschaft als «eine moosfarbene Ebene im Winter, mit vielen Grün- und Gelbtönen in den Jahreszeiten, wo das Licht nicht so tief steht, und mit einem Fluß, der seinen Bestimmungsort erreicht, indem

Wo die Flüsse das Meer verdrängten, blieb nur noch der Name

er sich fächerförmig in sechs Arme aufteilt und öffnet». Wer die besondere Stimmung dieser Gegend «erfahren» möchte, sollte einen Abstecher von Porto Tolle nach Po di Gnocca und Scardovari einplanen. Hier kann man sich ein leichtes, flaches Boot mieten und hinausfahren zu den Sandstreifen, welche das Meer von der flachen, sumpfigen Wasserfläche trennen.

Mit der Fähre kann man auch von Porto Tolle nach Ca'Venier übersetzen und die Fahrt bis Pila, an der Mündung des gleichnamigen Po-Armes, fortsetzen. «Wie soll man das beschreiben?» fragt Gianni Celati, beeindruckt von der Regungslosigkeit des Wassers, der vollkommenen Lautlosigkeit und dem Eindruck einer unsichtbaren Bewegung, «die sich unter den Algen, in den Büschen, unter den Steinen und selbst unter der Erde rasch wiederholt (…) Der Fluß mündet hier in eine sich grenzenlos ausdehnende Fläche, die Farben mischen sich überall: Wie soll man das beschreiben?»

Halten wir uns am Nächstliegenden fest: Man «bebaut» hier noch das Wasser, wie es Cassiodor bereits bei den frühen Lagunenbewohnern beobachtete, doch die kleinen Orte an der Küste verraten, daß man sich vom täglichen Fischen allein nicht mehr ernähren kann. Man ist auch Bauer, pendelt zu den Fabriken des Hinterlandes. Die malerischen Boote liegen noch immer an der Mole, doch die Idylle täuscht. Gegenüber der organisierten Hochseefischerei hat der kleine Fischfang an Bedeutung verloren. Die Vergiftung der Lagune und die von den Flüssen in die Adria geschwemmten Schadstoffe tun ein übriges. Die touristischen Lockschilder, die Fischerdörfer versprechen, führen in die Leere. Die in Jahrtausenden gewachsenen Lebensbedingungen der Menschen zwischen Lagune und Delta haben sich in den letzten fünfzig Jahren so radikal verändert, daß die Betroffenen es kaum verkraften können. Der Sommertourismus zwischen Chioggia Sotto-

marina, Isola di Albarella und Porto Levante bestimmt die Küstenzone, ausländische Immobilienfirmen haben das Land fest im Griff. Betonflächen ragen ins Hinterland, dort entstehen Supermärkte, Tankstellen und Wohnklötze. Doch wenn die Tage wieder kürzer werden und die Nebel über dem Po-Delta liegen, verschwindet alles im fahlen Licht, und eine merkwürdige Stille kommt über das Land.

Durch Dörfer und Städte des Deltas

Je länger man durch diese Landschaft reist, desto offener wird man für ihren Reichtum an Atmosphäre, für ihre Kunstdenkmäler und ihre Geschichte. In **Loreo** hat sich der bereits zu Zeiten der Serenissima bedeutsame Schiffsbau bis zum heutigen Tag, wenn auch unter veränderten Bedingungen, halten können. Ein Espresso auf der Piazza, ein kleiner Spaziergang lohnen, um den venezianischen Charakter dieses Städtchens kennenzulernen. In der

Kleinstadt **Adria** sei der Besuch des Museo Archeologico Nazionale empfohlen, wo die reiche Geschichte dieser Landschaft hervorragend dokumentiert ist. Adria war bereits in vorrömischer Zeit ein bedeutendes Handelszentrum und wurde von Venetern, Griechen und Etruskern geprägt.

Rovigo, das Zentrum der Tiefebene zwischen Po und Adige, ist heute wirtschaftlicher Knotenpunkt, besonders wegen der günstigen Eisenbahnverbindungen. Bevor die Stadt 1482 von den Venezianern annektiert wurde, wechselten oftmals die Besatzer. Die Ruinen der ehemaligen Burg sprechen von dieser Vergangenheit. Der historische Kern der Stadt ist noch gut erhalten, ein Besuch ist schon allein wegen des starken Kontrastes zu den Dörfern des Deltas interessant. Die Hauptsehenswürdigkeiten Rovigos sind die im klassizistischen Stil errichtete Pinakothek der Accademia dei Concordi, das Museo Civico (mit seinen archäologischen, volks- und naturkundlichen Ab-

Wir sind nun an einer Stelle, wo die Reglosigkeit des Wassers vollkommen ist und sich nichts darin widerspiegelt. Die Sonne steht nicht mehr hoch im Zenit. Während ich schreibe, setzt sich auf meine Hand ein kleines Insekt mit durchsichtigen Nylonflügeln; auf dem Boden zu meinen Füßen sind andere Insekten, denen ich keinen Namen zu geben weiß, ein Wurm mit seitwärts hinunterhängenden Fühlern, eine rötliche Spinne, die im Sand einen Tanz aufführt, eine Ameise mit einem Riesenkopf.

Die Reglosigkeit des Wassers und die vollkommene Lautlosigkeit erwecken die Vorstellung zahlloser unsichtbarer Bewegungen, die sich unter den Algen, in den Büschen, unter den Steinen und selbst unter der Erde rastlos wiederholen. Das Stück eines Baumstammes zu meinen Füßen, den das Wasser ausgewaschen hat, sieht aus wie das Gesicht eines alten Mannes; das Gras zwischen den Steinen erscheint blatternarbig, als hätte ihm der Wind die Pocken angehängt, eine abgeglichene Zigarettenschachtel sieht aus wie von einem Tier zerkaut.

Anmaßung der Wörter; sie maßen sich an, mit dem, was da draußen vor sich geht, abzurechnen, es zu beschreiben und zu definieren. Aber da draußen geht alles nicht auf diese oder auf jene Weise vor sich, es hat herzlich wenig zu tun mit dem, was die Wörter sagen. Der Fluß mündet hier in eine sich grenzenlos ausdehnende Fläche, die Farben mischen sich überall: Wie soll man das beschreiben?

Gianni Celati: Aus: *Landauswärts.* © Suhrkamp Verlag, Frankfurt/Main 1993

teilungen) und die mit Barock-malerei ausgestattete Kirche Beata Vergine del Soccorso. Mittelpunkt des urbanen Zentrums der Stadt ist die Piazza Vittorio Emanuele, auch Piazza Maggiore, deren Mitte seit 1519 von einer Säule mit dem Markuslöwen, dem Wahrzeichen Venedigs, beherrscht wird.

Palladios Villa Badoer

Fratta Polesine: ein weiteres Stück venezianischer Geschichte. Am Kreuzpunkt wichtiger Landstra-ßen gelegen, befand es sich seit etwa 1000 n. Chr. im Besitz des Pa-triarchen von Padova. Nachdem es zum Spielball der Machtgelüste verschiedener Feudalherren ge-worden war, vereinnahmte es der venezianische Löwe. Ausgedehnte Besitzungen adliger Familien der Lagunenstadt bestimmten die weitere wirtschaftliche und politi-sche Entwicklung. Die **Villa Ba-doer**, von Palladio erbaut, zeigt deutlich, mit welchem Geist hier Landwirtschaft betrieben wurde. Bis zum 16. Jahrhundert war das Land noch von armen Bauern be-wohnt. Nach dem Frieden von Cambray 1517 wandte sich das venezianische Patriziat endgültig dem Festland zu. Gegenüber den Unwägbarkeiten des Seehandels versprach das Landleben sichere Profite, zudem gewann es sehr bald den Ruf eines müßigen Ver-gnügens. Beide Bedürfnisse, Ge-winn und Genuß, prägen auch den typischen Stil der Villen des Veneto.

Palladio hat am besten die Strö-mungen seiner Zeit begriffen: Wa-ren die ersten Landsitze reine Übertragungen der städtischen Bauprinzipien, so schuf Palladio eine neue Synthese von Herren-sitz und Bauernhof, ideologisch überhöht durch die Harmonie-anleihe bei der griechischen An-tike. Die Villa Badoer, im Orts-zentrum von Fratta Polèsine gele-gen, baute Andrea Palladio für den Venezianer Francesco Badoer, Capitano von Bergamo; 1566 wurde die Villa erstmals in den Steuerakten erwähnt. Sie gehört zu den wenigen Villen Palladios, die vollständig von ihm selbst fertiggestellt wurden. Über eine repräsentative hohe Treppe, die in erster Linie eine funktionale Bedeutung hatte – bereits die Kel-lerräume liegen wegen der damals bestehenden permanenten Über-schwemmungsgefahr über dem Grundwasserniveau –, gelangt man in die Loggia und steht auf derselben Ebene wie die Säulen. Hier taucht man ein in eine antike Atmosphäre. Die Ornamente fol-gen den Vorbildern der römi-schen Domus Aurea, unter ande-rem dem Haus des Nero, das man im späten 15. Jahrhundert fand.

Die Steine dieser Gegend er-zählen eine alte Geschichte. Als römische Kolonien genossen die Städte Venetiens Sonderrechte, ihre Bewohner galten als römi-sche Bürger. Die Ansiedlung ver-dienter Veteranen führte zu einer Verbesserung der Landwirtschaft und zur wirtschaftlichen Blüte. Unter Augustus wurde Venetien zusammen mit Friaul und Istrien zur Decima Regione (Zehnte Re-gion) Roms. Neben einem riesi-gen Verwaltungsapparat entwik-kelte sich auch die Infrastruktur. Den Wohlstand dieser Zeit er-kennt man an den Ruinen der Arenen, Thermen, Brücken und Villen. Er scheint jedoch nicht von Dauer gewesen zu sein. Be-reits im 2. Jahrhundert sind die Krisenzeichen unübersehbar. Be-amtenapparat und Militär ver-schlingen Unsummen, die die ent-fernteren Kolonien entwickeln sich zu unliebsamen Konkurren-

ten des Zentrums. Mit dem Vorstoß der Germanen begann der Exodus der Küstenbevölkerung in den Lagunenraum; das ist die Geburtsstunde der veneto-byzantinischen Provinz.

Im 7. Jahrhundert zeichnet sich bereits eine neue Entwicklung ab: Venetien teilt sich in viele kleine Zentren, mit den Besatzern macht man gute Geschäfte. Örtliche Autoritäten werden anerkannt, sie gewinnen unter der Herrschaft der Karolinger eine gewisse Selbständigkeit. Unter diesen Bedingungen entwickeln sich Padova, Treviso und Vicenza zu Machtzentren mit territorialer Ausdehnung. Nach dem Einfall der Ungarn im 9. Jahrhundert umgaben sich diese Zentren mit festungsartigen Mauern, zugleich wurden strategisch bedeutsame Stellen ebenfalls gesichert. Innerhalb dieser Mauern entstand ein neues soziales Leben und «bürgerliches» Bewußtsein. Die Notwendigkeit feudaler Strukturen war zweifelhaft geworden, hatte man sich doch erfolgreich selbst verteidigt und zu helfen gewußt. Ein starker Gemeinschaftsgeist erwuchs in diesen Städten, welche nach heftigen Kämpfen gegen den Kaiser und die lokalen Feudalherren im Frieden von Konstanz 1183 die endgültige Freiheit erlangten. Diese Periode kann als die wirtschaftliche Blütezeit angesehen werden. Konkurrenzkämpfe zwischen diesen Zentren sowie innerhalb der eigenen Mauern schwächten die gemeinschaftliche Basis. Zwischen dem 13. und dem 14. Jahrhundert bildeten die ökonomisch mächtigen Familien, die «Signorie», die städtische Führungsschicht. Diese dehnte ihre

Ansprüche schließlich auch auf die umliegenden Gebiete aus. Dabei stieß sie bald auf den Widerstand Mailands und Venedigs. Während Mailand bis westlich des Gardasees vorstieß, leitete Venedig die Besetzung des Festlandes ein. Von nun an ist das Schicksal der ehemals selbständigen Städte untrennbar verbunden mit dem der Serenissima. Diese Abhängigkeit läßt sich ablesen am Palazzo Ducale von Badia Polesine und an den Verteidigungsanlagen des venezianischen Festungsbauers Sanmicheli (1528) in Legnano, von denen nach den Bombenangriffen des Zweiten Weltkriegs nur noch Ruinen übrigblieben. Die Stadtgeschichte von Cerea – hier werden heute wurmstichige Stilmöbel hergestellt – steht stellvertretend für viele andere: Nach romanischen Anfängen erlangte Cerea während des Mittelalters, nachdem es lange Zeit der Zankapfel zwischen den kirchlichen und den weltlichen Herren aus der Nachbarschaft war, die Unabhängigkeit. Schließlich gerät es unter die Pranke des venezianischen Löwen, die Spuren kann man an der Fassade der Palazzi erkennen.

Die hier angedeutete Bewegung in Richtung Norden führt durch die Vielfalt dessen, was das Veneto ausmacht: vom venezianischen Golf und dem Mündungsdelta von Etsch und Po durch scheinbar endlose Ebenen, durch Hügelland zu Voralpen und Hochgebirge. In den Ebenen liegt aber das Herz dieser Region Italiens, die sich völlig zu Recht rühmt, von der Natur bevorzugt zu sein.

GUTES FÜR GAUMEN UND KEHLE

EINE WEIN-UND-GRAPPA-TOUR

Um Mißverständnisse gleich zu vermeiden: Hier geht es auch um Wein und den aus Trauben gewonnenen Schnaps Grappa (graspa d'uva), zugleich aber um eine Annäherung an den nördlichen Veneto. Daß Bassano del Grappa mit der Grappaproduktion in Verbindung gebracht wird, geschieht nicht zu Unrecht, immerhin besteht die älteste Destillerie hier seit dem 18. Jahrhundert. Für die Fahrt in den Norden kann man Asolo oder Marostica als Orte zum Übernachten einplanen und sich dann auf eine eindrucksvolle Heimfahrt über Feltre und Belluno durch die Alpen vorbereiten; ein Abstecher nach Conegliano böte die Möglichkeit, die exquisiten Weine und Grappasorten des Prosecco und der Cartizza in ihrem Anbaugebiet zu probieren. Die landschaftliche Schönheit und kulinarische Vielfalt des Veneto könnte so am besten «erfahren» werden. Und wer sich einige Flaschen auch für den Weinkeller zu Hause mitnehmen möchte, findet hier Tips und Anregungen.

Die geographische Vielfalt zwischen Alpen und Lagune gewährte eine reiche kulinarische Tradition mit starken regionalen Charakterzügen. Der Fischreichtum der Adria und der Flüsse wie Brenta, Etsch und Po, die Lagunen mit ihren Brutstätten der Wild- und Wasservögel, die fruchtbaren Ebenen und die weiten Jagdgründe in den Dolomiten sorgen für

Deftiges und Ausgefallenes
zwischen Alpen und Adria

eine abwechslungsreiche Küche; schlichte bäurische Kochtradition und raffiniert gewürzte Gerichte orientalischen Ursprungs sind zu kosten. Und die Weine und Grappasorten stehen diesem Angebot nicht nach.

Die Region Veneto gehört zu den vier größten Weinbaugebieten Italiens, vor allem wegen dreier Weine: des *Bardolino*, der am Südufer des Gardasees angebaut wird, des *Valpolicella* und *Soave* aus der Gegend um Verona. Auch wenn das Renommee dieser Weine durch die Massenproduktion gelitten hat, so gibt es nach wie vor noch Produzenten, die sorgfältige «Verarbeitung» und regionale Weintradition pflegen. Unter diesen Bedingungen entstehen dann hochwertige Weine von seltener Eleganz und besonderer Güte. Unter den Veroneser Weinen genießt der *Recioto della Valpolicella*, der halbtrocken als *Passito* oder trocken als *Amarone* angeboten wird, einen besonderen Ruf. Dem bereits vorgegorenen Wein werden bis in den Dezember hinein unter dem Dach getrocknete Trauben hinzugefügt. Nach der dadurch eingeleiteten zweiten Gärung (governo) entsteht ein wuchtiger, aber insgesamt harmonischer Rotwein von 15 bis 17 Grad Alkohol; er verträgt eine Lagerung bis zu zwanzig Jahren, wird aber in der Regel bereits nach fünf Jahren getrunken und paßt am besten zu schweren Wildgerichten. Der *Amarone* verdankt seinen Namen dem charakteristischen bitteren Abgang. Der *Reciote di Soave*, ein edler Dessertwein, entsteht nach einem ähnlichen Verfahren.

Südlich von Vicenza, im Gebiet der Colli Berici, werden die DOC-Weißweine *Sauvignon*, *Tocai*, *Pino bianco* und die DOC-Rotweine *Cabernet*, *Merlot* und *Tocai rosso* produziert. Sie gelten als Weine *da pasto*, sind leicht und gut verträglich. Das Weinbaugebiet von Bregenza, nördlich von Vicenza, liefert den hochwertigen *Pinot bianco* und den spritzigen *Vespaiolo*, den roten *Cabernet* und *Pinot nero*. Den Dessertwein *Torquolato* sollte man wegen seiner besonderen Fruchtigkeit nicht auslassen.

Bei Treviso beginnt ein großes, im Flachland des Piave liegendes Weinbaugebiet, das vier DOC-Weine präsentiert: die Weißweine *Tocai* und *Verduzzo*, die roten *Merlot* und *Cabernet*. Und auch hier findet man trotz der Massenproduktion noch kleinere Weingüter, die hervorragende Rote anbieten (z. B. Castello Roncade). Nördlich von Treviso, in Richtung Conegliano, lernt man auf der «Strada del vino bianco» den *Prosecco di Conegliano-Valdobbiadene* kennen, benannt nach der Weißweintraube aus der Gegend nördlich des Piave, zwischen Conegliano und Valdobbiadene. Aus ihr entsteht ein spritziger, leichter Weißwein, der vor allem als *frizzante* oder *spumante* inzwischen sehr in Mode gekommen ist. Der *Cartizza* mit seinem leichten Mandelblütenduft gilt als beste Lage bei Valdobbiadene. Und die aus diesen Trauben gewonnenen Brände gehören zu den besten Grappasorten.

Die Fahrt durch das Hinterland Venedigs verspricht eine Fülle kulinarischer Entdeckungen, man wird die Vielfalt der Risottoarten schätzen lernen, zum Beispiel mit dem Radicchio aus Treviso, dem Spargel aus Bassano, mit Pilzen, Artischocken, auch mit kleinen Schnecken. In Treviso oder Vicenza lockt die *Anatra col pien*, eine gefüllte Ente, wobei das Entenklein in *bigoli con anatra* (hausgemachte Nudeln) serviert wird. In Padova probiert man das Perlhuhn in einer scharfen Sardellensauce *(Faraona con salsa peverada)*, die auch zum Suppenfleisch *(bollito misto)* serviert wird, oder *Maiale al latte*, den in Essig und Wein eingelegten und in Milch gegarten Schweinebraten. In Verona gibt es die *Patissada*, ein Ragout aus Pferdefleisch, in Rotwein geschmort, mit Zimt und Tomaten, dazu wird Polenta gereicht. Erfinderisch ist die Küche des Veneto beim Zubereiten verschiedener Vogelarten: die *Torresani di Breganze* zum Beispiel, mit Speck umwickelte junge Täubchen, am Spieß gebraten; oder die *Polenta e osei*, mit Salbei und Speck umwickelte Vögel auf Polenta; ausgefallen auch der Kapaun, der mit Suppengemüse und Gewürzen in einer Schweinsblase gegart wird *(Cappon alla canivera)*. Meeresfrüchte, Muscheln, Krebse, die Variationen des Stockfisches sind in den wassernahen Regionen des Veneto beliebte Vorspeisen. Gegrillter oder geschmorter Aal gehört in Treviso zu den lokalen Besonderheiten.

Im Zeichen von Qualität und Quantität

Die venezianische Küche hat von dieser kulinarischen Vielfalt profitiert und regionale Traditionen aufgegriffen und verfeinert. Überhaupt verstand die Serenissima darauf, von den Untertanen das Beste zu nehmen und sie dennoch an sich zu binden. Das Übergangsgebiet zwischen Ebene und Alpen war dabei von größtem Interesse: einerseits zur Absicherung des Hinterlandes, andererseits als Rohstoffproduzent und Lieferant vielfältiger Bedarfsgüter. Aus dem Cansiglio, nördlich von Vittorio Veneto, holten sich die Venezianer Baumstämme für die Ruder der Galeeren, die Schäfer der Berggegenden lieferten die Wolle zur Textilproduktion. Um Asola gab es im Mittelalter eine blühende Seidenproduktion. Ein Netz prächtiger Villen spannten venezianische Patrizier über das Land, die Untertanen zappelten sich drunter ab; sie produzierten, Venedig profitierte und gewährte großzügige Privilegien. Das war die Zeit des größten Wohlstandes für Belluno, Feltre, Asiago. Der Niedergang Venedigs führte dann aber zu einem dramatischen Zusammenbruch der Wirtschaftsstruktur des Voralpengebiets. Während der Zeit der Annexion durch Venedig war die auf Kollektivität aufgebaute Sozialstruktur zerstört worden; die aufgezwungene Monokultur hatte die Entwicklung neuer Sektoren verhindert.

Erst nach dem Zweiten Weltkrieg drang die Industrialisierung in diesen nördlichen Teil Venetiens vor. Nebenerwerbslandwirtschaft und Fabrikarbeit bestimmten bis in die achtziger Jahre das Leben der Menschen. Der neue Wirtschaftsboom des Nordostens hat auch hier für neuen Reichtum, aber auch für unübersehbare ökologische Schäden gesorgt. Vom Touristenboom profitieren nur die höher gelegenen Regionen; hier entstanden charakterlose «Touristendörfer», deren Immobilien im Fernsehen zum Verkauf angeboten werden. Die Reise durch das nördliche Venetien kann deshalb auch zu einer Entdeckungsfahrt in Sachen Naturzerstörung und Bodenspekulation werden. Man müßte die Landschaft von der Lagune zu den Alpen eigentlich zu Fuß durchwandern, um diese Veränderungen in Augenschein nehmen zu können.

Die Gegend zwischen Belluno, Feltre und Bassano del Grappa macht deutlich, wie gleichförmig die heutigen Agrargebiete geworden sind, der Anbau wird industriell betrieben. Die Vielfalt einer auf Subsistenz beruhenden Landwirtschaft schwand mit dem letzten Jahrhundert. Die Kastanie als Grundnahrungsmittel, als Mehl der Armen, daran erinnern heute nur noch die Ausstellungen der Heimatmuseen. Später nährte der Mais die wachsende Bevölkerung, die «Polentafresser». Erst zuletzt wurde die Kartoffel angebaut.

Reizvolle Ortschaften

Bassano del Grappa ist nicht nur wegen des Schnapses berühmt – seit den Römern ist die Stadt ein ökonomisches Zentrum der Region. Nach einer wechselvollen Geschichte als Objekt fremder Besatzungsmächte wurde Bassano 1404 von Venedig annektiert. In den folgenden Jahrhunderten entwickelte es sich zu einem wichtigen Handels- und Produktionszentrum: Metallverarbeitung, Stoffe (Wolle und Seide), Keramik- und Goldschmiedehandwerk. Besonders hervorzuheben sind die Leistungen der Buchdruckerkunst – die Tipografia Remondini erlangte weltweite Bedeutung. Vom Wohlstand unter der Herrschaft der Serenissima zeugen die Barock- und Renaissancepaläste, zum Beispiel in der Via Verci. Bassano weist wohl die typischen Züge der Veneto-Städte auf, aber mit dem Massiv des Monte Grappa im Rücken und dem Gebirgsfluß zu Füßen hat Bassano auch einen alpenländischen Charakter. Der guterhaltene Altstadtkern mit seinen massiven, hohen Häusern und deren schmalen Balkonen, die berühmte Holzbrücke über die Brenta machen das deutlich. Die Brückenschänke verspricht jedoch mehr Atmosphäre, als sie tatsächlich hat. Im Zentrum der Stadt bietet das Museo Civico bedeutende Gemälde der venezianischen Schule, vor allem der Malerfamilie Bassano, und Werke von Alessandro Magnasco und Piazzetta. Im graphischen Kabinett befinden sich Zeichnungen aus der Sammlung Canovas und der große Nachlaß der Tipografia Remondini.

Nur wenige Kilometer von Bassano entfernt liegt das mittelalterliche Städtchen **Marostica**, das seine noch erhaltene Befestigungsanlage der strategischen Position am Ausgangspunkt eines Bergtals verdankt. Im Frühjahr schwimmen die über der Stadt gelegenen Hügel in Kirschblüten, hier wachsen die berühmten «marostegna», eine wohlschmeckende Kirschenart. Eine folkloreträchtige Attraktion ist das Schachturnier, das mit menschlichen Spielfiguren in Kostümen des 15. Jahrhunderts auf der Piazza des Kastells gespielt wird. Das Spiel erinnert an eine Legende um zwei Edelleute, die beide in die Tochter des «podestà», des politischen Repräsentanten der Serenissima, verliebt waren. Um ein Duell zu vermeiden, versprach der Vater die Hand der Tochter demjenigen, der das Schachspiel für sich entschied.

Für das reizende Städtchen **Asolo** (Richtung Montebelluno) sollte man sich unbedingt Zeit lassen. Schon die Anreise in das auf sanften Hügeln gelegene Centro Storico – eine von Grün überwölbte Straße, Festungsmauern und Burgruinen, auf den umliegenden Hügeln malerische Villen – stimmt auf die Atmosphäre dieses Ortes ein. In Asolo residierte die unter dem besonderen Schutz

Kunst und Kulinarisches –
Entdeckungen in den Voralpen

Venedigs stehende Königin von Zypern, Caterina Cornaro. Die Serenissima hatte der ehemaligen Tochter der Stadt das ererbte Inselreich im Tausch gegen Asolo «abgenommen». Noch andere berühmte Gäste weiß die Chronik des Ortes zu feiern: Giorgione, der das Panorama von Asolo unverkennbar als Bildhintergrund verwandte; den Dichter Robert Browning, die Duse, Ada Negri, Ezra Pound, Igor Strawinsky. Auf dem Grab der Duse liegen fast immer frische Blumen, in den Parks der Palazzi trotzen die Grazien dem sauren Regen. Vielleicht hat man Glück und ist am zweiten Sonnntag des Monats gekommen, dann kann man auch den Antiquitätenmarkt besuchen.

Die bei Masér gelegene **Villa Barbaro** (von Asolo in Richtung Cornuda) gilt als das Hauptwerk Palladios. Der gesamte Bau ist harmonisch der Landschaft angepaßt, scheint aus ihr herauszuwachsen. Eine Allee verlängert die Parkanlage ins Unendliche. Ionische Säulen, darüber das Familienwappen der Barbaro: der doppelköpfige Adler. Im Innern sind Fresken Veroneses zu bewundern. Sie erzählen von den Vergnügungen des Landlebens, zeigen in surrealen Perspektiven Landschaftsszenarien der Cadoro: breite Flußläufe, bescheidene Dörfer am Fuße der Berge, Schäfer und ihre Herden, die Flößer, welche die Baumstämme nach Venedig schaffen, Bauern bei der Arbeit. Natur und arbeitende Menschen in der Totale, Kulissen für adlige Vergnügungen, deren Protagonisten werden in der Nahaufnahme vorgestellt: Damen mit Papageien und Zwergen, maskierte Herren – der venezianische Karneval wurde auf dem Lande weitergefeiert. Man lud dazu

Künstler und Kurtisanen, die Mädchen aus den Klöstern sorgten für musikalische Unterhaltung.

Während man mit übergroßen Filzpantoffeln an den Fresken vorbei über das Parkett rutscht, mag man sich in das nervöse Pizzikato der Lustbarkeit hineinphantasieren, stets argwöhnisch verfolgt von dem gediegenen Diener. Die neuen Herrschaften des Anwesens haben diesen Teil der Öffentlichkeit zugänglich gemacht. Sie finanzieren den recht aufwendigen Restauro mit den Einnahmen aus den Eintrittskarten. Dafür gestatten sie den neugierigen Besuchern einen Blick durch die Panzerglasscheiben in die Privatgemächer: In den feudalen Zimmerfluchten läßt es sich leben.

Ein besonderes Erlebnis vermittelt **Possagno**, nördlich von Asolo, über Monfumo und Castelcucco zu erreichen. Der Ort steht unter dem Einfluß des Bildhauers Canova, der im 18. Jahrhundert in Rom Karriere machte. Sein Geburtshaus, sein Grabmal und eine Gisothek seiner Werke sind zu besuchen. Die glatte Kühle des italienischen Neoklassizismus läßt sich auch angesichts der Gipsmodelle nachempfinden, zudem hat man hier die einmalige Gelegenheit, das Gesamtwerk des Künstlers kennenzulernen. Das Grabmal gleicht dem Pantheon, ein Entwurf des Meisters selbst, streng und kalt, so recht im Gegensatz zu der lieblichen Hügellandschaft rund um Asolo. Gipfelstürmer lassen das Grappa-Massiv nicht aus. Von hier aus öffnet sich der Blick auf Täler und Ebenen. Diese Gegend war im Ersten Weltkrieg Schauplatz dramatischer Kämpfe, die Gräber der 23 000 Gefallenen sind eine traurige Erinnerung daran.

Possagno – strenger Neoklassizismus in lieblicher Landschaft

Abschied von den Ebenen

Wer sich für die Fahrt durch den nördlichsten Teil des Venetos in Richtung Belluno und Cortina d'Ampezzo entscheidet, sollte unbedingt das Städtchen **Feltre** mit seinem guterhaltenen Stadtbild aus dem 16. Jahrhundert besuchen. Bereits im 6. Jahrhundert v. Chr. stand hier eine Festung der Rätier. Unter römischer Herrschaft wurde Feltre neben Belluno zu einem wichtigen Handelszentrum an der Via Claudia Augusta Altinate, die das Tal von Belluno durchquert. Im Mittelalter war Feltre eine freie Stadtkommune, bis es sich 1404 Venedig unterwarf. 1510 wurde das Städtchen durch die Truppen der Liga von Cambrai völlig zerstört, den Bewohnern gelang es jedoch, mit vereinten Kräften in weniger als

zehn Jahren ihre Stadt nach altem Vorbild wiederaufzubauen. Die Altstadt weist heute einige Renaissancepaläste auf; der Einfluß Palladios ist am Palazzo della Ragione wiederzuerkennen. Im Sommer gibt es hier Antiquitätenmärkte, auf denen rustikal gestimmten Städtern Gebetsbänke, Kruzifixe, altes Geschirr und Bauernmöbel aus den verlassenen Voralpendörfern angeboten werden.

Über den Passo di San Boldo kommt man von Conegliano und Vittorio Veneto nach **Belluno**. Die Altstadt weist romanische Spuren, einen kitschigen Palazzo aus dem letzten Jahrhundert und einen Dom mit kunstvollen Holzschnitzarbeiten von Andrea Bustolon auf, der mit seinen geschnitzten Möbeln für die vene-

zianischen Familien Correr und Pisani (in der Ca'Rezzonico in Venedig zu bewundern) berühmt geworden ist. Entscheidend für die Prägung des heutigen Stadtbildes mit seinen Laubengängen, Pälesten und zahlreichen Brunnen wurde die Zeit der Renaissance, nachdem sich Belluno freiwillig Venedig unterworfen hatte.

Eine Spazierfahrt durch den **Bosco di Cansiglio** führt durch eines der größten Waldgebiete Italiens. Hier schlug man das Holz für das Arsenale in Venedig, über die Piave wurde es in die Lagune geflößt. Erst mit dem Bau der Straße 1886 verlor der Beruf des Flößers an Bedeutung. Die Ausbeute des Rohstoffes Holz betrieb die Serenissima planmäßig und rational: Den Rodungen folgten Aufforstungen, eine strenge Kon-

trolle wurde über den gesamten Holzsektor ausgeübt. Die französischen und österreichischen Besatzer praktizierten statt dessen verantwortungslosen Raubbau. 1871 stellte der italienische Staat schließlich das gesamte Waldgebiet unter Naturschutz und verhinderte damit Spekulation und Zerstörung durch die Tourismusindustrie.

Wer sich von Veneto und seiner vorzüglichen Küche noch nicht trennen möchte oder kann, dem sei die Einkehr bei *Beppo Sello* (s. S. 238) in Cortina d'Ampezzo empfohlen. Hier findet man zum Abschied die besten Weine der Region Veneto sowie vorzügliche Pilzgerichte, Wildbret und hausgemachtes Eis. Und wer danach keine Lust mehr hat weiterzufahren, ist hier gut aufgehoben.

WO LIEGT PADANIA?

DER UNRUHIGE NORDOSTEN

Im Nordosten Italiens, insbesondere im Veneto, erstarkten in den letzten zehn Jahren separatistische Bewegungen, die Ende der achtziger Jahre in der von Umberto Bossi angeführten politischen Organisation Lega Nord aufgingen, heute aber verstärkt in Opposition dazu treten. Der «leghismo» – unter diesem Begriff werden die einzelnen separatistischen Bewegungen Norditaliens sprachlich verklammert – ist nach einer Phase großer politischer Erfolge in die Krise geraten. Der Spaltpilz und die Opposition gegen die zentralistische Führung machen sich breit, radikale Strömungen fordern einen separatistischen Alleingang des Veneto.

19. Mai 1997: Um Mitternacht besetzt eine Gruppe von acht bewaffneten Männern den Campanile von San Marco in Venedig. Den Transport ihres panzerähnlichen Fahrzeuges auf den Markusplatz hatte die «Veneto Armata Serenissima», so nennt sich die Gruppe, durch die Entführung eines Vaporettos samt Fahrgästen erzwungen. Der ganze Spuk dauerte wenige Stunden, bereits am

nächsten Morgen, kurz nachdem die Besatzer über einen eigenen Sender die Gründung einer Regierung des unabhängigen Venetiens verkündet haben, werden sie von einer Spezialeinheit der italienischen Polizei verhaftet.

Die Besatzer, Kleinunternehmer, Handwerker, Arbeiter, Studenten, erklären, dem Kommando eines «Veneto Serenissimo Governo (Regierung)» zu unterstehen, unter dessen Namen bereits im Vorfeld der Aktion von San Marco mehrfach Nachrichtensendungen des Staatsfernsehens RAI mit separatistischen Botschaften unterbrochen wurden, ohne daß die Polizei den Sender hätte ausmachen können.

Während der Verhandlungen in Mestre kommt es wiederholt zu Zusammenstößen zwischen Polizei und Separatisten vor dem Gerichtsgebäude und zu gewaltsamen Auseinandersetzungen zwischen Anhängern der «Serenissimi», so werden die acht Besatzer des Campanile von San Marco bald in der Öffentlichkeit genannt, und Gegendemonstranten aus der autonomen Szene. Es häufen sich wortreiche Solidari-

Immer wieder neue Provokationen
der Leghisten

tätsbekundungen von Bürgern, die stolz auf die Identität des «Volkes des Veneto» verweisen; man führt erfolgreich Sammelaktionen zur Unterstützung der Familien der Inhaftierten durch, während die im Gerichtssaal zugelassenen Medien die separatistischen Erklärungen der «Serenissimi» verbreiten. Die Berichterstattung in der lokalen Presse wird von Prozeßtag zu Prozeßtag verständnisvoller gegenüber den Verteidigern der Aktion.

Derweil bestätigen auch die Ermittlungen, was man schon vorher wußte: Die Männer von der «Veneta Armata Serenissima» sind keine isolierten Spinner, sondern Teil eines dichten Netzwerkes, das in der Mitte der Gesellschaft entstanden ist. Es kommt zu über zwanzig Verhaftungen im Raum Padova, dabei wird ein zweites, panzerähnliches Fahrzeug beschlagnahmt. Werkstätten und Wohnungen von Handwerkern, Unternehmern, Arbeitern werden durchsucht. Die Funde weisen darauf hin, daß weitere spektakuläre Aktionen geplant waren, so zum Beispiel die Zerstörung des Reiterstandbildes von Vittorio Emanuele II., König des 1861 gegründeten italienischen Einheitsstaates, eine Aktion, die ebenfalls in Venedig stattfinden sollte.

Während des Prozesses gegen die acht «Serenissimi», die «Erhabenen», wie die Lokalpresse bald schlagzeilengerecht titelt, verfolgt Verteidiger Luciano Gasperini die Strategie der Verharmlosung: Er erklärt den «Tanko», das panzerähnliche Fahrzeug, zu einer «Allegorie», den Flammenwerfer zur Attrappe und das Maschinengewehr zur «alten Büchse», die ganze Aktion zu einer symbolischen Geste, mit der man auf die Probleme der Region aufmerksam

machen wollte, und plädiert insgesamt auf Freispruch.

Die gegen die Besatzer von der Staatsanwaltschaft vorgetragene Liste der Anklagepunkte erinnert aber an die Prozesse gegen die terroristischen «Brigate Rosse» in den siebziger Jahren, das Prozeßszenario ebenfalls. In einer für italienische Verhältnisse einmalig kurzen Prozeßdauer, etwas mehr als einen Monat nach dem Vorfall, werden die Urteile gefällt: Fünf der Beteiligten, zwischen 30 und 54 Jahre alt, erhalten Gefängnisstrafen zwischen 4 und 6 Jahren, die drei jüngeren Männer, zwischen 20 und 28 Jahren, werden jeweils zu vier Jahren und neun Monaten verurteilt, wobei die Strafe in verschärftem Hausarrest zu verbüßen ist. In allen Fällen werden die Anträge der Staatsanwaltschaft unterschritten, im Falle der jüngeren Angeklagten um die Hälfte. Man will offensichtlich keine Märtyrer schaffen.

Spaltung des «leghismo»

Umberto Bossi, politischer Führer der Lega Nord, kommentiert vor laufenden TV-Kameras das Urteil als «gemäßigt», daraufhin hagelt es heftige Proteste im Parteibüro. Zwischen dem «lumbard» (Lombarden) Bossi und der leghistischen Basis des Veneto stehen Welten, jedenfalls die eines Venetos «in rivolta». Schon kündigen die «militanti» der Liga Veneta einen politischen Alleingang an: «Bossi ist jetzt wohl ein Christdemokrat! Wenn die Lega gegen dieses Urteil nicht mit auf die Straße geht, dann machen wir es allein, unter der Fahne des Löwen!» Bereits während des Prozesses widersetzten sich die politischen Führer der Liga Veneta der Anweisung Bossis, nicht an den Verhandlungen teilzunehmen und sich mit öffentlichen Solidaritätserklärungen zurückzuhalten.

Diese aktuelle Spaltung des «leghismo» wurzelt in der Vergangenheit: Die Liga Veneta, «madre di tutte le leghe», wie einer ihrer Gründer stolz erklärte, und die Lega Lombarda standen von Anfang an in Konkurrenz um die Führung des «leghismo». Dabei setzte sich schließlich die Lega Lombarda unter Umberto Bossi durch und dominierte die übrigen autonomistischen Bewegungen Norditaliens. Die beiden Seelen der Lega Nord, während der Phase des politischen Wandels in den frühen neunziger Jahren zusammengewachsen, haben sich inzwischen auseinandergelebt. Das liegt in erster Linie auch daran, daß der Hauptanteil der leghistischen Wähler zunehmend im Nordosten angesiedelt ist, während die politische Führung von «lumbardi», den Veteranen der Lega Lombarda, dominiert wird.

Während Roberto Maroni, leghistischer Innenminister der Regierung Berlusconi und engster Vertrauter Bossis, noch tröstet: «Die Padania bringt Freiheit für die politischen Gefangenen der ‹Veneto Armata Serenissima›», votiert inzwischen ein wachsender Teil der Leghisten aus dem Veneto für einen separatistischen Alleingang des «Popolo dei Veneti».

«I Patrioti Veneti» – dieses Thema wird nicht allein von der Liga Veneta monopolisiert. In Venetien gibt es allein acht autonomistische und separatistische Organisationen, die alle nach 1983 als Abspaltungen aus der Liga Veneta hervorgegangen sind.

«Questione veneta»

Kustion veneta (questione veneta), unter diesem Titel kursiert in Venetien gerade eine Broschüre, die öffentliches Aufsehen erregte. Darin äußert sich ein Anonymus unter dem Pseudonym «Gustin Bartoldo», dem Namen eines Widerstandskämpfers gegen die napoleonische Besatzung 1797, zu den Problemen der Region Veneto. Die Broschüre entwickelt nicht nur die glorreiche Geschichte der Seerepublik Venedig und die verworrene der Liga Veneta, sondern versucht auch, eine ethnische Identität des «Volkes der Veneter» zu konstruieren, welches die heutigen Regionen Trentino, Veneto und Venezia Giulia, aber auch Istrien und Dalmatien einschließen soll – eine «Internationalisierung» der «questione veneta», deren Folgen noch nicht abzusehen sind. «Kustion veneta» ist eine kritische Auseinandersetzung mit der Geschichte des «leghismo» in Venetien, wobei der anonyme Autor darstellt, wie unter der Führung Bossis und der Lega Nord die «nationalen Interessen» der Veneter auf der Strecke blieben.

Auch wenn die Argumentation weder historisch noch politisch stichhaltig ist, zeigt sie, in welchen Kontext die Aktion der «Serenissimi» auf dem Markusplatz einzuordnen ist. Die symbolische Besetzung des Campanile von San Marco mit scharfer Munition und der Prozeß gegen die Besatzer mit umsichtigen Urteilen machen in gleicher Weise deutlich, daß es hier im Nordosten einen Notstand gibt, der nach politischen Lösungen verlangt.

«Padania» – eine Lösung?

9. September 1997: In einem feierlichen Akt erklärt die Führungsriege der Lega Nord die Unabhängigkeit der Bundesrepublik Padania und verliest eine vorläu-

fige Verfassung. Wasser aus der Quelle des Po wird theatralisch in die Lagune gegossen, Menschenketten entlang des Po sollen die Bürger von «Padania» zusammenschließen. Neue Pässe der «Padania» werden ausgegeben. Im Becken von San Marco tuckern vollbeladene Schiffe mit fahnenschwingenden Lega-Nord-Anhängern, während Bossi verkündet, diesem symbolischen Akt folge in einem Jahr die endgültige Abtrennung, sofern Rom nicht auf die Forderung nach Unabhängigkeit der «Padania» reagiere. Und zum erstenmal in der Geschichte seiner separatistischen Rhetorik weist Bossi die Grenzen dieses neuen Staates aus.

Was leicht als operettenhafte Folklore und telegene Schmierenkomödie abgewertet oder gönnerhaft bis entschuldigend dem italienischen Hang zum «spettacolo» zugeschrieben wird, ist tatsächlich Ausdruck tiefgreifender Spannungen in der Region. Diese werden von der Lega Nord mit politischem Kalkül aufgegriffen und als Forderung nach Unabhängigkeit «kommuniziert», wobei man die Muster der Identitätsbildung der Nationalstaaten des 19. Jahrhunderts kopiert. Das politische Unternehmen Lega Nord betreibt medienwirksam symbolische Politik, um sich in einer inzwischen gewandelten politischen Arena als «politischer Anbieter» zu halten.

Umberto Bossi, erfolgreicher Unternehmer in Sachen Politik, schuf bereits Anfang der neunziger Jahre durch den Zusammenschluß der einzelnen, noch unbedeutenden Autonomiebewegungen Norditaliens zur Lega Nord eine effiziente Organisation, die vorübergehend zum Motor des politischen Wandels in Italien wurde. Bossi war der «rechte Mann zur rechten Zeit am rechten Ort». Er verpaßte den geschichtstümelnden, folkloreträchtigen und bei den Wählern bis Mitte der achtziger Jahre höchst bescheidene Erfolge erzielenden «Leghe» ein neues Profil: Unter der Dachorganisation der Lega Nord wandelten sich die lokalistischen, ethnodemokratisch, kompromiß- und koalitionsfeindlich orientierten Bewegungen erst zu einer radikalen Opposition gegen die politische Klasse der Ersten Republik, dann zu einer Reformpartei mit nationalem Auftrag. Zwischen 1992 und 1994 war die Lega Nord auf dem besten Wege, zu einer Massenpartei des Nordens zu werden; sie galt als Hoffnungsträger all derer, die sich von den traditionellen Parteien, insbesondere von der Democrazia Cristiana, abwandten und unter dem Druck des europäischen Einigungsprozesses eine Modernisierung des Staates, der Politik und der Wirtschaft anstrebten.

Die Lega Nord, selbst Produkt der Krise des politischen Systems, stieß in das nach dem Niedergang der Christdemokraten (DC) und Sozialisten entstandene Vakuum und etablierte sich im Norden als alternative politische Kraft; sie organisierte den Protest der Bürger gegen die ineffizienten und zu kostenträchtigen Institutionen des Staates, gegen korrupte Politiker und wachsenden Steuerdruck. Die Lega Nord entwickelte sich unter diesen Bedingungen auch zur Interessenvertretung der Schicht der sogenannten «nuovi produttori» der industrialisierten Peripherie, insbesondere des Nordostens, deren politische Heimat die DC war.

Erst mit dem Auftreten neuer politischer Anbieter – Berlusconi mit seiner virtuellen Partei Forza

Italia, Fini mit der postfaschistischen Alleanza Nazionale, schließlich Romano Prodi mit der Mitte-Links-Koalition «L'Ulivo» – endete der scheinbar unaufhaltsame Aufstieg Umberto Bossis und seines Politunternehmens. Nach dem Regierungszwischenspiel an der Seite von Forza Italia und Alleanza Nazionale verliert die Lega Nord ab 1995 die Wähler der großen Städte, ist schließlich auf den frühen Entstehungsraum der Lega Lombarda und der Liga Veneta, auf die Peripherie der Voralpenzone des Nordens und Nordostens verwiesen. Parallel zu dieser Entwicklung intensiviert Bossi die sezessionistische Agitation und kündigt einen kompromißlosen Kurs gegenüber dem rechten wie dem linken Pol an.

Verpaßte Chancen
Auch wenn es Bossi nicht gelingt, das Zünglein an der Waage einer Mitte-Rechts- oder Mitte-Links-Koalition zu spielen, ist das politische Gewicht des «leghismo» nicht zu unterschätzen. Die «questione settentrionale» – «die Problemzone Nord» – ist heute ein zentraler Topos italienischer Politik. Das hängt damit zusammen, daß die Lega Nord nach wie vor präsent und noch stärker als früher ist, tatäschlich aber zu keiner realen Veränderung beiträgt. Sie repräsentiert in einem geopolitisch klar umrissenen Raum (Voralpengürtel, damit Teilen der Regionen Piemont, Lombardia, Veneto, Friuli, Venezia-Giulia) vier Millionen Wähler. Auf nationaler Ebene verfügt die Lega Nord über knapp zehn Prozent der Stimmen, in Norditalien sind es bereits zwanzig, in der Lombardei 25 und im Veneto 30 Prozent der Wähler. Als stärkste Partei des Nordens ist die Lega mit einer

Fraktion von sechzig Abgeordneten im Parlament und dreißig im Senat vertreten; sie ist damit die stärkste politische Kraft eines Territoriums, das zu den ökonomisch erfolgreichsten Italiens und Europas gehört. Die Lega spiegelt die in diesem Raum vorhandenen Widersprüche und Mißstände in der Beziehung zwischen Gesellschaft, Parteien und Institutionen und verzeichnet dort den größten und traditionsreichsten Konsens, wo unter günstigen Bedingungen und im nationalstaatlichen Kontext ein schneller Reichtum zu erwirtschaften war. Betrachtet man die Entwicklung des «leghismo» der letzten zehn Jahre, so fällt auf, daß nach wie vor dieselben Provinzen den höchsten Konsens für die Lega verzeichneten; dabei konnten dort die Prozentzahlen zwischen 1990 und 1996 um ein Vielfaches gesteigert werden.

Im Veneto sind es die Provinzen Vicenza, Treviso und Belluno, in der Lombardei Bergamo, Varese, Sondrio und Brescia, im Piemont Cuneo und Vercelli. Dieser geopolitische Raum verfügt über die höchsten wirtschaftlichen Zuwachsraten Italiens und Europas.

Boomregion
«Willkommen im Wirtschaftswunder», Alessandro Riello, Präsident der Vereinigung junger Unternehmer des Veneto, deutet eine Verbeugung an; sie gilt wohl weniger den Interviewpartnern als den Leistungen der dynamischen Region.

«Stellen Sie sich vor, zwölf Betriebe aus dem Veneto sind unter den 23 erfolgreichsten kleinen und mittleren Betrieben Europas vertreten, das ist in der Zeitschrift ‹Capital› nachzulesen. Der Nordosten, die industrielle Peripherie, exportiert genausoviel wie der

209

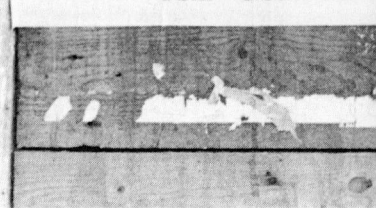

Der unruhige Nordosten wartet auf längst fällige Reformen

Nordwesten mit Mailand, Turin mit Fiat und Pirelli. Daß die Außenhandelsbilanz Italiens einigermaßen ausgeglichen ist, verdankt man dem Triveneto! Vicenza hat 1995 genausoviel exportiert wie Griechenland und zusammen mit Treviso etwa soviel wie Argentinien! In der Kleinstadt Rossano Veneto, und das ist nur ein Beispiel, gibt es in jeder zweiten Familie einen Betrieb. Belluno boomt, genauso wie Triest, das man noch vor zehn Jahren als

Altersheim Italiens bezeichnete! Stellen Sie sich das mal vor!»

Zugegeben, es ist nicht leicht, dieses «Wunder» zu erklären. Noch in den sechziger Jahren emigrierte man aus dem Triveneto in den Nordwesten oder in die industrialisierten Zentren Europas, arbeitete dort in den Fabriken, wurde Zimmermädchen oder Kellner in den Touristenzentren, eröffnete Eisdielen, die man «Venezia», «Cortina» oder «Dolomiti» nannte. Der Veneto galt bis

211

Anfang der neunziger Jahre als Hochburg der Christdemokraten, Bastion der katholischen Kirche und gewiß nicht als Speerspitze der Modernisierung.

Wie hat diese Region, aus der mehr als ein Drittel der gesamten Arbeitsemigranten Italiens kamen – in einem Jahrhundert waren es über fünf Millionen und damit nur eine Million weniger als die heutigen Einwohner der Region (ca. 6 500 000) –, wie hat es diese noch in den siebziger Jahren vorwiegend agrarische Region geschafft, zur Lokomotive Italiens und Europas zu werden?

«Durch Arbeit», lächelt Riello und fügt hinzu: «Sgobbare, sgobbare, sgobbare!», was soviel wie «schuften» bedeutet. «Uns hat man nichts geschenkt; was wir heute sind, das haben wir aus eigener Kraft geschafft!» Eine Vielzahl von Beispielen scheint ihm recht zu geben. Und die Firmengeschichte des erfolgreichsten der Unternehmen des Triveneto wirkt wie ein Musterknabe in Sachen Arbeitsethik.

Luciano Benneton, Symbol des Wirtschaftswunders des Nordostens, wehrt sich jedoch gegen Mythenbildung und vorschnelle Erfolgsrezepte: «Wir hier im Veneto haben nur nachgezogen – eine Spätzündung sozusagen; das, was in der Lombardei oder im Piemont in den sechziger Jahren passiert ist, das hat sich hier Ende der Achtziger ereignet. Und wir hatten Glück! In dem Moment, als es darum ging, die Auslandsmärkte zu erobern, kam die Abwertung der Lira, das war 1992. Und danach war die Lokomotive nicht mehr zu stoppen. Natürlich gibt es hier in der Region Vorzüge, Risikobereitschaft zum Beispiel, innovative Kraft, Familienzusammenhalt, aber das hat nichts mit

einem Modell zu tun. Hier wurde der Wohlstand nicht geplant, er hat sich ‹wild› entwickelt.»

«Wildes Wachstum» – wer die Straßen zwischen Manzano, San Giovanni al Natisone und Corno di Rosazzo passiert, kann es besichtigen: Hier werden mehr als achtzig Prozent der italienischen Stühle und ein Drittel ganz Europas produziert. «Promosedia» heißt der Zusammenschluß der einzelnen Fabrikanten und Kleinproduzenten der Zone. 800 sind es, sie geben etwa 15 000 Menschen Arbeit, fast alle Einwohner der genannten Orte haben etwas mit der Stuhlproduktion zu tun. Die deutsche Konkurrenz ist vor dieser Übermacht in die Knie gegangen und hat sich letztlich auf die Vermarktung der Produkte von «Promosedia» konzentriert.

Dezentrierung, Differenzierung der Produktion und der Arbeitsverhältnisse, das sind die erkennbaren Strukturen. Eine moderne und erfolgreiche Form des «Industriedistrikts» ist hier entstanden. Produziert wird mit Robotern in riesigen Werkhallen oder – «in der Familie», wo man vielleicht in der Garage nur ein bestimmtes Teilstück zu einem einzelnen Stuhltyp herstellt. Sandro und Roberto Lovato gehören zu den Unternehmern, die mit computergesteuerten Maschinen arbeiten. Eineinhalb Millionen Stühle verlassen jährlich ihre Werkshallen, fast alle gehen nach Deutschland, Frankreich und Skandinavien.

Auch Anna Zanon hat sich selbständig gemacht; zusammen mit den beiden Töchtern stanzt sie Abdeckkappen für eine Stuhlserie, die in der Fabrik, wo ihr Mann arbeitet, montiert werden. «Unternehmertum ist hier ansteckend», sagt sie, «man traut sich, weil man sieht, daß es auch die anderen machen. Und wenn es nicht klappt, dann denkt man wieder neu nach und macht was anderes, wird besser. Hier will man arbeiten!»

Ein Ausflug in das «Land der Schuhmacher» entlang der Brenta zwischen Padova und Venezia zeigt ein ähnliches Bild. Zwischen Strà, Fiesso, Fossò, Vigonovo stehen nicht nur die herrlichsten Palladio-Villen und die besten Fischrestaurants, hier produziert man auch fast zehn Millionen Paar Schuhe, fast achtzig Prozent davon gehen ins Ausland. Die dazugehörigen riesigen Fabriken sucht man vergebens. «Hier ist jedes Haus Teil der Fabrik. Dazwischen gibt es ein unsichtbares Fließband; in der einen Garage wird Leder zugeschnitten, die andern produzieren am Küchentisch Schnallen und die nächsten Absätze! Unternehmen, die Anfang der neunziger Jahre noch hundert Beschäftigte hatten, haben um zwei Drittel reduziert, dafür ist hier fast jede Familie ein Kleinunternehmen geworden. Und davon haben bisher alle profitiert! Das ist so etwas Ähnliches wie die Demokratisierung des Wohlstands», erklärt Giorgio Lago, der als Chefredakteur der Regionalzeitung *Il Gazzettino* diese Entwicklung genau verfolgt hat.

Folgt man den Ökonomen und Soziologen, die sich mit dem «Mito Nordest», dem Mythos des erfolgreichen Nordostens, auseinandergesetzt haben, sind folgende drei Faktoren für den Boom verantwortlich: persönliche Leistungsbereitschaft, Kreativität und Innovationskraft im Auffinden von Nischen und ein soziokulturelles Umfeld, das die ersten beiden Faktoren verstärkt und mögliche negative Folgen abfedert. Der unter diesen Bedingungen entstehende Wettbewerb bündelt die Kräfte; es kommt zu einem fruchtbaren Wechselspiel von Konkurrenz und informeller Kooperation.

«Malessere» – alte und neue Probleme

«Wildes Wachstum» – der Soziologe Ilvo Diamanti ist Spezialist in Sachen «Il male del Nord», und die Probleme des Nordostens hat er genau studiert. «Zu den für das ökonomische Wachstum günstigen Bedingungen gehörte vor allen Dingen die ‹informelle Deregulierung›: Lokale Politiker und Administrationen, meist Christdemokraten, begünstigten durch fehlende Kontrolle und Steuerung die dynamische Entwicklung; dafür genossen sie die Gunst der Wähler.» Die «Take-off-Phase» der Industrialisierung fand in diesem geschützten Raum gegenseitiger «Unterstützung» durch «In-Ruhe-Lassen» statt.

Die «Boomphase» macht jedoch die Grenzen dieses «Deals» deutlich: Die Straßen sind hier noch nahezu dieselben wie vor zwanzig Jahren. Auch Schulen, Krankenhäuser, die Verwaltung haben mit der ökonomischen Entwicklung nicht Schritt gehalten. Statt dessen erhöhte sich der fiskalische Druck. Zunehmende Kontrollen gefährdeten die Vorteile, wozu Steuerhinterziehung, Umgehung von Sozialabgaben und Tarifverträgen, Mißachtung von Arbeitsschutz- und Umweltgesetzen gehören.

«Il Far West» – mit diesem Etikett belegten Kritiker bald das unkontrollierte Wachstum dieser Region. Die «Nuovi produttori sind wohl aus eigener Kraft hochgekommen, sie können jedoch nicht aus eigener Kraft Straßen bauen, ineffiziente Verwaltungen, Schulen und Universitäten refor-

213

mieren, sie können nicht alleine Polizei und Justiz neu ordnen und Investitionen in Forschung und zum Schutz der Umwelt vornehmen. Zu den alten Strukturproblemen kamen mit dem Wohlstand neue hinzu: Umweltzerstörung, Auflösung familiärer Bindungen, wachsende Kriminalität, Drogenabhängigkeit, illegale Einwanderung – aber es fehlte eine politische Führungsschicht, die diese spezifischen Probleme der Region auf die Agenda der Regierungspolitik in Rom bringt», erklärt Ilvo Diamantí.

Frustrationen und Protest

Die Frustrationen, die sich aus dem Mißverhältnis zwischen ökonomischer Bedeutung und politischer Durchsetzungskraft ergeben, schlugen zwischen 1995 und 1997 in wachsende Sezessionsbereitschaft um. In Norditalien sind inzwischen 23 Prozent der Bürger der Meinung, daß die Unabhängigkeit des Nordens wünschenswert und von Vorteil wäre, dreißig Prozent glauben, daß diese Lösung inakzeptabel, aber von Vorteil sei. Für die Option Föderalismus – entweder auf der Grundlage der bestehenden Regionen oder der noch zu schaffenden Großregionen – sind in den Regionen Valle d'Aosta, Piemont und Ligurien 24 Prozent; in der Lombardei stimmen 32 Prozent dafür und im Nordosten (Trentino, Alto-Adige, Veneto und Friuli) 38 Prozent.

Die Lega Nord als «das Neue in der Politik» versprach den «nuovi produttori» politische Repräsentation und Durchsetzung der Interessen. Der von Bossi gemixte Cocktail aus Lokalismus, Antizentralismus, Föderalismus, aus Steuerprotest, Neoliberalismus und Antietatismus gefiel den Wählern der industrialisierten Peripherie.

Aber der nach dem Regierungszwischenspiel an der Seite Berlusconis und Finis eingeschlagene isolationistische Kurs der Lega Nord und eine Reihe von relativ wirkungslosen symbolischen Aktionen führten schließlich zum Vertrauensverlust. Die Wirkungslosigkeit der politischen Rhetorik Bossis und das Ausbleiben der eingeforderten Reformen schüren im Nordosten den Protest, der sich radikalisiert, aber auch neue politische Bewegungen hervorbrachte.

Neue politische Akteure

Die militante Aktion der «Serenissimi» steht in diesem Zusammenhang. Die Männer waren entweder früher Mitglieder der Lega Nord oder der Gruppe «Life», einer Schutzgemeinschaft von Unternehmern, die sich im organisierten Widerstand gegen Steuerbehörden üben. Zwischen «Life» und der «Lega di Bossi», wie die Leghisten aus dem Veneto abfällig die Lega Nord inzwischen nennen, gibt es nach dem Ausschluß der Liga-Veneta-Veteranen Gianfranco Rocchetta und Marilena Marin aus der Lega Nord keine Gemeinsamkeiten mehr. Die Selbstorganisation der «produttori» signalisiert, daß die Lega Nord trotz ihrer Wahlerfolge im Nordosten nicht mehr als unumstrittene Interessenvertretung anerkannt ist.

Der «leghismo» kann offensichtlich auch außerhalb der Lega Nord gedeihen. Der Soziologe Ilvo Diamantí deutet ihn als neue Subkultur dieser Region. Die Krise der politischen Repräsentation nach dem Zusammenbruch der Christdemokratischen Partei habe seine Etablierung genauso gefördert wie der traditionelle Lokalismus und die durch den ökonomischen Boom entstandenen und von der Politik «unbearbeiteten» Probleme des Nordostens.

Die Lega, und darin ist ihre ganz spezifische Stärke zu sehen, hat als erste auf die neuen Bedürfnisse und Interessen dieser Region reagiert. Ihre starke Position im Nordosten ist in erster Linie darauf zurückzuführen, daß die anderen Parteien «il malessere» nicht adäquat thematisierten oder gar nicht erkannten. Aber das hat sich inzwischen offensichtlich geändert, und damit scheint das Monopol der Lega Nord am «leghismo» zu schwinden.

Die parteiübergreifende «Bewegung der Bürgermeister des Nordostens», unterstützt durch eine intensive Öffentlichkeitsarbeit der Regionalzeitung des Veneto *Il Gazzetino*, signalisiert eine neue Qualität der politischen Repräsentation. Es handelt sich dabei um einen Zusammenschluß von Bürgermeistern der Region – von kleinen Kommunen bis zu großen Zentren, wie zum Beispiel Venedig, die geschlossen Einfluß nehmen wollen auf die Mitte-Links-Regierung. In dem der Regierung Prodi vorgelegten Forderungskatalog stehen an vorderster Stelle der Steuerföderalismus und die Stärkung der Autonomierechte der Kommunen.

Giorgio Lago, ehemaliger Chefredakteur des *Gazzetino* und Verfasser des Buches *Nordest chiama Italia* (Der Nordosten ruft Italien), skizziert mit wenigen Strichen die Problemzonen und nennt mögliche Lösungen: «Dem Veneto fehlt eine politische Führung; solange nur die Lega Nord als Interessenvertreter agiert, gibt es weder eine Reform des Zentralstaates im Sinne des Föderalismus noch infrastrukturelle Verbesserungen in der Region. Bossi spielt mit der Frustration und Wut, die es hier im Nordosten massiv gibt. Der Lega fehlt jedoch der politische Horizont und der Wille, tatsächlich eine Reform des Staates in Angriff zu nehmen. Das könnte sich bald gegen sie selbst richten.»

Massimo Cacciari, Bürgermeister von Venedig, unterstützte an vorderster Stelle die «Bewegung der Bürgermeister» und hoffte noch vor kurzem, die Lega in einen Reformprozeß einbinden zu können. Die strikte Verweigerungshaltung Bossis führte inzwischen jedoch zu einer neuen Strategie: L'Ulivo wie auch der PDS diskutieren die Gründung einer regionalen Partei, welche mit der Lega konkurrieren soll. Die Subkultur des «leghismo» aufweichen, das wird nicht so leicht gelingen. Und je länger es dauert, bis der Föderalismus realisiert ist, desto stärker wuchern die Wurzeln des «leghismo». Und, wie bereits Roberto aus der Bar in der Nähe von Vicenza erklärte: Der «leghismo» hat nicht unbedingt was mit der Lega Nord zu tun. Die Reanimation der Autonomieforderungen des Veneto, wie sie bereits Anfang der achtziger Jahre von der Liga Veneta vorgetragen wurden, zeigt, daß sich hier im Nordosten wenig verändert hat. Um so drängender stellt sich jetzt die Frage, wie die separatistischen Kräfte kanalisiert und die sozialen und ökonomischen Probleme gelöst werden können.

Die neue politische Führung des Veneto? Dazu gehören gewiß nicht die «Serenissimi» und ihr «Governo», aber die politischen Führer der Lega Nord inzwischen genausowenig, wie es scheint. Solange das Problem der politischen Repräsentation ungelöst ist, wird es in der Region unruhig bleiben.

INFOTEIL

VENEDIG VON A – Z

Anreise

Die gleichbleibend hohen Übernachtungspreise signalisieren, daß Venedig rund ums Jahr Saison hat. Von Mai bis September überschwemmen Tagesbesucher die Sehenswürdigkeiten zwischen San Marco und Rialto, die «Peripherie» Venedigs ist davon kaum berührt. Frühjahr und Herbst sind angenehmere Reisezeiten, ein mildes Klima lädt zum ersten oder letzten Bad am Lido oder zu Ausflügen in die Lagune ein. Im Sommer liegt die Durchschnittstemperatur bei 23 Grad Celcius, steigt mit dem Schirokko zur bleiernen Schwüle an. Recht häufige Sommergewitter bringen jedoch etwas Abkühlung. Der Oktober kann leicht verregnet sein, und die Hochwassersirenen warnen vor «acqua alta». Wer um diese Zeit länger bleiben will, sollte Gummistiefel mitnehmen. Im Winter kann Venedig mitunter sehr kalt werden, auch wenn die Durchschnittstemperatur bei etwa 4 Grad liegt. Regenärmster Monat ist der Februar; bei Temperaturen um Null gibt es häufig den so strahlenden venezianischen Himmel. Überhaupt ist der Winter die schönste Reisezeit, vom Karnevalsrummel einmal abgesehen. Und wer die Einsamkeit liebt und es hinnimmt, daß nur wenige Restaurants, Cafés und Geschäfte geöffnet haben, der kommt am besten «zwischen den Jahren» nach Venedig.

Auskünfte, Prospekte und Hotelverzeichnisse sind erhältlich in den Büros des Staatlichen Italienischen Fremdenverkehrsamtes (ENIT):

Deutschland:
40212 **Düsseldorf**, Berliner Allee 26, Tel. 0211/132231/32, Fax 134094.

60329 **Frankfurt/Main**, Kaiserstr. 65, Tel. 069/259126 oder 237430, Fax 232894.

80336 **München**, Goethestr. 20, Tel. 089/530369, Fax 534527.

Österreich:
1010 **Wien**, Kärntnerring 4, Tel. 0222/5054374 oder 5051639, Fax 5050248.

Schweiz:
8001 **Zürich**, Uraniastr. 32, Tel. 01/2113633 oder 2113634, Fax 2113885.

Mit dem Zug

Am bequemsten erreicht man Venedig mit dem Zug. Die großen deutschen, schweizerischen und österreichischen Städte haben Direktverbindungen (Züge mit Liege-, Schlaf- und Speisewagen) nach Venedig. Der Bahnhof **Santa Lucia** (Tel. 715555) steht direkt am Canal Grande; von hier aus kann man mit dem Vaporetto alle Stadtteile erreichen.

Mit dem Auto

Wer mit dem Auto kommt, kann auf der Parkinsel Tronchetto einen Abstellplatz finden und von dort aus direkt mit dem Vaporetto weiterfahren; die Angebote der Wassertaxis sollte man unbedingt genau prüfen. Die **Parkhäuser** am Piazzale Roma sind bequemer, aber auch um etliches teurer. Auf keinen Fall sollte man sein Fahrzeug unbewacht unter dem Bereich von Piazzale Roma abstellen. Ist das Auto verschwunden, dann gibt es generell zwei Möglichkeiten: Es ist abgeschleppt oder gestohlen worden. Man meldet sich beim Notruf 113, bei der Questura: Tel. 2715511 oder bei der Abteilung «gestohlenes Auto»: Tel. 5236 6591. Falls man über den Abschleppdienst tippt, fragt man beim den **Vigili Urbani** (Städtische Verkehrspolizei) nach: Zentrale Telefonnummer 2748783. Parkmöglichkeiten gibt es in Mestre, mit Bus oder Bahn erreicht man von dort aus das Centro Storico; von San Giuliano (bei Mestre) aus nimmt man die Bootslinie 24 zur Fondamenta Nuove.

Es gibt mehrere Alternativen zur Anreise über die Autobahnstrecke Brenner–Verona und Verona–Venedig. Bei Trento kann man die gutausgebaute Strada Stratale (SS) 47 durch die Valsugana (oberes Brentatal) wählen, um Bassano, Asolo oder Castelfranco zu erreichen. Landschaftlich reizvoll und nicht sonderlich schwierig ist die Fahrt auf der bei Rovereto abzweigenden SS 46, die durch das Vallansanatal, über den Paß von Pian delle Fugazze (1162 m) und durch das Leogratal bis Schio und Vicenza führt. Wer sich viel Zeit für die Anreise nehmen kann, dem sei die Fahrt durch das Pustertal und die Dolomiten, über Cortina d'Ampezzo, Pieve di Cadore und Belluno empfohlen.

Mit dem Boot

Für Strand- und Campingtouristen gilt Punta Sabbioni (bei Lido di Jesolo) als günstiger Ausgangspunkt für eine Bootsfahrt nach Venedig (Linie 14, Haltestelle San Zaccharia); von Treporti aus nimmt man die Linie 12 zur Fondamenta Nuove. Tagesbesucher aus dem Hinterland können in den Sommermonaten, zu Ostern und während des Karnevals in Fusina parken, die Linie 16 bringt sie direkt zum Zattere.

Mit dem Flugzeug

Über den internationalen **Flughafen Marco Polo** (ca. 16 Kilometer nördlich der Lagunenstadt, Tel. 661262) ist Venedig mit vielen eruopäischen und einigen überseeischen Flughäfen verbunden; mit dem Wassertaxi (ca. 90 DM), Taxi (ca. 80 DM) oder Bus (direkte Airport-Linie Fahrzeit 20 Minuten bis Piazzale Roma, Tarif einfache Fahrt: Nr. 5, ca. 6 DM) geht es dann zum Centro Storico.

Aussichtspunkte

Für «Turmsüchtige» und solche, die sich einen Überblick verschaffen wollen: **Campanile di San Marco**, Piazza di San Marco, Tel. 5224064, täglich von 10 bis 18 Uhr; **Campanile di San Giorgio**, Isola di San Giorgio, Tel. 5289900, täglich 9 bis 12.30 Uhr und 14 bis 17.30 Uhr; **Torre dell'Orologio**, Mercerie, San Marco, Tel. 5231879. Eintritt ca. 5000 Lire.

Auskunft

Zugreisende finden im Touristenbüro der Azienda di Promozione Turistica Venezia im Bahnhof Santa Lucia (Tel. 5298727, Fax 719078) vielfältiges Informationsmaterial. Auf dem Flughafen Marco Polo kann man sich ebenfalls informieren (Tel. 5415887), im Fremdenverkehrsamt an der Piazza San Marco (Tel. 5226356, Fax 5298730) ebenfalls. Dort gibt es auch eine informative Mappe mit kleinem Stadtplan und Übersicht über die öffentlichen Verkehrsmittel, Museen, Ausstellungen, Theater, Kinos, Bibliotheken und Archive.
Jugendlichen sei der spezielle Paß **Rolling Venice** empfohlen, damit wird alles rund um den Aufenthalt in Venedig etwas billiger. Kostenlos kann man in vielen Hotels die Broschüre *Un ospite di Venezia – A Guest in Venice* bekommen; sie enthält kommentierte, aktuelle Veranstaltungshinweise, Fahrpläne, Tarife und nützliche Adressen.

Bahnhof

Station **Santa Lucia**, mitten im Centro Storico, am Canal Grande, Auskunft Tel. 715555 und 1478-88088.

Bars und Cafés

Siehe auch Kneipen (S. 227), Musik (S. 231)

Causin, Campo Santa Margherita 2996, Dorsoduro, Tel. 5236091; äußerlich unscheinbar, bester Stützpunkt, um das Campo-Leben zu erkunden, zudem gibt es hier ein vorzügliches Eis.

Nico, Zattere aí Gesuiti, 922, Dorsoduro, Tel. 5225293; Ponton-Café am Giudecca-Kanal, eindrucksvolle Preise, interessante Gäste, ein Platz zum Dösen, Diskutieren und Sonnenbaden.

Caffé dei Frari, Campo dei Frari, San Polo 2564, Tel. 5241877, 7.30 bis 21 Uhr; jugendliches Publikum.

Bibliotheken und Archive

Biblioteca Nazionale Marciana, Piazetta San Marco 7, Tel. 5208788/ 5210270, 0–19 Uhr, So geschlossen, Ausleihe 9–13 Uhr.

Biblioteca Fondazione Querini Stampalia, Santa Maria Formosa, Castello 4778, Tel. 5203433/5225235, Mo–Fr 16 bis 23.30 Uhr , Sa 14.30–23.30 Uhr, So 15–19 Uhr.

Biblioteca del Museo Correr, Piazza San Marco 52, 8.30–13.30 Uhr, So geschlossen.

Biblioteca della Fondazione G. Cini, Isola di San Giorgio, Tel. 5289900, 9–12.30 Uhr (Sa und So geschlossen).

Archivio Storico delle Arti Contemporanee, Ca'Corner, Santa Groce 2214, Tel. 5218701, 5218711.

Centro Studi di Storia del Tessuto e del Costume, Palazzo Mocenigo, Santa Croce 1992, Tel. 721798, 10–16 Uhr (Di u. Do).

Biblioteca Centrale del Comune di Venezia, Via Miranese 56, Mestre, Tel. 962860.

Biblioteca dell'Archivio di Stato, Campo dei Frari, San Polo 3002, Tel. 5222281.

Videoteca Pasinetti del Circuito Cinema, San Stae, Santa Croce, Tel. 5241320.

Bootsfahrten

Im Katalog *Bootstouren – Europas schönste Riviere* (DERTOUR) kann eine Bootstour durch die Lagune gebucht werden. Eine Ferienwoche auf einem 4-Personen-Boot mit drei Kabinen, Salon, Dusche/WC und Sonnendeck kostet 2000 DM, Liegeplatz ist Chioggia.

Die **Cooperative Limosa**, Via Seismit Doda 25, I-30175 Venezia-Marghera, Tel. 0039/41/932003, Fax 0039/41/5381225, bietet Exkursionen in die Lagunenwelt an. Eine Tagesexkursion kostet pro Person etwa 35 DM. Der Preis für das 3-Tage-Programm mit historischen und ökologischen Schwerpunkten richtet sich nach der Teilnehmerzahl. Für 20 Personen beträgt der Tarif 250 DM pro Person, einschließlich Übernachtung (Lido, an der Küste von Alberoni zwischen Dünen und Pinien), Essen und Eintrittskarten.

Ein **Bootstaxi** ruft man unter den Tel.-Nummern 5232326, 5232303.

Folgende Werften vermieten Boote gegen Zahlung einer Kaution oder Hinterlegung eines Personalausweises:

Luigi Seno, Fondamenta Nani 1375, Dorsoduro, Tel. 5231300.

Oscar Secco, Fondamenta dei Furlani 3255, Santa Croce, Tel. 5231054.

Gianpetro Brussa, Ponte della Guglia 331, Cannaregio, Tel. 715787.

Sport e lavoro, Fondamenta della Misericordia 2508, Tel./Fax 5229535.

Informationen über ökologisch orientierte Führungen in die Inselwelt der Lagune erhält man unter der Tel. 5265721, APT, Lido. Programme und Wegbeschreibungen dieser Ausflüge in die Lagune gibt es bei folgenden Reisebüros:

Agenzia Canaletto, San Marco 4843, Tel. 5225449.

Magic Stone, Campo del Ghetto Vecchio, Cannaregio 1188, Tel. 5240963.

Intras, Piazza San Marco, San Marco 146, Tel. 5224870.

Agenzia Arte & Storia, Santa Croce 659, Tel. 5240232.

Buchhandlungen

Rund um die Universität Ca'Foscari gibt es eine Reihe von gutsortierten Buchläden, wie zum Beispiel:

Cafoscarina, Calle Foscari oder Campiello dei Squelini, Tel. 5229602, 5221865.

Crosera San Pantalon, Calle Crosera 3950, Dorsoduro; spezialisiert auf Musikwissenschaft, Graphik, Naturwissenschaft und Kinderbücher.

Weitere Buchläden:
Fantoni, Salizzada San Luca 4119, San Marco; Kunst, Fotografie, Musik, Ballett.

Libreria Santi Giovanni e Paolo, Barbaria de le Tole, Castello 6358.

Luciano Filippi, Calle della Bissa, San Marco 5458, Tel. 5236916, 8.30 bis 12.30, 15–19.30 Uhr, Faksimiles alter venezianischer Texte.

Libreria Toletta, Sacca Toletta, Dorsoduro 1214, Tel. 5232034, 9–12.45, 13.30–19.30 Uhr, So und im August geschlossen, modernes Antiquariat.

Sansovino, Bacino Orseolo 85, San Marco; wertvolle Kunstbücher, Drucke, alte Stiche.

Busbahnhof

Piazzale Roma, ACTV, Tel. 528786, alle Richtungen.

Comics und Cartoons

Solaris, Strada Nuova 2332, Cannaregio; Science-fiction und anderes.

Einkaufen

Lebensmittel
Billa, Dorsoduro, 1491–1492.

Standa, Cannaregio 3660; Campo San Luca, San Marco 4550; Lido Via Corfù 1/a.

Mago, biologische Lebensmittel, Calle del Cristo, San Polo 2915, 8.30–12.45, 15.45–19.45 Uhr, Mo vormittags geschlossen.

Konditorei / Pasticceria
Colussi il Fornaio, Calle di San Luca, San Marco 4579, Tel. 5222659, 8–13.30, 16.30–20 Uhr, So geschlossen.

Pasticceria Marchini, Ponte San Maurizio, San Marco 2769, täglich geöffnet.

Bäckerei Volpe, Cannaregio 1143, sonntags geschlossen.

Tonolo, Dorsoduro 3764, Tel. 5237209, Mo geschlossen; süße venezianische Köstlichkeiten.

Kunsthandwerk
Ex libris, San Polo 1462, Tel. 5224004, 10–19 Uhr, So geschlossen, Marmorpapier.

Nason, Calle del Fumo, Cannaregio 5306/b, Tel. 5228113, 8–12, 15–19 Uhr, venezianische Spiegel, Masken.

Paolo Olbi, Calle della Mandola, San Marco 3653, Tel. 5285025, 9.30 bis 12.30, 15.30–19.30 Uhr, Mo vormittags geschlossen, Marmorpapier.

Spaziolegno, Castello 3865, Fondamenta del Tintor, kunstvolle Ruderhalterungen.

Valese Fonditori, Calle Fiubera, San Marco 793, Tel. 5227282, 10.30 bis 12.30, 15–19.30 Uhr, So geschlossen, in dieser Gießerei werden u. a. die venezianischen Löwenköpfe produziert.

Veneziartigiana, Calle Larga, San Marco 412, Tel. 5235032, 9.30–23 Uhr zwischen März und November, Kunsthandwerk verschiedenster Art.

Schmuck
Lapis, Calle delle Rasse, Castello 4618, antiker Schmuck.

Paropàmiso, Frezzeria 1701, San Marco, antike venezianische Perlen, seltene exotische Schmuckstücke.

Mode
Venetia Studium, Calle Larga XXII Marzo 2403, Seide.

Rolando Segalin, Calle dei Fuseri, San Marco 4365, Schuhgeschäft.

Dalla Lidia Merletti, Piazza Baldassarre Galuppi 251, Burano, Spitzen.

Atelier Molin, Fondamenta Misericordia, Cannaregio 2497, Tel. 721929, Hochzeitskleider.

Secondhand, Trödel
Mercantino dell'Antiquariato di San Girolomo, 3. Sa des Monats, außer Juli, August.

Mercato di Antiquariato, Campo San Maurizio, 21.–23. März, 19.–21. September, 19.–21. Dezember.

Portobello del Bric-à-Brac, Mestre, Corso del Popolo, 1. Samstag des Monats von Januar bis Juni.

Fahrradverleih
Lido, Öffnungszeiten 9–19.30 Uhr, im Winter geschlossen.

Giorgio Barbieri, Via Zara, Tel. 5261490.

Bruno Lazzari, Gran Viale Elisabetta 21b, Tel. 5268019.

Feste und Feiertage
In Venedig liebt man immer noch das Feiern. Neben den traditionellen Festen hat die Tourismusindustrie einige wiederbelebt.

6. Januar
Bei uns Dreikönigstag, auf der Insel Sant'Erasmo feiert man «Berolon», in ganz Italien «La Befana», ein Fest für die Kinder, die kleine Geschenke bekommen; ein Strohfeuer wird entfacht.

Februar, März
Karneval, inzwischen ein internationales Muß für Narren und Narzisse; bis zu 150000 Menschen an einem Karnevalstag wurden schon gezählt.

März
An einem Sonntag des Monats (wird jeweils festgelegt) findet der Volkslauf «Su e zo per i ponti» die Brücken rauf und runter statt, ein Familienver-

gnügen, das inzwischen Jogger aus dem gesamten Veneto anzieht.

25. April

«Festa di San Marco», früher ein Staatsakt, heute gibt es eine Prozession zur Markusbasilika. Auch heute noch pflegt der Venezianer die Tradition, an diesem Tag der Geliebten, Ehefrau oder Freundin eine Rosenknospe zu überreichen. Zu Ehren des Heiligen gibt es auch einen Wettkampf der Gondolieri zwischen der Punta della Dogana und Sant'Elena.

Mai

In den ersten Maitagen feiert man auf Cavallino ein Spargelfest, die «Festa della Sparesea». In der Lagune wird eine Regatta der «pupparini», der kleinen Boote, veranstaltet und auf dem Land ein Volkslauf.

Im Mai finden mehrere Regatten statt, die bedeutendste ist die «Vogalonga», an der alle Bootstypen, die gerudert werden, teilnehmen. Es ist weniger ein Wettkampf als eine gemeine Spazierfahrt durch die Lagune, rund um die Stadt, an den Vignole vorbei, in Richtung Burano und dann wieder zurück in das Becken von San Marco.

Mai / Juni

Je nachdem, wie Himmelfahrt fällt, wird die «Festa dell'Ascensione» Ende Mai oder Anfang Juni gefeiert. Bis zum Ende der Seerepublik war das ein großartiger Staatsakt, heute müht man sich redlich um neuen Glanz und finanzkräftige Sponsoren.

Juni

Während des ersten Junisonntags findet auf der Insel Sant'Erasmo ein großes Volksfest statt (Regatta, Straßenfest, Wettkämpfe verschiedener Art). Alle vier Jahre organisiert man die historische «Regatta della Repubbliche Marinare» zwischen den Equipagen von Amalfi, Genua, Pisa und Venedig. Am 21. werden die Schutzheiligen der Insel Burano gefeiert. Der dem 29. Juni nahe Sonntag ist wieder Regattatag: zu Ehren der Heiligen Pietro e Paolo und von San Pietro in Volta.

Juli

Am ersten Sonntag im Juli startet von Murano aus eine Gondelregatta. Am zweiten Sonntag gibt es auf Malamocco ein großes Fischerfest. Am dritten Sonntag, am Tage des Redentore, eines der schönsten Feste Venedigs, gibt es eine Gondelregatta, am vierten Sonntag feiert man auf Alberoni das Muschelfest («peoci» mit der obligatorischen Regatta und leckeren Muschelgerichten. Am 29. Juli gibt es das Stadtteilfest von Santa Marta, dem traditionellen Fischerviertel. Dann kann man hier «sfogi» (Schollen) und «sarde in soar», ein typisch venezianisches Fischgericht auf der Grundlage von Zwiebeln und Essig, kosten.

August

Mehrere Regatten, sehenswert sind die von Pellestrina und Treporti. In Mestre gibt es ein Sommer-Kultur-Programm, ansonsten tut sich im Ferienmonat nicht viel.

September

Während des ersten Sonntags kann man die berühmte «Regata Storica» besuchen, historische Kostüme und Boote, auch die Kopie der Prachtgaleere des Dogen sind zu bewundern. Am zweiten Sonntag laufen Ruderwettkämpfe der Leute aus Murano, jeder gegen jeden, am dritten der Leute aus Burano – zum Abschluß gibt es Fisch und Polenta.

Oktober

Während des ersten Sonntags «Festa di Mosto», ein großes Weinfest auf San Erasmo, mit Tanz und dem traditionellen Stampfen des Mostes.

November

Am 11. November feiert man San Martin, dessen Gestalt in den unterschiedlichsten Teigarten ausgerollt und ausgestellt wird. Inzwischen gehen die Kinder, mit Töpfen und Deckeln ausgerüstet, von Haus zu Haus, sagen kleine Sprüche auf und erwarten Geld. Die Erwachsenen treffen sich in der Osteria («bacari»), wo es heiße Kastanien zu neuem Wein gibt. Am 21. November ist die «Festa della Madonna della Salute» mit einem Pilgerzug zur gleichnamigen Kirche, eine Pontonbrücke verbindet die beiden Ufer des Canal Grande, Tausende von Kerzen werden entzündet, für die Kleinen gibt es Luftballons und Fritellen.

Im Veneto

In **Marostica** wird alle zwei Jahre (mit gerader Zahl) an zwei Sonntagen im September ein Schachturnier mit lebenden Figuren und über 500 Mitwirkenden in historischen Kostümen ausgetragen. Am 13. Juni feiert man in **Padova** das Fest des heiligen Antonius. In San Vittore e Corona bei **Feltre** begeht man am 18. September das Fest der Heiligen Viktor und Corona.

Filme

Schiefe Mauern, gotische Fenster, Balkone, Gondeln, schon ist die Venedig-Kulisse perfekt – in Hunderten von Filmen nachgebaut, vielfach nur Hintergrund für eine seichte Handlung. Nur wenige Filme zeigen die Stadt und ihre Menschen im Mittelpunkt.

Don Giovanni, R.: Joseph Losey 1979. Die Mozart-Oper, im venezianischen Ambiente realisiert, ein kindliches Spiel mit Bildern und Tönen.

Fellinis Casanova (Il Casanova di Fellini), R,: Federico Fellini 1982. Donald Sutherland als Casanova leidet unter seinem Ruf und macht ihm zugleich alle Ehre. Von den vielen Casanova-Verfilmungen wohl die bitterste.

Senso (Il Senso), R.: Luchino Visconti 1954. Das «Venezia minore» des Ghettos und entlang der Fondamenta di Cannaregio ist nicht nur Kulisse für eine dramatische Liebe, sondern auch Auslöser und Stimulanz für die Sinnlichkeit.

Tod in Venedig (Morte a Venezia), R.: Luchino Visconti 1971. Der Mythos vom Tod in Venedig in die schönsten Bilder umgesetzt: Das bleierne, drückende, sinnlich bedrohliche, einschläfernde und zugleich bis zum Äußersten reizende Venedig wird zum Abbild der inneren Kämpfe, der Ideen, Gefühle und Erinnerungen des Protagonisten.

Venezia, la luna e tu, R.: Dino Risi 1958. Die wohl beste Persiflage der gängigen Venedig-Filme, frech und witzig im Stile einer Goldoni-Komödie: Der Gondoliere ist stets auf der Jagd nach blonden Touristinnen, die Stadt selbst ist Teil dieses Spiels.

Wagner e Venezia, R.: Peter Rutter 1982. Der Film versucht ein Porträt Wagners und seiner Musik vor dem Hintergrund der Stadt.

Wenn die Gondeln Trauer tragen (Don't Look Now), R.: Nicholas Roeg 1973. Gut gefilmter Thriller, der Venedig als finsteren, starren, bedrohlichen Raum mit ebensolchen Menschen zeigt.

Yuppi du, R.: Adriano Celentano 1975. Eine simple, grausig-schöne Geschichte für Celentano-Fans.

Frauen

Alleinreisende Frauen kommen in Venedig hervorragend zurecht; die in den Großstädten Italiens allzu bekannte Anmache gibt es hier so gut wie nicht.

Führungen

Bei der Vereinigung der Stadtführer Venedigs, Calle Sant'Antonio 5448a, Castello, Tel. 5 23 99 02, gibt es fachkundigen Rat und ebensolche Führung. Buchungen können auch über venezianische Reisebüros erfolgen.
Empfehlenswert sind die vielfältigen Angebote von American Express, Büro unweit der Piazza San Marco, Salizzada San Moisè, San Marco 1471, Tel. 5 20 08 44. Eine zweistündige Führung am Morgen oder am Nachmittag kostet ca. 35 DM. Die Anmeldung sollte mindestens einen Tag vorher erfolgen.

Fundbüro

Im Rathaus (Palazzo Farsetti, nahe Rialto-Brücke). Gegenstände, die man auf einem Linienschiff vergessen hat, kommen ins Fundbüro der Städtischen Verkehrsbetriebe A.C.N.I.L., Tel. 0 41/2 09 21.

Galerien

Allgemeine Öffnungszeiten: 10–13, 15–19 Uhr.

Arte Contini, San Marco 2765, Tel. 5 20 49 42, So geschlossen, zeigt Konzeptkunst, abstrakte und andere Kunst des 20. Jahrhunderts.

Bac Art Studio, San Marco 2663, Tel. 5 22 81 71, So geschlossen, spezialisiert auf Zeichnungen.

Fenice Art, San Marco 1895, Tel. 5 23 88 55, So und Mo geschlossen.

Graziussi, San Marco 1998, Tel. 5 28 50 81, So und Mo vormittags geschlossen, zeigt Lithographien.

Prova d'Artista, San Marco 1994/b, So und Mo vormittags geschlossen, Werke internationaler Künstler.

Santo Stefano, Campo San Stefano, San Marco 2953, Tel. 5 23 45 18, So geschlossen, zeigt zeitgenössische Kunst.

Venice Design 2, Calle Valaresso, Tel. 5 23 90 82, Di geschlossen, zeitgenössische Malerei und Skulpturen.

Livio de Marchi, San Samuele, San Marco 3157, Tel. 5 28 56 94, zeigt skurrile Holzskulpturen, die Gegenstände des täglichen Gebrauchs nachbilden.

Geld
Devisen können in unbegrenzter Höhe ein- und ausgeführt werden. An Bankautomaten kann man mit Euroscheckkarte und Geheimnummer Beträge bis zu 300 000 Lire abheben. Öffnungszeiten der Banken: Mo – Fr 8.20 – 13.20 Uhr.

Gepäck
Wer sein Gepäck vorübergehend abgeben möchte, kann es bei der Gepäckaufbewahrung am Bahnhof Santa Lucia oder beim Busbahnhof Piazzale Roma unterstellen. Um es ins Hotel zu bringen, stehen bei San Marco, am Piazzale Roma und an den größten Vaporettostationen Gepäckträger bereit. Sie sind auch telefonisch zu erreichen: Accademia 5 22 48 91, Bahnhof 7 15 2 72, San Marco 5 20 05 45, Rialto 5 20 53 08.

Hochwasser
In allen Wartehäuschen der Städtischen Verkehrsbetriebe hängen Stadtpläne aus, auf denen markiert ist, wo im Falle von «acqua alta» Gehsteige auf Eisenböcken aufgestellt sind.

Internet-Adressen
Wie wird das **Wetter** am nächsten Wochenende in Venedig?
Eine Antwort gibt die Suchmaschine:
www.wetter.yahoo.de/Venedig.html

Zu einer virtuellen Museums- und Ausstellungstour durch die italienische **citta d'arte** lädt
www.museionline:
Etwa dreitausend Museen, unterteilt in Regionen und Provinzen, stellen sich vor mit Adresse, Öffnungszeiten, Eintrittspreisen, aktuellen Ausstellungen, Führungen und Bibliotheken, Serviceleistungen und Anfahrtsmöglichkeiten. Die Informationen werden regelmäßig aktualisiert.

Eine große Sammlung von **Links** verbirgt sich hinter der URL
www.doge.it/link.htm#cinema1:
von Kino- und Musikprogramm; Politik, Wetter, Frauen und Wirtschaft.

Unter
www.tv.shine.it/opiazza/venezia.htm,
www.shineline.it/cult/forest/forest.htm oder
www.sunrise.it/arte/giacomelli
kann man sich **künstlerische Impressionen** und **kulturhistorische Informationen** auf den Bildschirm holen.

Die Heimatseite der deutschen Freunde des **Gran Teatro La Fenice**, das Opernhaus Venedigs, das im Januar 1996 durch einen Brand zerstört wurde:
www.virtualcity.de/lafenice/

Den aktuellsten **Veranstaltungskalender** und die besten, zudem übersichtlich geordneten **Tips** für vergnügungssüchtige Venedig-Besucher bietet
www.interpro.it/venezianews

Ausführliche Informationen über die **Region Veneto** und mögliche **touristische Ziele** erhält man unter
www.formitaly.it/italiano/region/veneto/TOURISM oder
www.emmeti.it/Welcome/Veneto/Venezia/servizi.de.html

Virtuelles **Einkaufen** von venezianischem Glas und anderen Artikeln ist unter www.venicemall.com/ möglich.

Politisch zeigt die Lega Nord im Netz unter www.leganordsen.it/ Flagge, wahlweise auch in englischer Sprache oder in Padano.

Auch **der Hafen** hat seine Heimatseite unter
www.portve.interbusiness.it/portve/portve.html,
und die **Werft Arsenale** läßt sich besuchen unter
www.arsenalevenezia.com/

Jobsuche
EG-Bürger brauchen keine Arbeits-
erlaubnis, für alle anderen ist sie erforderlich und wird nur hochqualifizier-
ten Kräften erteilt. Der «schwarze
Arbeitsmarkt» umgeht die gesetz-
lichen Bestimmungen, entsprechend
rechtlos ist unter diesen Bedingungen
die Stellung der Arbeitnehmer.

Kartenvorverkauf
In den jeweiligen Spielstätten je nach
Ankündigung, Konzertkarten kann
man zudem in zwei Agenturbüros
rechts und links von dem Torre dell'-
Orologio auf dem Markusplatz erste-
hen. Die **Azienda Autonoma di Sog-
giorno e Turismo** in der Ca'Giusti-
nian, San Marco 4089, Tel. 5 22 63 56,
Fax 71 90 78, informiert über aktuelle
Veranstaltungen (siehe auch Internet-
Adressen, S. 225).

Kaufhäuser
Coin, Calle San Giovanni Crisostomo,
Cannaregio 5788, 9.30–13, 15.10 bis
19.30 Uhr, Mo vormittags und So geschlossen.

Kinder
Venezianische Hotels und Restaurants
sind, was das Mobiliar betrifft, nicht
unbedingt auf kleine Gäste eingestellt.
Ansonsten hält die Stadt für Kinder
vielfältige Attraktionen bereit: ein Besuch in der Glasbläserwerkstatt auf
Murano, die Suche nach der schönsten
Maske, köstliches Eis mit Taubenjagd
auf einem Campo, Bootsfahrten und
Muschelsuche am Strand, eine Fahr-
radtour über den Lido oder ein Bum-
mel über den Fischmarkt.

Standa, Cannaregio 3659, 8.30 bis
19.20 Uhr, vom 1. 11. bis 15. 3. So geschlossen.

Kinos
Accademia, Dorsoduro 1018, Tel.
5 28 77 06.

Agorà Mignon, Via Carducci, Mestre,
Tel. 98 05 34.

Centrale, San Marco 1659, Tel.
5 22 82 01.

Excelsior, Piazza Ferretto 16, Mestre,
Tel. 98 86 64.

Olimpia, San Marco 1094, Tel. 10 94.

Ritz, San Marco 617, Tel. 5 20 44 29.

Rossini, San Marco 3988, Tel.
5 23 03 22.

Kirchen
Basilica di San Marco, Pala d'Oro e
Tesoro, Piazza San Marco, Tel.
5 22 56 97, 10–17 Uhr So u. Feiertage,
Pala d'Oro: 3/2 DM, Tesoro (Schatz):
5/3 DM.

**Basilica di San Marco, Museo Marci-
ano** (Originale der Pferdequadriga von
San Marco), Piazza San Marco, Tel.
5 22 56 97, 10–17 Uhr, 3/2 DM.

Basilica di Santa Maria della Salute,
Dorsoduro, Tel. 5 22 55 58, 9–12,
15–18 Uhr.

Chiesa dei Gesuati, Fondamenta delle
Zattere, Gorsoduro, Tel. 5 23 06 25,
8.30–12, 15–18 Uhr, So geschlossen.

Chiesa dei Carmini, Campo Carmini,
Dorsoduro, Tel. 5 22 65 53, 8–12,
15–19 Uhr, So. 16.30–19 Uhr.

Madonna dell'Orto, Fondamenta Madonna dell'Orto, Tel. 71 99 33, 9–12,
16–19 Uhr.

S. Maria Formosa, Campo S. Maria
Formosa, Castello, Tel. 5 23 46 45,
8.15–12.15, 17–19 Uhr.

S. Pietro di Castello, Castello, Tel.
5 23 51 37, 9–12, 15–18.30 Uhr.

Chiesa del Redentore, Giudecca, Tel.
5 23 14 15, 8.30–12, 15–18 Uhr, So
16–18 Uhr.

Basilica dei Frari, Campo dei Frari,
San Polo, Tel. 5 22 26 37, 9–12,
14.30–18 Uhr, So u. Feiertage 15–18
Uhr, 2 DM.

Basilica SS Giovanni e Paolo, Campo
SS. Giovanni e Paolo, Castello, Tel.
5 23 75 10, 9–12, 14.30–18 Uhr, So u.
Feiertage 15–18 Uhr.

**Chiesa e Campanile di San Giorgio
Maggiore**, Insel San Giorgio Maggiore,
Tel. 5 28 99 00, 10–12.30, 14–17 Uhr.

Santa Maria del Giglio, Campo S.
Maria Zobenigo, San Marco, Tel.
5 22 57 39, 9–12, 15.30–18.30 Uhr.

San Zaccaria, Campo San Zaccaria, Castello, Tel. 5 22 12 57, 10 – 12, 16 – 18 Uhr.

San Sebastian, Campo San Sebastian, Dorsoduro, Tel. 5 28 24 87.

Santi Apostoli, Campo SS. Apostoli, Cannaregio, Tel. 5 28 01 10, 7.30 bis 11.30, 17 – 19 Uhr.

Duomo di SS. Maria e Donato, Campo S. Donato, Murano, Tel. 73 90 56.

Oratorio dei Crociferi, Campo dei Gesuiti, Cannaregio 4905, Tel. 5 21 74 11, Fr, Sa, So 10 – 13 Uhr, 2 DM.

Cattedrale di Torcello, Insel Torcello, Tel. 73 00 84, 10 – 12.30, 14 – 18.30 Uhr.

Monastero Mekhitarista, Insel San Lazaro degli Armeni, Tel. 5 26 01 04, 15.15 – 17 Uhr, 8 / 5 DM mit Führung.

Kneipen
Umtriebig ist die Zone rund um den **Campo Santa Margerita** (Dorsoduro), **Campo S. Barnaba** (Dorsoduro) und **Campo dei Frari** (San Polo), entlang dem **Rio della Misericordia** (Cannaregio) und die **Strada Nuova** (Cannaregio); siehe auch Nachtleben (S. 236), Musik (S. 235) und Tanzen (S. 239).

Al Vapore bar & musica, Via Fratelli Bandiera 8, Marghera / Venezia, Tel. 93 07 96, junge Musikszene.

Irish Pub, Cannaregio 3847, Tel. 5 23 99 30; gute Biere, junges Publikum, lange Öffnungszeiten.

Ai Postali, Rio Marin, Santa Croce 421, Tel. 71 51 56, 18 – 1 Uhr.

Bar Rosso, Campo S. Margherita, 7.30 – 1.30 Uhr.

Frary's, Campo dei Frari, San Polo 2559, Tel. 72 00 50, 8 – 24 Uhr.

Bistrot ai Pugni, Campo San Barnaba, Dorsoduro, 11 – 1 Uhr.

Caffè dei Frari, Campo dei Frari, San Polo 2564, Tel. 5 24 18 77, 7.30 – 21 Uhr.

Dolcevita (Restaurant, Musikbar), Campo S. Margherita, Tel. 5 23 11 15, 19.30 – 2 Uhr.

Old Well Pub (Pizzeria, music pub), Corte Canal, Santa Croce 656, Tel. 5 24 27 60, 12 – 15 (Restaurant), 13 – 2 Uhr, Mo geschlossen.

Konsulate
Deutsches Honorarkonsulat, Campo S. Sofia, Cannaregio 4201, Tel. 5 23 76 75, Fax 5 28 96 06.

Österreich, Palazzo Condulmer, Santa Croce 251, Tel. 5 24 05 56.

Schweiz, Campo Sant'Agnese, Dorsoduro 810, Tel. 5 20 39 44.

Kriminalität
Venedig gilt allgemein als sicheres Pflaster, dennoch sollte man im Menschengewühl, erst recht während des Karnevals, aufpassen. Im Notfall: Tel. 1 12.

Kulturzentren
Associazione Culturale Italo-Tedesca, Cannaregio 4118, Tel. 5 23 25 44, Deutschkurse, Konzerte, Vorträge, Filmveranstaltungen.

Biennale di Venezia, Palazzo Giustinian, San Marco 1364 / A, Tel. 5 21 87 11, Organisationszentrum der Biennale.

Centro di Cultura di Palazzo Grassi, Campo San Samuele 3231, San Marco, Tel. 5 23 16 80; bedeutende Ausstellungen.

Centro Tedesco di Studi Veneziani, San Polo 2765 / A, Tel. 5 20 63 55, Deutsches Studienzentrum für Stipendiaten, die zu venezianischen Themen forschen.

Istituto Internazionale per la Ricerca Teatrale, Casa Goldoni, San Polo 2794, Tel. 71 48 83, bedeutende Literatursammlung zur Theaterentwicklung in Italien.

Circolo Walter Tobagi, Via Ligabue 1 / A Mestre, Tel. 5 34 86 48; Literaturzirkel.

Fondazione Giorgio Cini, San Giorgio Maggiore, Tel. 5 28 99 00, Fax 5 23 85 40, Kongresse, Vorträge, Präsentationen.

Lesen

Stadtpläne

Die gibt es fast an jedem Kiosk, doch nicht alle sind gleich informativ. Zu empfehlen ist der blaue Faltplan **Pianta della Città**: Venezia, Lido-Murano-Burano-Cavallino-Pellestrina, Scala 1:5000, Studio F.M.B. Bologna. Außerdem gibt es Pläne, auf denen alle bedeutenden Palazzi und Monumente verzeichnet sind, doch geht das nicht selten auf Kosten der topographischen Genauigkeit.

Boottüchtigen mit Italienischkenntnissen ist folgendes Buch (fast ein «Wasserführer») zu empfehlen: Giannina Piamonte **Venezia vista dell'acqua** (Edizione La Stameria Di Venezia). Als hydrographische Karte ist empfehlenswert: **Laguna Veneta**, Carta Idrografica e delle Navigazione, 1:50000 (Edizione A. Garbizza, Venezia).

Vorschläge für Ausflüge in die Lagune bietet das von der Stadt und der Region in Zusammenarbeit mit Umweltschutzorganisationen und Segelclubs erstellte Werk «**Sovravento**», Itinerari nella Laguna Nord di Venezia, Venedig 1995. Hier werden genaue Routen beschrieben, Aufenthaltsziele sowie technische, nautische und ökologische Aspekte dargestellt. Der Wegweiser zu den kleineren Inseln der Lagune «**Di Isola in Isola**» (Brencanti Editrice) ist brauchbar, bringt auch einige historische Orte und Lageskizzen.

Anthologien

Venezia e il suo estaurio, Giulio Lorenzetti, 1926. Kunsthistorisch orientierter Stadtführer, dem Generationen von Reisebuchautoren viel zu verdanken haben. Auch in Englisch zu haben.

Literarische deutschsprachige Schriftsteller und Venedig (Scrittori di lingua tedesca e Venezia), hrsg. von Giacomo Cacciapaglia, Venedig 1995; gelungene Sammlung von berichtenden, erzählenden und lyrischen Texten aus fünf Jahrhunderten (deutsch-italienische Übersetzung).

Venedig im Gedicht, hrsg. von Pascal Morché, 1986. Gelungene Anthologie von Gedichten aus verschiedenen Jahrhunderten.

Literatur

Die Rote, Alfred Andersch, 1960. Emanzipationsversuch einer des Wirtschaftswunder-Deutschlands müden Frau in einem Venedig, das zum Schauplatz einer Vergangenheitsbewältigung wird.

Ufer der Verlorenen, Joseph Brodsky, 1989. Präzise poetische Beschreibungen der «Stadt des Auges» und ihrer Eigenart aus der radikal subjektiven Perspektive eines Ästheten. Ein Wortkunstwerk!

Landauswärts, Gianni Celati, 1989. Vier Reisen in das Po-Delta und eine Erkundung auf der Schwelle zu etwas anderem. Eine dichte Reisebeschreibung.

Geschichten meines Lebens, Giacomo Casanova, 1790. Wechselvolles Reise- und Liebesleben durch den europäischen Kontinent mit Venedig als Ausgangspunkt. Dazu auch:

Tagebuch der italienischen Reise und Italienische Reise I und II, Johann Wolfgang Goethe, 1829. Der Altmeister entwickelt hier eine Philosophie des Reisens: «Sich selbst in den Gegenständen kennenzulernen», darin sieht Goethe das Ziel im Umgang mit dem Fremden. Goethe besucht Venedig kurz vor dem Ende der Seerepublik. Sein Blick ist kritisch auf Alltag und Kunst gerichtet, stets auf der Suche nach der Klassik, dabei gerät die kunsthistorische Eigenheit Venedigs öfter aus den Augen.

Über den Fluß und in den Wäldern, Ernest Hemingway, 1950. Ein amerikanischer Colonel reflektiert nach dem militärischen Sieg den persönlichen Rückzug. Lesenswerte, «sachliche» Beschreibungen verschiedener Stadtansichten.

Venezianische Legende, Corto Maltese, Hugo Pratt, 1998. Ein venezianischer Comic vom Feinsten! Und ein Augenschmaus für alle Pratt-Fans!

Krimis der amerikanischen Vielschreiberin Donna Leon handeln in Venedig und bieten neben unterhaltsamer Lektüre auch Einblicke in den Alltag der Lagunenstadt.

Tod in Venedig, Thomas Mann, 1913. Venedig als Nekropolis, die Todesnähe als metaphysische Konstante – dieses Bild entsteht parallel zum Verfall der Stadt. Dieser Venedig-Mythos ist Spiegelbild der europäischen Dekadenz: Nietzsche und Wagner suchten hier die «hundert tiefen Einsamkeiten», lebten das monologische Ich, auf der Suche nach Inspiration. Die Stadt und ihre Wirklichkeit dient nur als Folie für die Identitätskrise (der eigenen oder der der fiktiven Helden). So auch bei Aschenbach, dem Protagonisten der Erzählung. Die labyrinthische Stadt wird ihm zur «schmeichlerischen, verdächtigen Schönen», zum Symbol der Verführung zum Tode – oder weniger dramatisch: zur Touristenfalle.

Wer war Edgar Allan?, Peter Rosei, 1979. Ein Held in «Losigkeit», ein von Aschenbach her bekannter Zustand, der hier freilich weniger von der Stadt ausgelöst wird als von der merkwürdigen Gewohnheit des Protagonisten, «Drogen zu fressen». Der Autor trennt zwischen der Stadt und den Visionen seines Helden, vermag aber das phantastische Geschehen in recht realistische Koordinaten des internationalen Drogenmarktes zu verweben.

Serenissima. Eine Liebe in Venedig, Erica Jong, 1987. Venedig bietet eine reizvolle Kulisse für diverse Liebesabenteuer der von einer Identitätskrise gebeutelten Schauspielerin Jessica, die in ihren Fieberträumen schließlich in die Arme des von ihr im Jetztzeit so verehrten Dichters William Shakespeare fällt. Die historischen Bezüge zwischen Juden-Ghetto, Palazzi und Brenta-Villen sorgen für wiedererkennbare Exotik, die zitierten Shakespeare-Sonette für literarische Qualität.

Sachbücher
Venedig, Domenico Crivellari, 1982. Stadtgeschichte wird bis in die achtziger Jahre unseres Jahrhunderts anschaulich dargestellt.

Geschichte von Venedig, Heinrich Ketschmayr, 1920. Fundamentales, dreibändiges Werk.

Seerepublik Venedig, Frederic C. Lane, 1980. Der Schwerpunkt liegt auf dem Schiffbau und der Seefahrt, aber auch darüber hinaus sehr informativ und leicht zu lesen.

Märkte

Märkte in Venedig
Rio Terrà S. Leonardo, täglich; **Ponte di Rialto**, täglich; **Via Garibaldi**, Castello, täglich; **Via Falier**, Lido, Mi; **Campo S. Gerardo**, Giudecca, Fr; **Via Pizzo**, Burano, Mi.

Wochenmärkte im Veneto
Montag: Mirano, Mogliano Veneto, Monselice, Vittorio Veneto

Dienstag: Bassano del Grappa, Castelfranco, Feltre, Noventa Vicentina, Rovigo, Treviso

Mittwoch: Abano, Montebelluno, Montegrotto, Piove di Sacco

Donnerstag: Bassano del Grappa, Noale, Vicenza, Chioggia

Freitag: Castelfranco, Conegliano

Samstag: Asolo, Belluno, Este, Padova (nachmittags), Piombino Dese, Treviso

Floh- und Antiquitätenmärkte in Venedig
Regelmäßig gibt es Trödelmärkte der gehobenen Art auf dem Campo San Maurizio, hin und wieder auch auf dem Campo San Polo einen richtigen Flohmarkt. Plakate oder das Fremdenverkehrsbüro informieren.

Floh- und Antiquitätenmärkte im Veneto
1. Sonntag im Monat: Badoere

2. Sonntag im Monat: Asolo, Noale, Montegrotto

3. Sonntag im Monat: Padova (Prato della Valle), Godega San Urbano

Floh- und Antiquitätenmärkte in Este
4. Sonntag im Monat: Treviso

Letzter Sonntag im Monat: Piazzola sul Brenta

Medien

Venezia News, Veranstaltungskalender und Informationen, seit 1997 auf dem Markt, liegt kostenlos in Geschäften, Bars und Kneipen aus und ist im Internet vertreten: www.interpro.it/venezianews.

Radio Venezia Sound, Fm 98.500 - 95.250 Mhz in rds, Venezia San Marco 4346, Tel. 5 22 19 68, Fax 5 20 68 87, web: www.rialto.it/rvs/rvshome.htm; Tageszeitungen: Il Gazzetino, Nuova Venezia

Mitfahr- und Mitwohnzentralen

Nichts Offizielles, aber in den Bars, Copy Shops und Mensen rund um die Universität Ca'Foscari findet man Zettel am Schwarzen Brett mit Angeboten.

Museen

Galleria dell'Accademia, Dorsoduro 1050, Tel. 5 22 22 47, 12 DM. Hier findet man die bedeutendsten Werke venezianischer Maler des frühen Mittelalters bis zum 19. Jahrhundert. Ein kunstgeschichtliches Muß!

Ca'd'Oro, Galleria G. Francchetti, Cannaregio 3931, Tel. 5 23 87 90, 9 – 13.30 Uhr, 4 DM. Gemälde, Bronzen, Marmorskulpturen in einem der schönsten venezianischen Paläste aus dem 15. Jahrhundert.

Museo Orientale Ca'Pesaro, San Stea, Santa Croce 2076, Tel. 5 23 87 90, 9 – 17 Uhr, Mo geschlossen. Orientalische und japanische Waffen und Ausrüstungen aus privaten Nachlässen erfreuen besonders Waffenfans! In der Ca'Pesaro gibt es zudem noch eine Gemäldesammlung mit Exponaten aus dem 19. und 20. Jahrhundert (Museo d'Arte Moderna) und wechselnde Ausstellungen.

Palazzo Mocenigo, San Stea, Santa Croce 1992, Tel. 72 17 98, 10 – 16 Uhr, Mo geschlossen, 5/3 DM; venezianische Stoffe und Kostüme aus dem 18. Jahrhundert, daneben kleinere wechselnde Ausstellungen.

Palazzo Ducale, Piazzetta San Marco, Tel. 5 22 49 51, 8.30 – 19, 14/8 DM, Eintrittskarte gültig auch für Museo Civico; im Dogenpalast ist man der politischen Geschichte Venedigs am dichtesten auf der Spur, die Bleikammern sollte man dabei nicht auslassen.

Museo Civico Correr, Piazza San Marco, Ala Napoleonica, Tel. 5 22 56 25, 9 – 19 Uhr; und wer sich noch tiefer in die Stadtgeschichte versenken will, läßt die Correr-Sammlung von alten Karten, Stadtansichten, Münzen, Stoffen und Kostümen aus der großen Zeit der Serenissima nicht aus.

Museo Archeologico, Piazzetta San Marco 52, Tel. 5 22 59 78, 9 – 14 Uhr, 4 DM; im unvollendeten Palazzo Venier dei Leoni hat die Amerikanerin Peggy Guggenheim Meister der Moderne versammelt, dazu gibt es einen einzigartigen Blick auf den Canal Grande.

Collezione Guggenheim, San Gregorio, Dorsoduro 701, Tel. 5 20 62 88, 11 – 18 Uhr, 12/8 DM.

Museo Querini Stampalia, Santa Maria Formosa, Castello 4778, Tel. 2 71 14 11, Di, Mi, Do, So 10 – 13, 15 – 18; Fr, Sa 10 – 13, 15 – 22; Mo geschlossen, 10/5 DM; die Bibliothek enthält kostbare Werke aus sieben Jahrhunderten, zu besichtigen sind auch die bedeutende Gemäldesammlung aus der Schule des Veneto und Stadtansichten von Gabriele Bella.

Museo Storico Navale, Riva degli Schiavoni, Castello 2148, Tel. 5 20 02 76, Di – Do 9 – 13, So und Feiertage geschlossen, Fr, Sa 10 – 13, 15 – 22; Mo geschlossen, 2 DM; wer sich für die Geschichte der venezianischen Schifffahrt interessiert, sollte dieses Museum nicht auslassen.

Museo Diocesano, Ponte della Canonica, Castello 4312, Tel. 5 22 91 66, 10.30 – 13.30 Uhr, So geschlossen; im Exkonvent Santa Apollonia sind große venezianische Meister, Silberschmuck, Spitzen und andere Kostbarkeiten zu finden.

Museo del'700 Veneziano, Ca'Rezzonico, S. Barnaba, Tel. 2 41 01 00, 2 41 85 06, 10 – 17 Uhr, Fr geschlossen, nur 1. Stock, 8 DM.

Museo delle Icone Bizantine, Ponte dei Greci, Castello 3412, Tel. 5 22 65 81, 9 – 13, 14 – 17 Uhr, Feiertage geschlossen, 6/3 DM; ein Palazzo, eingerichtet im Stile des 18. Jahrhunderts und bestückt mit den unterschiedlichsten Exponaten, die einen Eindruck vermitteln können, wie sich die Adligen der Stadt vergnügten. Wegen der Restaurierungsarbeiten sind nicht alle Räume zugänglich.

Museo Comunità Ebreica, Ghetto, Cannaregio 2902/B, Tel. 715359, 10–15.30 Uhr, Sa und an jüdischen Feiertagen geschlossen, 4/3 DM; hier wird die Geschichte der jüdischen Minderheit in Venedig dokumentiert, eine wichtige Ergänzung einer Besichtigung der historischen Synagogen.

Scola Grande di San Rocco, San Rocco, San Polo 3054, Tel. 5234864, 9–17.30 Uhr, 8/6 DM; Tintorettos biblisches Breitwandspektakel ist hier zu besichtigen.

Scuola San Giorgio Degli Schiavoni, Calle dei Furlani, Castello 3259/a, Tel. 5228828, 10–12.30, 15–18 Uhr, Mo geschlossen; So u. Feiertage 10–12.30 Uhr, 5/3 DM; die Schule der dalmatinischen Minderheit blieb unverändert seit dem 16. Jahrhundert und ist besonders sehenswert wegen der Gemälde Carpaccios.

Scuola Grande dei Carmini, Calle dei Carmini, Dorsoduro 2617, Tel. 5289420, 9–12, 15–18 Uhr, So u. Feiertage geschlossen, 7/5 DM.

Scuola Grande S. Giovanni Evangelista, Campiello di S. Giovanni, San Polo, Tel. 718234, 718158; ein Gebäude im Stile der Klassik, sehenswert wegen der Deckenfresken Tiepolos.

Museo di Torcello, Palazzo del Consiglio, Insel Torcello, Tel. 730761, 10.30–12.30, 14–16 Uhr, Mo u. Feiertage geschlossen, 3/2 DM.

Museo del Merletto, Piazza Galuppi, Insel Burano, Tel. 730034, 10–16 Uhr, Mo geschlossen; die Spitzenkunst der Frauen Buranos wird hier dokumentiert.

Museo Vetrario Antico, Insel Murano, Tel. 739586, 10–16 Uhr, Mi geschlossen, 8/5 DM; das Museum bietet einen umfassenden Überblick über die Kunstfertigkeit venezianischer Glasproduktion von der Renaissance bis zur Gegenwart.

Musik

Klassik

Rund ums Jahr gibt es in verschiedenen **Kirchen** Venedigs Konzerte, Plakate weisen auf die Termine hin, der Kartenvorverkauf findet häufig vor den Kirchen statt. Der monatlich erscheinende Veranstaltungskalender *Venezia News* bietet eine gute Übersicht (siehe Internet-Adressen S. 225).

Jazz, Rock, Open air

In einer Reihe von Bars, Kneipen und Restaurants finden inzwischen Jazz- und Rock-Sessions statt, der Campo Santa Margherita gehört auch in dieser Beziehung zu den lebendigsten Plätzen Venedigs. Vielversprechend ist die junge Musikszene Margheras.

Il Paradiso Perduto (Osteria, Musikbar), Fondamenta della Misericordia, Cannaregio 2640, Tel. 720581, 19–2 Uhr, Mi geschlossen; Jazz, Soul, Ethnic Music, Ausstellungen, Lesungen, meist am Wochenende.

Ai Canottieri (Osteria), San Giobbe, Cannaregio 690, Tel. 717999, 18.30–2 Uhr, Live-Musik meist am Wochenende.

Centro sociale Morion, Salizada S. F. della Vigna, Castello 2951, Tel. 5205163, 21–2 Uhr, Filmabende, Konzerte, Feste (Jugendzentrum).

Le Bistrot de Venise (Restaurant, Pizzeria), Calle dei Fabbri, San Marco 4685, Tel. 5236651, 9–1.30 Uhr, Di geschlossen, Jazz, Piano-Bar, Cabaret, Lesungen.

Linea d'ombra (Restaurant, Piano-Bar), Zattere Punta della Dogana, Tel. 5204720, 8–2 Uhr, Mi und So geschlossen.

Codroma (Osteria), Dorsoduro 2540, Tel. 5246798, 20–1 Uhr, Do geschlossen; Ausstellungen, Backgammon-Club, Jazzkonzerte.

El Cason (Pizzeria, mexikanisches Restaurant), Via Pividor 15, Ca'Bianca, Lido di Venezia, Tel. 5260837, 18–2 Uhr, Mo geschlossen, Live-Musik und Feste.

Al vapore, Via Fratelli Bandiera 8, Marghera, Tel. 930796, 18–2 Uhr, am

Wochenende Konzerte (Jazz, Blues, Soul, Reggae).

Centro Sociale Rivolta, Via Fratelli Bandiera 16, Tel. 5 38 73 43, 21.30 – 2 Uhr, am Wochenende Konzerte und Theaterveranstaltungen, Jugendszene.

Nachtleben

Siehe auch Musik (S. 231) und Tanzen (S. 235)

Casino Municipale, Lungomare G. Marconi, Lido 4, Tel. 5 26 06 26, in der Wintersaison ist das Spielkasino von Oktober bis März im Palazzo Vendramin-Calergi verlegt, Strada Nuova, Canneregio 2040, Tel. 72 04 44.

Haig's Bar, Campo s. M. del Giglio, San Marco 5277, Tel. 5 28 94 56, 7 – 4 Uhr, Mi geschlossen.

Al Teatro, Campo della Fenice, San Marco 1916, Tel. 5 22 10 52, 19 – 1 Uhr.

Città Proibita (ex Vecia Malvasia), seitlich Campiello dei Caegheri, San Marco 2586, 22.30 – 3 Uhr, Live-Musik und Tanz.

L'olandese volante, Campo San Lio, Castello 5658, Tel. 5 28 93 49, 10 – 1 Uhr, Di geschlossen.

Alfredo, Alfredo, Campo S.S. Filippo e Giacomo, Castello 4294, Tel. 5 22 53 31, 11 – 2 Uhr, Mi geschlossen.

Piccolo Mondo (Disco, Piano-Bar), Accademia, Dorsoduro 1056, Tel. 5 20 03 71, 22 – 4 Uhr, Mo geschlossen.

Notruf

Polizei und **Unfallrettungsdienst** (in ganz Italien): Tel. 113.

Pannendienst des italienischen Automobilclubs ACI: Tel. 116. Abschleppen auf Autobahnen darf nur der Pannenhilfswagen des ACI. Für die Inhaber eines internationalen Schutzbriefs entfällt die Gebühr.

Feuerwehr: Tel. 115.

Notruf des **ADAC in Padova**: Tel. 0 49 / 66 16 51

Auslandsnotruf des **ADAC** in München (mit Vorwahl von Italien): Tel. 00 49 89 / 22 22 22.

Paßamt: Tel. 2 71 55 11.

Vigili Urbani:
Venedig: Tel. 2 70 82 03; Mestre: Tel. 98 58 55.

Öffnungszeiten

Wegen der langen Öffnungszeiten am Abend erstreckt sich die Mittagspause bis in den Nachmittag hinein; die meisten Läden schließen um 13 Uhr und öffnen zwischen 16 und 17 Uhr, einige sind am Samstagnachmittag geschlossen – aber jede Regel hat ihre Ausnahmen. Die Läden für Kleidung, Schuhe und Haushaltswaren, Parfümerien und Buchhandlungen sind montags geschlossen, Lebensmittel- und Blumengeschäfte schließen mittwochs am Nachmittag, Supermärkte bilden eine Ausnahme. Zigaretten sollte man vor 20 Uhr besorgen, da später die Tabakläden geschlossen sind und es keine Straßenautomaten gibt.

Orientierung

Sestiere, so heißen in Venedig die einzelnen Stadtteile, sechs gibt es: San Marco, San Polo, Dorsoduro, Santa Croce, Castello, Cannaregio. Die Aufteilung nach *sestieri* stammt aus dem 12. Jahrhundert. *Piazza*, dieser Name kommt in Venedig nur dem Markusplatz zu, alle anderen Plätze heißen *campo*. *Campiello* ist die Verkleinerungsform von *campo*. *Parochia* (parrocchia), das ist die Pfarre. *Salizada* (salizzada), das ist eine größere, gepflasterte Straße. *Calle* heißt die normale, ursprünglich unbefestigte Straße. Ist sie kurz oder eine Sackgasse, so heißt sie *ramo*. *Sotoportego* (sottoportego) ist ein offener Durchgang oder eine überbaute Passage. *Corte* ist der gemeinsame Hof mehrerer Häuser, *cortile* der Innenhof eines Palazzo. *Fondamenta*, das sind die Kais entlang den Kanälen; sind sie breit, so nennt man sie *Riva*. *Rio*, das ist ein kleiner Kanal, und wenn er im Laufe der Zeit zugeschüttet wurde, so nennt man diese Straße *rio terrà*.

Geben die merkwürdigen Namen für Plätze bereits Rätsel auf, so können die verwirrend hohen und scheinbar systemlosen Hausnummern jeden, der sich schnell zurechtfinden will, zur Verzweiflung treiben. Zur Aufklärung: In den einzelnen Stadtteilen werden die Häuser fortlaufend numeriert. Also muß man etwa Anfang und Ende des

Stadtteils auffinden. San Marco hat 5562 als höchste Hausnummer, Castello 6828, Cannaregio 6426, Dorsoduro 3964, San Polo 3144 und Santa Croce 2359. Die Häuser auf der Giudecca haben eine eigene Numerierung, obwohl sie zum Stadtteil Dorsoduro gehören. Bei der Adressenangabe ist der Name der Straße weniger wichtig (da in den verschiedenen Stadtteilen mehrfach vertreten) als die Angabe des Stadtteils und der Hausnummer.

Parks, Gärten

Öffentliches Grün ist in einer Stadt wie Venedig, die mit ihrem künstlich geschaffenen Raum haushalten muß, eine Seltenheit. Wer sich von einem anstrengenden Besuch der Sehenswürdigkeiten rund um San Marco ausruhen möchte, kann es in den Giardinetti Reali (unmittelbar südlich der Piazza, Eingang am Kanal) versuchen. Am Stadtrand liegen die großen Giardini Pubblici (Castello) und der kleinere Giardino Papadopoli (Nähe Piazzale Roma), in Cannaregio der Parco di Savorgnan. Von den üppigen Gärten der Giudecca ist wenig übriggeblieben, auf Torcello und Burano gibt es noch ausgedehnte Grünanlagen.

Post

Die Hauptpost in Venedig, der **Fondaco dei Tedeschi** am Canal Grande nahe der Rialto-Brücke, sollte man auf jeden Fall besuchen, auch wenn man nicht telefonieren oder ein Päckchen aufgeben muß. Der weite Innenhof mit der umlaufenden Galerie vermittelt noch etwas von der Warenlageratmosphäre, die hier einst herrschte. Die Hauptpost ist von 8 bis 19 Uhr geöffnet, der Telegrammschalter durchgehend, außer am Sonntag. Wie jeder Italienreisende weiß, kann man Briefmarken nicht nur in den Postämtern, sondern auch in jedem mit einem großen «T» auf schwarzem Grund gekennzeichneten Tabakladen (Tabaccheria) kaufen. Doch sind die Ladenpächter angesichts der geringen Verdienstspanne und der außergewöhnlichen Nachfrage während der Hauptsaison oftmals nicht mehr willens, die «francobolli» zu verkaufen, und schicken die Touristen gnadenlos zur Hauptpost. Wichtiger Tip für Postsparbuchbesitzer: Ohne eine Rückzahlungskarte, die man von zu Hause mitbringt, gibt es in Italien kein Geld.

Restaurants

Achtung, die Inselrestaurants sind fast alle nur mittags geöffnet!

Cannaregio

Gam-Gam (Kosher Bar & Restaurant), Sottoportico di Ghetto Vecchio, Cannaregio 1122, Tel. 717538; koschere Küche.

Vini Da Gigio, Fondamenta San Felice, Cannaregio 3628/a, Tel. 528 5140, Mo geschlossen; gute Weinkarte, typische Gerichte der Region.

Castello

Aciugheta, Campo Santi Filippo e Giacomo, Castello 4357, Tel. 5224292, venezianische Küche, häufig empfehlenswerte Wein- und Käseproben.

Al Mascaron, Calle Lunga S. Maria Formosa, Castello 5225, Tel. 5225995, ein «vero bacaro», gute Einführung in das Ritual von «cicheto e ombra». Gute Fischgerichte und traditionelle Küche.

Giudecca

Altanella, Giudecca, Calle delle Erbe, Tel. 5227780, Mo u. Di geschlossen; viel Ambiente, gute venezianische Küche, schöne Gartenanlage.

Cipriani, Giudecca 10, Tel. 520 7744, hervorragender Service, höchste kulinarische Genüsse und ebensolche Preise, das Restaurant mit der besten Aussicht ganz Venedigs.

Santa Croce

Brodo di Giuggiole, Santa Croce 158, Tel. 5242486; schöne Pergola, gute Weine und venezianische Spezialitäten.

Al Nono Risorto, Sotoportego de siora Bettina, Campo San Cassian Santa Croce 2338, Tel. 5241169; Osteria, Pizzeria, Trattoria, viel Leben.

La Zucca, San Giacomo dell'Orio, Santa Croce 1792, Tel. 5241570, Lokal mit viel Atmosphäre trotz der modernen Einrichtung, einfallsreiche Küche, gute Weine.

San Marco

Harry's Bar, San Marco 1323, Tel.

5 28 57 77, wenn es schon ein Restaurant in der Nähe des Markusplatzes sein muß, dann sollte man sich für diesen Ort entscheiden; gediegene Küche und Preise, die dem Cipriani-Ruf voll genügen.

San Polo

Antico Dolo, San Polo 778, So geschlossen, typischer *«bacaro» veneziano*, große Auswahl an *«cicheti»*, venezianische Spezialitäten, gute Atmosphäre.

Da Fiore, San Polo 2202, Tel. 72 13 08, So und Mo geschlossen, Reservierung notwendig, da es sich um eines der besten Restaurants Venedigs handelt, bei dem das Preis-Leistungs-Verhältnis in jeder Beziehung stimmt.

Torcello

Das Traditionslokal **Ponte del Diavolo** und die **Locanda Cipriani** (Tel. 73 04 01) bieten gepflegte venezianische Küche, donnerstags geschlossen.

Burano

Da Romano bietet einmalig gute «schwarze Spaghetti» (mit Tintenfisch). Piazza Galuppi 221, Tel. 73 00 30, dienstags geschlossen.

Pellestrina

Da Celeste offeriert «roba nostrana», also typisch venezianische Küche, deren Spezialitäten man auf einer Terrasse mit schöner Aussicht auf die Lagune einnehmen kann. Sestier Vianelli 625, Tel. 96 73 55, mittwochs geschlossen.

San Pietro in Volta

Da Nane gilt bei den Einheimischen als das beste Fischrestaurant Venedigs und der Lagune. San Pietro in Volta 282, Tel. 5 27 91 00, montags geschlossen.

Sprache

Sprachschule

Società Dante Alighieri, Ponte del Purgatorio, Arsenale, Tel. 5 28 91 27, Fax 5 23 08 57, Sekretariat Mo–Fr 10 – 12 Uhr; zur Auswahl stehen drei Einstufungen und Kurse unterschiedlicher Dauer, Kursteilnehmer können die Universitätsmensa benutzen.

Venezianisch

Wie in den übrigen Regionen entwickelte sich im Veneto aus dem sogenannten Vulgärlatein, der aus dem klassischen Latein hervorgegangenen Volkssprache, ein eigener Dialekt. Auch wer des Italienischen mächtig ist, wird in Venedig und im Veneto einige Mühe haben, diesen zudem regional noch höchst unterschiedlich ausgesprochenen Dialekt zu verstehen. Als Handelsstaat und Kolonialmacht hat Venedig sich kulturell und auch sprachlich bereichert. Im 15. und 16. Jahrhundert war der venezianische Dialekt auf dem besten Wege, zur Hochsprache aufzusteigen, zog dann gegenüber dem Florentinisch-Toskanischen den kürzeren. Das Venezianisch als Schriftsprache wurde immer mehr zurückgedrängt, bis man es nur noch mündlich überlieferte. Allerdings sprechen die Venezianer aller Schichten bis heute sehr selbstbewußt ihren Dialekt. Das Erstarken separatistischer Bewegungen unter den Fahnen der Liga Veneta und der Lega Nord hat zudem zu einer Renaissance des Venezianischen auch in der Schriftsprache geführt. Eine erste Einführung bietet die Lektüre der Straßenschilder. Als charakteristisches Merkmal erkennt man die Liebe zur Verkürzung und Zusammenziehung der Silben. So wird die Kirche der Heiligen Giovanni und Paolo zu «San Zanipolo». Außerdem folgen die Straßenbenennungen den jeweiligen Handwerkerzünften und Geschäften, die hier ihre Niederlassungen hatten: In der Calle del Fruttarol gab es die Obstverkäufer, an der Riva del Vin wurden die Weinfässer ausgeladen.

Weich und singend erscheint dem Fremden das Venezianisch, das als «spanischer Dialekt Italiens» gilt. Das liegt neben den lexikalischen Anleihen vor allem auch daran, daß die Konsonanten vielfach stimmhaft ausgesprochen werden, so sagt man «amigo» statt «amico». Ein scharfes *s* anstelle der *sch*- und *tsch*-Laute im Italienischen. Das italienische *dsch* wird zu einem weichen *z*. Vielfach wird ein *x* hinzugefügt: *è* (ist) wird zu *xè*. Dafür verschwinden dann Endvokale und auch ganze Silben, um einem melodischen Singsang Platz zu machen.

Stadtteile

Cannaregio (150 Hektar) liegt im Nordwesten der Stadt und ist neben Castello das größte Viertel. Es wurde erst nach umfangreicher Bodenentwässerung und Befestigung (15./16. Jahrhundert) zum Wohngebiet für Handwerker und Händler. Die breiten, geradlinigen, lichtdurchfluteten Kaianlagen prägen den Charakter dieses Stadtteils. Neben den wenigen Palästen, seinen Klöstern und Kirchen zeigt Cannaregio ansonsten schlichte Fassaden und viel Sozialromantik. Das jüdische Ghetto bildet innerhalb des Stadtteils eine geschlossene Insel. Die breite Einkaufsstraße Strada Nuova verläuft (unter verschiedenen Namen) vom Bahnhof bis zum Campo Santi Apostoli.

Castello wurde wesentlich vom Arsenale, der staatlichen Schiffswerft der Seerepublik Venedig, geprägt. In der Umgebung des Werftkomplexes entstanden Betriebe verschiedenster Art. Seeleute, Werftarbeiter und zahlreiche Ausländer siedelten sich im Laufe der Jahrhunderte rund um das Arsenale an. Der «proletarische» Charakter Castellos hat sich auch im postindustriellen Venedig noch erhalten. Das religiöse Zentrum der Stadt lag im Osten auf der Insel San Pietro, die heute wohl zu einem der ruhigsten «Schauplätze» Venedigs gehört. Bereits in römischer Zeit stand hier eine Festung (castello), welche dem Stadtteil vermutlich den Namen gab.

San Marco ist eines der kleinsten und ältesten Viertel Venedigs und hatte aufgrund seiner Lage zwischen Rialto und dem Markusplatz eine zentrale Bedeutung als Geschäfts- und Handelszentrum, aber auch als politisches Herz der Stadt. Große, lichtdurchflutete Campi, schmale, dunkle, gewundene Gassen, kleine Werkstätten, prächtige Palastfassaden bestimmen das Gesicht dieses Viertels. Hier findet man die bedeutendsten Museen, Bibliotheken, Theater, die großen Hotels und interessantesten Modeboutiquen, Banken und Antiquitätengeschäfte, Kunstgalerien und Buchhandlungen.

San Polo ist der kleinste Stadtteil (34 ha) und liegt, gegenüber den anderen Vierteln erhöht, in der großen Schleife des Canal Grande; als seinen ältesten Teil schließt es Rialto ein. Anfang des 16. Jahrhunderts vernichtete ein großes Feuer diesen Teil des Viertels, den man in weniger als zwei Jahrzehnten fast komplett auf den alten Fundamenten aufbaute. Westlich des Rio San Polo liegen die wegen ihrer Kunstschätze bedeutenden Sakralbauten der Frari-Basilika, der Kirchen und Schulen von San Rocco und San Giovanni Evangelista.

Dorsoduro («harter Rücken») liegt im Süden und schließt mit seinen 92 Hektar die Insel Giudecca ein. Der historische Kern ist im Westen, dort bildeten sich rund um die Kirchen Angelo Raffaele und San Nicolò dei Mendicoli die ersten Siedlungen. Obwohl dieses Sechstel Venedigs im Verhältnis zu San Marco und Rialto etwas abseits liegt, stehen hier einige der bedeutendsten Kirchen und Paläste Venedigs. Im 17. und 18. Jahrhundert erhielt das Sestiere Dorsoduro einen repräsentativen Charakter, vor allem durch den Bau der Salute-Kirche und des Zattere-Kais. Nach der Eröffnung der Accademia und dem Bau der nahegelegenen Brücke wurde Dorsoduro zum bevorzugten Domizil reicher Ausländer. Die Errichtung des Hafenbahnhofs im Westen des Stadtteils sorgte für wirtschaftliche Prosperität. Der Universitätsbetrieb (Hauptsitz Ca'Foscari) prägt heute den Charakter dieses Viertels; das kann man am besten rund um den Campo Santa Margherita studieren.

Santa Croce, auf 96 Hektar im Nordwesten der Stadt gelegen, ist doppelgesichtig: Der westliche Teil (insbesondere der Hauptbahnhof und Tronchetto) wurde durch Trockenlegung vergrößert, im 19. Jahrhundert mußten eine Reihe historischer Bauten der Industrialisierung und dem Handel weichen. Der östliche Teil von Santa Croce hat seine venezianische Eigenart bewahrt, was man am besten rund um den Campo San Giacomo dell Orio sehen kann. Prächtige Paläste wie die Ca'Pesaro und bescheidene Mietskasernen liegen dicht beieinander.

Tanzen

Über zwanzig Diskotheken gibt es in Jesolo, zwei, ausgenommen nur eine, im Centro Storico Venedigs:

Alibi, Ca'd'Oro, Cannaregio 3726, Tel. 52 06 89, 23–4 Uhr, So geschlossen.

Acropolis Dicso Club, Lungomare Manconi 22, Tel. 5 26 04 66, 22–4 Uhr, Mo geschlossen.

Telefonieren und Faxen

Tausend Gelegenheiten gibt es zum Telefonieren: direkt in der Bar, neben der Espressomaschine oder in dunklen Toilettenzugängen, in Restaurants und Bahnhofshallen, öffentlichen Kabinen. Das elende Abmühen mit den «Gettoni», den Telefonmünzen, hat mit der Verbreitung der Telefonkarte ein Ende gefunden. Und die kauft man in der Hauptpost oder beim Tabakladen («tabaccheria», «T» auf schwarzem Grund als Symbol). Störungsfreies Telefonieren garantieren folgende Ämter: **SIP**, Piazzale Roma, Linea 1, 2, 4, 5; Piazzale Roma, täglich 8–21.30 Uhr; **ASST – Palazzo delle Poste**, San Bartolomeo, Linea 1, 2, 4; Rialto, durchgehend geöffnet; ASST, Bahnhof Santa Lucia, 8–20 Uhr, ASST San Marco (hinter Ala Napoleonica). Und so wird gewählt: Erst Vorwahl Ausland 00, dann Vorwahl Deutschland 49, Österreich 43, Schweiz 41, dann Vorwahl der Stadt (ohne Null) und Nummer des Teilnehmers. **Achtung: Bei allen Ortsgesprächen muß man die Nummer der Vorwahl mitwählen!**

Theater

A **L'Avogaria**, Dosoduro 1617, Tel. 5 20 61 30, experimentelles Theater, Aufführungen im venezianischen Dialekt.

Teatro Carlo Goldoni, Calle Goldoni, San Marco 4650/b, Tel. 5 20 54 22: Schauspielhaus für bedeutende Gastspielensembles.

La Fenice, 1792 eröffnet, Campo San Fantin, San Marco 2549; nach dem furchtbaren Brand von 1996 wurde eine provisorische Spielstätte auf der Parkinsel Tronchetto (**Pala Fenice**, Isola del Tronchetto, Tel. 78 65 11, 5 21 01 61) eingerichtet. Es bleibt zu hoffen, daß der Wiederaufbau des Fenice noch in diesem Jahrtausend abgeschlossen wird. Das traditionsreiche Theater *Malibran*, 1677 unter dem Namen Teatro San Giovanni Crisostomo gegründet, dient in der Gegenwart für Musiktheater- und Schauspielaufführungen und ist vorübergehend wegen Restaurierung geschlossen.

Teatro Fondamenta Nuove, Cannaregio 5013, Tel. 5 22 44 98 steht hauptsächlich experimentellen Theatergruppen offen.

Folgende Spielstätten in Mestre und auf dem Lido bieten rund ums Jahr ein abwechslungsreiches Programm (Konzerte, Filme, Theateraufführungen, Varieté):

Teatro La Perla, Iazzale Casinò, Lido di Venezia, Tel. 2 42 00 38

Teatro Toniolo, Piazza Battisti 3, Mestre, Tel. 97 16 66

Tiere

Erforderlich für die Mitnahme von Tieren ist ein Impfpaß mit dem Nachweis einer Tollwutimpfung, die nicht älter als zwölf Monate und nicht jünger als vier Wochen sein darf. Für Hunde sind Maulkorb und Leine im ganzen Stadtgebiet von Venedig Pflicht.

Trinkgeld

Wirklich nur von der Qualität der Dienstleistung abhängig machen; ansonsten gilt die 10-Prozent-Regel.

Überleben

Mit dem Fahrrad kommt man im Centro Storico nicht weit. Der Fußmarsch mit Gepäck zur jeweiligen Unterkunft kann recht schweißtreibend werden, erst recht, wenn man den Weg nicht kennt.

Venedig ist kein gutes Pflaster für mitreisende Hunde, Anlein- und Maulkorbpflicht besteht, jedes Geschäft des vierbeinigen Freundes muß «entsorgt» werden, ansonsten droht eine happige Strafe.

Man sollte nur mit den offiziellen Wassertaxis fahren. Auf jeden Fall vorher den Preis erfragen und auf eine reguläre Abwicklung pochen. Quittungen sollte man stets für die Kontrollen der Finanzpolizei aufbewahren, ansonsten wird es noch teurer. Wenn man nicht viel ausgeben möchte, sollte man Essen und Trinken im Stehen einnehmen oder nach einer Trattoria in der Peripherie suchen.

Universitäten und Hochschulen

Wer in Italien studieren möchte, besorgt sich zuerst den aktuellsten *Studienführer Italien*, zu beziehen über: **Deutscher Akademischer Austauschdienst** (DAAD), Kennedy-Allee 50, 53175 Bonn, Tel. 02 28 / 88 20. Direkte Auskünfte erteilt das Studentenwerk *L'Ufficio Assistenza dell'-*

ESU, Ca'Foscari, Calle Giustinian, Dorsoduro 3246, 11–13 Uhr, außer Montag und Donnerstag; dort bekommt man auch die Broschüre *Univercittà* mit wichtigen Adressen und aktuellen Informationen.
Studenten, die über ein venezianisches Thema arbeiten wollen, wenden sich wegen eines Stipendiums an das **Centro Tedesco di Studi Veneziani**, 2765/7, San Polo, Tel. 5 20 67 80, 5 20 63 55.

Unterkunft

Die Zimmerreservierung ist vor einem Venedigbesuch obligatorisch. Zwischen Jugendherberge, schlichter Pension und Luxushotel kann man sich dann entscheiden, wenn man rechtzeitig vorgeplant hat. Die billigeren Hotels und Pensionen sind vielfach vom Pauschaltourismus in Beschlag genommen, die Jugendherberge auf der Giudecca oder die Jugendhotels im Centro Storico verfügen während der Hauptreisezeit kaum über freie Betten. In den sogenannten «Tageshotels» kann man nicht schlafen, aber duschen und baden. Während der Sommerzeit kommen Jugendliche auch günstig in den Studentenheimen unter. In den Fremdenverkehrsbüros am Flughafen, Bahnhof und beim Markusplatz kann man sich über Unterkunftsmöglichkeiten informieren. Inzwischen gibt es auch immer mehr Ferienappartements, die unter Umständen günstiger sein können. Lido, Mestre und das Hinterland bieten Ausweichmöglichkeiten, sind in der Nebensaison zudem viel billiger.

Im Kloster

Einen garantiert besinnlichen Lagunenaufenthalt erfährt, wer sich auf der Klosterinsel **San Francesco del Deserto** einquartieren möchte. Interessenten wenden sich an den Abt: Padre Superiore, Convento S. Francesco del Deserto, 30012 Venezia – Burano, Tel. 5 28 68 63.

Luxushotels

Danieli, Riva degli Schiavoni, Calle delle Rasse, Castello 4196, Tel. 5 22 64 80, Fax 5 20 02 08; das schönste und – neben Cipriani – auch teuerste Hotel Venedigs, aber am besten ist man im Flügel des gotischen Palastes und nicht im Anbau aus dem Jahre 1948 untergebracht.

Cipriani, Giudecca 10, Tel. 5 20 77 44, Fax 5 20 39 30; wunderschöner Hotelgarten, Privater Bootsdienst, Whirlpool in jeder Suite, dazu ein großzügiges Schwimmbad.

Hotels der Mittelklasse
(Doppelzimmer bis 250 DM)
Belsito & Berlino, San Marco 2517, Tel. 5 22 33 65, Fax 5 20 40 83; dieses am Campo Santa Maria del Giglio gelegene Hotel bietet Zimmer mit kleinen Terrassen.

Flora, Calle Larga XXII Marzo, San Marco 2283, Tel. 5 20 58 44, Fax 5 22 82 17; ein heimeliges, ruhiges Hotel mit 44 Zimmern in einer Seitengasse der Einkaufsstraße Calle XXII Marzo, frühes Buchen notwendig!

Pensione Accademia, Villa Maravege Rio San Trovaso, Dorsoduro 1058, Tel. 5 21 01 88, Fax 5 23 91 52; schöner Palazzo aus dem 17. Jahrhundert, großer Garten, gepflegte Gastlichkeit.

Hotel San Cassiano, Santa Croce 2232, Tel. 5 24 17 68, Fax 72 10 33; ruhiges, sympathisch altmodisches Hotel in einem historischen Palazzo am Canal Grande gegenüber der Ca'd'Oro.

Preiswerte Pensionen
(Doppelzimmer bis 150 DM)
Hotel Messner, Santa Maria della Salute, Dorsoduro, Tel. 5 22 74 43, Fax 5 22 72 66; kleines Familienhotel, freundliche Atmosphäre.

Ca'Foscari, Calle della Frescada Dorsoduro 388, Telefon und Fax 71 08 17; ruhige und saubere Pension im Universitätsviertel und nahe dem umtriebigen Campo Santa Margherita.

Fiorita, Campiello Nuovo, San Marco 3457, Tel. 5 23 47 54, Fax 5 22 80 43; freundliches Hotel an einem malerischen Platz unweit von Santo Stefano.

Strandurlaub
Wer Badeferien mit Venedig-Aufenthalt kombinieren möchte, sucht sich am besten auf dem Lido eine Unterkunft. Der luxuriöse Müßiggang, wie man ihn aus Viscontis Film *Tod in Venedig* kennt, hat dort inzwischen einem mittelmäßigen Strandgetriebe Platz gemacht.

Die **Villa Mabara** mit einem ausgezeichneten Gartenrestaurant garantiert gepflegte Gastlichkeit auf dem Lido, Riviera San Nicolò 16, Tel. 5 26 05 90, Fax 5 26 94 41, DZ ab 260 DM.

25 Kilometer südlich von Venedig, das im Pendelverkehr mit Fähre und Bus erreichbar bleibt, bietet **Chioggia-Sottomarina** gleichfalls Badevergnügen, zudem kann man im Zentrum von Chioggia «Klein-Venedig» und die besten Fischgerichte genießen.

An der gesamten Adriaküste in nördlicher Richtung ähneln sich die Strände. Die Orte Eraclea Mare, Caorle, aber auch Bibione haben neben ihrer Geschichte inzwischen auch ein differenziertes touristisches Angebot und saubere Strände vorzuweisen. Man setzt auf den Aktivurlaub, entsprechende Angebote zwischen Segeln, Surfen und Kultur stehen zur Auswahl.

Camping

Camping, Riviera San Nicolo, Lido 65, Tel. 5 26 74 15, von September bis Juni geschlossen.

Camping Alba d'Oro, Via Triestina 214/b Ca'Noghera, Mestre, Tel. 5 41 51 02, von Oktober bis März geschlossen, gutausgestatteter Platz mit Bungalows und Wohnwagen.

Camping Marina di Venezia, Punta Sabbioni, Via Montello 6, Treporti, Tel. 96 61 46, vom 31. Oktober bis 1. April geschlossen, sehr gute Ausstattung, privater Sandstrand, Geschäfte, Bars, Restaurants.

Zur Miete

Für Ausländer ist es leichter als für Einheimische, in Venedig eine Mietwohnung zu finden, da die Vermieter in diesem Falle nicht an die engen Mieterschutzbestimmungen gebunden sind; so können sie überhöhte Mietpreise verlangen und auch ohne Kündigungsschutz das Mietverhältnis schnell beenden. Jeden Tag, außer montags, findet man in der Regionalzeitung *Il Gazzetino* die entsprechenden Anzeigen des Wohnungsmarktes. Das Schwarze Brett an der Uni kann gleichfalls wichtige Informationen liefern. Private Kontakte sind am aussichtsreichsten, Bars und Kneipen dienen als Informationsbörsen.

Im Veneto

Auf dem Lande liegen die meisten Hotels autogerecht an den verkehrsreichen Straßen. Günstiger ist die Unterkunftssituation in den verkehrsberuhigten Zentren der größeren Städte.

Verona

Torcolo, Tel. 0 45/8 00 40 58 (Nähe Piazza Bra); **Aurora**, Tel. 00 45/59 09 44 (Nähe Piazza Erbe), beide Hotels sind mit dem Auto schwer zu erreichen.

Vicenza

Due Mori (Nähe Piazza Signori), Tel. 04 44/32 18 96; **Castello** (Corso S. Felice), Tel. 04 44/32 35 85.

Padova

Al Fagainao, Tel. 0 49/8 75 33 96, zwischen Sant'Antonio und Prato, mit gutem Restaurant, angenehmer Atmosphäre.

Monti Berici

Al Torresan, Tel. 04 45/87 32 60, bescheidene, saubere Pension.

Montagnana

Die beliebteste **Jugendherberge** des Veneto ist direkt an der **Rocca degli Alberi** untergebracht: Tel. 04 29/8 12 67.

Cortina d'Ampezzo

Hervorragende Küche und gemütliche Unterkunft bei Beppe Sello, via Ronco 68, Tel. 04 36/32 36, Di Restaurant geschlossen.

Monti Berici

Hotel Villa Michelangelo, Tel. 04 44/55 03 00. Schön gelegen inmitten eines großes Parks, komfortabel.

Padova

Leon Bianco, Tel. 0 49/2 25 14, ein großzügiges Haus in zentraler Stadtlage.

In der Umgebung von Padova gibt es die gut geführten Kurhotels von **Abanao**, **Montegrotto**, **Battaglia**, **Galzignano**; sie könnten zum Ausgangspunkt der Ausflüge nach Chioggia, ins Polesine, nach Padova, zu den Brenta-Villen und nach Venedig oder Vicenza werden.

Mira

Freunden guter Fischrestaurants, für die der Ort berühmt ist, sei ein ruhiger und komfortabler Ort, die **Villa Margherita**, Tel. 0 41 / 42 65 80, empfohlen.

Treviso

In zentraler Lage liegen die Häuser **Alla Colonna**, Tel. 04 22 / 5 44 80 43 und **Beccherie**, Tel. 04 22 / 54 08 71, beide mit guten Restaurants.

In der Nähe des Terraglio, der berühmten Straße zwischen Mestre und Treviso, bietet das Hotel **Cormorano**, Tel. 0 41 / 94 24 44 in Marocco di Mogliano Veneto das Ambiente einer Veneto-Villa.

Verkehrsmittel

Taxi

Die offiziellen Bootstaxis sind mit elektronischen Taxametern ausgestattet, und in den Booten an den Standplätzen müssen detaillierte Tarife öffentlich aushängen. Zur Orientierung: Vom Bahnhof oder Piazzale Roma bis Rialto kostet die Fahrt 35 000 Lire (Preiserhöhungen fast alljährlich), von der Parkinsel Tronchetto nach Rialto 40 000 Lire und vom Flughafen in die Stadt 90 000 Lire. **Standplätze der Bootstaxis:** Bahnhof, Tel. 7 16 2 86; Piazzale Roma, Tel. 7 16 9 22; Parkinsel Tronchetto, Tel. 3 7 78 36; Rialto, Tel. 5 2 30 5 75; San Marco, Giardinetti, Tel. 5 22 23 03; San Marco, Molo, Tel. 5 2 29 7 50; San Marco, Ponte della Paglia, Tel. 5 22 85 38, 5 2 28 5 73; Fondamenta Nuove, Tel. 3 73 13; Lido, Viale Santa Maria Elisabetta, Tel. 5 26 00 59; Flughafen Marco Polo, Tessera, Tel. 5 41 50 85.

Ehe man sich einem «Taxisten» anvertraut, sollte man den Fahrpreis genau festlegen. Dieser Berufsstand ist durch häufiges «Touristenlegen» in Verruf geraten. Touristen zahlen in Unkenntnis der Tarife und Geschäftspraktiken vielfach überhöhte Preise, was wiederum die Verdiensterwartungen der Taxiunternehmen ins Unermeßliche treibt. Da heißt es in bester orientalischer Manier feilschen! Sofern man die Nerven und eine entsprechende Sprachgewandtheit besitzt, sollte man sich diesen Spaß nicht entgehen lassen. Die Erfahrungen, die man dabei sammelt, lassen sich später beim Aushandeln einer Gondelpartie «Mondschein pauschal» anwenden.

Vaporetto

«Vapore» heißt Dampf, damit wurden die Linienboote früher betrieben; wer sich aufs Handeln nicht versteht, fährt am besten mit den Vaporetti. Ein billiges Rumkommen im Stadtbereich garantiert die «Carta Venezia», für denjenigen, der länger bleibt und eine venezianische Adresse vorweisen kann. Damit kann man sich eine Fahrpreisermäßigung um mehr als die Hälfte sichern. Diese Ausweiskarte erhält man gegen Vorlage eines Fotos und eines Personalausweises bei den Städtischen Verkehrsbetrieben: ACTV, Corte dell'Albero, San Marco, Bootsstation: San Angelo, Mo–Fr 8.30–12.30 Uhr: Das 24-Stunden-Ticket sichert den Tagesbesuchern die günstige Nutzung der Linienboote, je nach Dauer des Aufenthaltes kann auch das 3-Tage-Ticket sinnvoll sein. Inzwischen gibt es auch einen koordinierten Nacht-Fahrplan (Linea «N»). Zur ersten Orientierung über das Hauptverkehrsmittel der Venezianer ein kurzer Überblick über die wichtigsten Linien:

Festland–Venedig: Linea 3 Tronchetto–San Marco; Linea 17 (Autofähre) Tronchetto–Lido (über San Marco); Linea 16 Fusina–Zattere; Linea 13 Fondamente Nore–Treporti; Linea 11 Chioggia–Venezia.

Innerhalb Venedigs: Linea 82 Verde una 82 Rosso: rund ums Centro Storico und nach Murano, Giudecca, San Giorgio; Linea 52 Barrato: Piazzale Roma–Muran; Linea 8 San Zaccharia–Sacca Fisola; Linea 9 Zattere–Giudecca.

In der Lagune: Linea 6 Venezia–Lido; Linea 10 Venezia–San Clemente; Linea 12 Venezia–Treporti; Linea 13 Venezia–San Erasmo; 12 / 14 Circolara in die nördliche Lagune (Lido / Punta Sabbione, Treporti, Burano, Torcello).

Gondel

Für alle, die das Gondelgefühl preiswert kennenlernen wollen oder einfach mal schnell von einem Ufer des Canal Grande zum anderen gelangen möchten, hier eine Auflistung der Haltestellen: Santa Maria del Gilio–San Gregorio, täglich von 8 bis 19 Uhr; San Barnaba–San Samuele, werktags von 7.15 bis 13 Uhr; San Tomà–Ca'Garzoni, täglich von 7 bis 21 Uhr; Riva del

Carbon–Riva del Vin, werktags von 7 bis 21 Uhr, an Sonn- und Feiertagen von 8 bis 21 Uhr; Santa Sofia–Pescheria, täglich von 7 bis 21 Uhr; San Marcuola–Fondaco dei Turchi, werktags von 7.45 bis 14.30 Uhr, an Sonn- und Feiertagen von 8.45 bis 13.30 Uhr; Calle Vallaresso–Punta Dogana, täglich von 8 bis 18 Uhr, ab März von 8 bis 19 Uhr.

Wer von der schwankenden Überfahrt auf der Gondelfähre nicht genug hat, der erlaubt sich eine richtige Gondelfahrt. Dabei wird er glatt einen Hunderter los, gewinnt dafür aber romantische Empfindungen und tiefe Einblicke in die Seele des Massentourismus. An folgenden Gondelstationen kann man eine Fahrt organisieren: Bacino Orseolo (San Marco), Tel. 5289316; Calle Vallaresso (San Marco), Tel. 52000 6120; Campo San Moisè (San Marco), Tel. 5231837 und 5223103; Campo Santa Sofia (Cannaregio), Tel. 5222844; Danieli, Riva degli Schiavoni (Castello), Tel. 5222254; Ferrovia (Bahnhof), San Simeon Piccolo (Santa Croce), Tel. 718543; Isola Tronchetto (Parkinsel–Santa Croce), Tel. 5238919; Piazzale Roma, Tel. 52200581; Rialto, Riva del Carbon (San Marco), Tel. 5222073; San Marco, Mole (San Marco), Tel. 5200685; Santa Sofia, Cannaregio, Tel. 5222844; San Tomà (San Polo), Tel. 5205275; Trinità Campo San Moisè 5231837.

Etwa 120000 Lire kostet die Gondelfahrt mit maximal sechs Personen für etwa 50 Minuten. Für weitere 25 Minuten muß man noch 40000 Lire ausgeben.

Bootsverleih

Gewiß lernt man die Amphibienstadt am besten vom Wasser aus kennen, in einem Ruderboot durch die fein verästelten Kanäle oder mit dem Segelboot durch die Lagune, zu den verlassenen Inseln, nach Grado oder Chioggia, den Pfahlmarkierungen folgend, welche die schiffbaren Kanäle ausweisen. Fahrpraxis und nautisches Rüstzeug sind dabei unerläßlich, man sollte die Gefahren der Lagune keineswegs unterschätzen; auch der Bootstrip durch das Centro Storico kann unliebsame Überraschungen bergen. Risikofreudige Gemüter können sich gegen Kaution oder Hinterlegung eines Ausweises Boote ausleihen bei: **Luigi Seno**, Fondamenta Nane, 1375 – Dorsoduro, Tel. 5231300; **Oscar**

Secco, Fondamenta dei Furlani, 3255 – Santa Croce, Tel. 5231054; **Gianpetro Brussa**, Alla Ponte della Guglie 331 – Cannaregio, Tel. 715787; **Narduzzi Luciano**, Tel. 5236189, 5208616; **Cooperativa Serenissima**, Tel. 5224281, 5228538.

Villen des Veneto

Viele sind einen Besuch von außen wert, aber nur wenige können auch besichtigt werden, die Eintrittskarten kosten ca. 8–10 DM, allerdings empfiehlt sich dann ein Zeitplan, da die Öffnungszeiten nicht aufeinander abgestimmt sind und vielfach auch wechseln. Auf jeden Fall sollte man die aktuellen Öffnungszeiten in einem der Fremdenverkehrsämter in Vicenza, Padova, Venedig oder Treviso erfragen. Dort werden auch Veranstalter für organisierte Busfahrten zu den Brenta-Villen vorgeschlagen. Von Ostern bis Ende Oktober verkehrt auf dem Brenta-Kanal ein Ausflugsschiff *(Burchiello)*, das zum Besuch der Villen Pisani, Widmann und Malcontenta sowie zu einem Mittagessen anlegt. Veranstalter: **Siamic Express**, Padova, Via Trieste 42, Tel. 049/660944.

Villa Pisani, Via Doge Pisani 7, Stra, Tel. 049/502074, 9–16 Uhr, Mo geschlossen.

Villa La Malcontenta, Via dei Turisti 9, Oriago, Tel. 041/5470012.

Villa Contarini, Piazzola sul Brenta, Tel. 5590995, 9–12, 14–17 Uhr, Mo geschlossen.

Villa Barbarigo, Valsanzibio, Tel. 049/9130029, 9–12, 14–19 Uhr, So morgens und Mo geschlossen.

Villa Capra Valmarana, «La Rotonda», Vicenza, Tel. 0444/321793, 10–12, 14.30–17.30 Uhr, nur Mi geöffnet.

Villa Foscarini Rossi, Stra, Tel. 049/981091, 9–12, 14.30–18.00 Uhr, 10–18 Uhr Sa u. So.

Villa Gradenigo, Mira, Besuchergruppen werden nach Voranmeldung und Terminabsprache zusammengestellt und geführt, Tel. 041/429631.

Villa Barbaro, Maser, Tel. 0423/923004, 15–18 Uhr.

Zoll

Im Rahmen der Bestimmungen des EU-Binnenmarktes können Bürger der Europäischen Union Waren für den persönlichen Gebrauch abgabenfrei aus Italien ausführen. Bei Tabakwaren und Alkoholika sind dies für bundesdeutsche Touristen beispielsweise 800 Zigaretten und 10 Liter Spirituosen.

DIE AUTORIN

Frida Bordon studierte Germanistik, Politikwissenschaft, Geschichte und Pädagogik, anschließend Staatsexamen, Promotion und Lehrtätigkeit. Sie veröffentlicht zu politischen und kulturellen Themen der Gegenwart mit Schwerpunkt Italien. Im Rowohlt Taschenbuch Verlag erschien von ihr auch *Italienisch in letzter Minute* und *Anders reisen: Sizilien*.

DIE FOTOGRAFIN

Sabine Lubenow, geboren 1967 in Hamburg, absolvierte die Lette-Schule in Berlin und ist seitdem als freischaffende Fotografin für Verlage und Agenturen tätig. Seit 1994 lebt und arbeitet sie in Köln.

BILDNACHWEIS

REGISTER

Kursive Ziffern verweisen auf den Infoteil

Frida Bordon /
Giuseppe Siciliano
Italienisch in letzter Minute
*Ein Sprachführer für
Kurzentschlossene*
(rororo sprachen 19626/
Buch mit Toncassette 19627/
Toncassette 19703)

Frida Bordon ist Lehrerin und
Publizistin und arbeitet über
Italien.
Guiseppe Siciliano ist Lehrer
und Journalist und arbeitet
in Venedig.

Wer neugierig ist auf andere
Länder und ihre Menschen,
der kommt um Sprachkennt-
nisse nicht herum. **Italienisch in
letzter Minute** bietet den Einstieg für alle, denen ein ganzes Lehrbuch zu langwierig
und ein herkömmlicher
Sprachführer zu schematisch
ist. Wer dieses Buch, nach
Möglichkeit mit der dazugehörigen Cassette, durchar-
beitet, der erwirbt dank einer
ausgefeilten Methode die
Fähigkeit, sich auf italienisch
zu verständigen. Informationen zum Alltagsleben und
jede Menge praktische Tips
verkürzen den Weg zu der
anderen Kultur.
Das italienisch-deutsche
Wörterbuch im Anhang hilft
immer dann, wenn es Unver-
ständliches zu entschlüsseln
gilt.

«Schlagen Sie die erste Lektion auf, schieben Sie, wenn
möglich, die Cassette zum
Buch ein, und legen Sie los.
Scheuen Sie sich nicht, den
Stoff dreimal oder viermal
durchzugehen. Und trauen
Sie sich, die Aussprache
etwas zu übertreiben – das
hilft bestimmt.
Wenn Sie in Italien aus dem
Auto, Zug oder Flugzeug
steigen, werden Sie anfangen
zu verstehen und bald auch
selbst verstanden werden.
Viel Spaß dabei!»
Christof Kehr im Vorwort

Ein Gesamtverzeichnis aller
lieferbaren Titel der Reihe
rororo sprachen finden Sie
in der *Rowohlt Revue*.
Vierteljährlich neu. Kostenlos in Ihrer Buchhandlung.

Rowohlt im Internet:
http://www. rowohlt.de

rororo sprachen

KARL-HEINZ SCHEFFLER

Türkisch
in letzter Minute

rororo

MIT WÖRTERBUCH

Die «Überflieger» sind der Einstieg für alle, denen ein ganzes Lehrbuch zu langwierig und ein Sprachführer zu wörterbuchhaft ist. Schon in wenigen Tagen kann man damit die notwendigen Grundkenntnisse erwerben, um sich in einem fremden Land zu verständigen. Damit Urlaub und Geschäftsreise nicht nur sprachlich ein voller Erfolg werden, gibt es außerdem praktische Tips zu Kultur und Alltag.
Eine Auswahl der lieferbaren Titel:

Uwe Kreisel /
Pamela Ann Tabbert
American Slang in letzter Minute
(Buch: rororo 19623, Buch mit Cassette: rororo 19624, Cassette: rororo 19705)

Hanne Schönig /
Hatem Lahmar
Arabisch in letzter Minute
(Buch: rororo 19541, Buch mit Cassette: rororo 19542, Cassette: rororo 19700)

Petra Schaeber
Bralilianisch in letzter Minute
(Buch: rororo 19977, Buch mit Cassette: rororo 19979, Cassette: 19978)

Isabelle Jue /
Nicole Zimmermann
Französisch in letzter Minute
(Buch: rororo 19628, Buch mit Cassette: rororo 19629, Cassette: rororo 19702)

Frida Bordon /
Giuseppe Siciliano
Italienisch in letzter Minute
(Buch: rororo 19626, Buch mit Cassette: rororo 19627, Cassette: rororo 19703)

Elisabeth Völpel
Portugiesisch in letzter Minute
(Buch: rororo 19686, Buch mit Cassette: rororo 19687, Cassette: rororo 19736)

Dorothee Bernhardt
Russisch in letzter Minute
(Buch: rororo 19797, Buch mit Cassette: rororo 19799, Cassette: rororo 19798)

Christof Kehr
Spanisch in letzter Minute
(Buch: rororo 19526, Buch mit Cassette: rororo 19527, Cassette: rororo 19701)

Karl-Heinz Scheffler
Türkisch in letzter Minute
(Buch: rororo 19688, Buch mit Cassette: rororo 19689, Cassette: rororo 19735)

rororo sprachen wird herausgegeben von Ludwig Moos. Ein Gesamtverzeichnis der Reihe finden Sie in der *Rowohlt Revue*. Vierteljährlich neu. Kostenlos in Ihrer Buchhandlung.

Überflieger

rororo sprachen

Der Grundkurs:

Uwe Kreisel /
Pamela Ann Tabbert
MultiLingua Englisch *von Anfang an*
(rororo sprachen 60481
mit Audio-CD 60435
Ton-Cassette 60482)

Armelle Damblemont /
Petra Preßmar
MultiLingua Französisch *von Anfang an*
(rororo sprachen 60477
mit Audio-CD 60436
Ton-Cassette 60478)

Christof Kehr /
Ana Rodriguez Lebrón
MultiLingua Spanisch *von Anfang an*
(rororo sprachen 60475
mit Audio-CD 60437
Ton-Cassette 60476)

Jutta J. Eckes /
Franco A. M. Belgiorno
MultiLingua Italienisch *von Anfang an*
(rororo sprachen 60479
mit Audio-CD 60438
Ton-Cassette 60480)

Der Aufbaukurs:

Uwe Kreisel /
Pamela Ann Tabbert
English Two *Englisch reden und verstehen*
(rororo sprachen
Buch 9320
Ton-Cassette 9321)

Isabelle Jue /
Nicole Zimmermann
Français Deux *Französisch reden und verstehen*
(rororo sprachen
Buch 9311
Ton-Cassette 9312)

Uwe Kreisel
Pamela Ann Tabbert
*Multi*Lingua
Englisch
von Anfang an
mit Audio-CD

Christof Kehr /
Ana Rodriguez Lebrón
Español Dos *Spanisch reden und verstehen*
(rororo sprachen
Buch 8845
Ton-Cassette 8846)

Jutta J. Eckes /
Daniela Concialdi
Italiano Due *Italienisch reden und verstehen*
(rororo sprachen
Buch 9517
Ton-Cassette 9518)

rororo sprachen wird herausgegeben von Ludwig Moos. Ein Gesamtverzeichnis aller lieferbaren Titel finden Sie in der *Rowohlt Revue*. Vierteljährlich neu. Kostenlos in Ihrer Buchhandlung.
Rowohlt im Internet:
http://www.rowohlt.de

Französisch lernen: alltags-
nah und von Anfang an. Für
das Lernen allein oder in der
Gruppe.

Claire Bretécher / Isabelle
Jue / Nicole Zimmermannn
Le Français avec les Frustrés
Ein Comic-Sprachhelfer
(rororo 18423)

Armelle Damblemont /
Petra Preßmar
Français Un *Französisch
reden und verstehen. Ein
Grundkurs*
(Buch: rororo 19106,
Cassette: rororo 19107)

Isabelle Jue /
Nicole Zimmermann
Français Deux *Französisch
reden und verstehen. Ein
Aufbaukurs*
(Buch: rororo 19311,
Cassette: rororo 19312)
Französisch in letzter Minute
(Buch: rororo 19628, Buch
mit Cassette: rororo 19629,
Cassette: rororo 19702)

Ahmed Haddedou
**Questions grammaticales
de A à Z** *Tout ce que vous
avez toujours voulu savoir
sur la grammaire sans
jamais oser le demander*
(rororo 18445)

Robert Kleinschroth
La Conversation en s'amusant
*Sprechsituationen mit Witz
gemeistert*
(rororo 18873)

Robert Kleinschroth /
Dieter Maupel
La Grammaire en s'amusant
*Wichtige Regeln zum
Anlachen*
(rororo sprachen 18714)

Marie-Thérèse Pignolo /
Hans-Georg Heuber
Ne mâche pas tes mots *Nimm
kein Blatt vor den Mund!
Französische Redewen-
dungen und ihre deutschen
Pendants*
(rororo 17472)

Jacques Soussan
Pouvez-vous Français?
*Programm zum Verlernen
typisch deutscher
Französischfehler*
(rororo 16940)

rororo sprachen

rororo sprachen wird heraus-
gegeben von Ludwig Moos.
Ein Gesamtverzeichnis der
Reihe finden Sie in der
Rowohlt Revue. Vierteljähr-
lich neu. Kostenlos in Ihrer
Buchhandlung.

Informativ, kompakt, kritisch – in neuem Layout und attraktiver Ausstattung: schlankes Format, Griffregister für die schnelle Orientierung, ganzseitige Schwarzweißfotos mit Reportagecharakter, zweite Farbe bei den Karten und Stadtplänen.

Zitty (Hg.)
Anders reisen: Berlin
(rororo sachbuch 19098)
«Da ist er ja – der Reiseführer, auf den ich seit Jahren gewartet habe:
– übersichtlich, obwohl kein Rubrik-Reiseführer;
– mit viel Spaß geschrieben, fundiert, die reine Animation;
– der praktische Teil endlich mal mit passenden Stichwörtern, wie z. B. Buchhandlungen und Friedhöfe;
– sprachlich klasse.»
J. Dröge, Buchhandlung Grobbel

Günter Liehr
Anders reisen: Paris
(rororo sachbuch 19099)

Matthias Thibaut
Anders reisen: London
(rororo sachbuch 60400)
Schräge Mode und schrille Clubs haben zum Ruf der Themse-Metropole beigetragen, «the coolest city on the planet» zu sein. Der Band schaut hinter das Klischee von tea-time, Tower Bridge und Doppeldecker und führt in einem Dutzend verschiedener Routen durch die kontrastreiche Großstadt.

Peter Kammerer /
Henning Klüver
Anders reisen: Rom
(rororo sachbuch 19094)

Rainer Karbe /
Ute Latermann
Anders reisen: Kreta
(rororo sachbuch 19091)
Kreta, die geschichtsträchtige Insel zwischen Afrika, Asien und Europa, ist reich an natürlichen Reizen. Der Leseteil zu Kultur und Gesellschaft läßt den Alltag mit offenen Augen wahrnehmen und macht Altes in Aktuellem erfahrbar.

rororo anders reisen wird herausgegeben von Till Bartels. Ein Gesamtverzeichnis der Reihe finden Sie in der *Rowohlt Revue*. Vierteljährlich neu. Kostenlos in Ihrer Buchhandlung.

rororo sachbuch

HANNE BAHRA
MECKLENBURG-VORPOMMERN

ANDERS REISEN

rororo

rororo anders reisen

rororo anders reisen wird herausgegeben von Till Bartels. Ein Gesamtverzeichnis der Reihe finden Sie in der *Rowohlt Revue*. Vierteljährlich neu. Kostenlos. In Ihrer Buchhandlung.

Rolf Schwarz
Ägypten *Ein Reisebuch in
den Alltag*
(rororo sachbuch 9068)

Christof Kehr
Andalusien *Ein Reisebuch in
den Alltag*
(rororo sachbuch 9089)

Till Bartels /
Ulrike Wiebrecht
Barcelona / Katalonien *Ein
Reisebuch in den Alltag*
(rororo sachbuch 9070)

Ute Frings / Rolly Rosen
Israel/Palästina *Ein
Reisebuch in den Alltag*
(rororo sachbuch 7596)

Conrad Lay /
Michaela Wunderle
Italien *Ein Reisebuch in den
Alltag*
(rororo sachbuch 9084)

Roland Motz
Mallorca *Ein Reisebuch in
den Alltag*
(rororo sachbuch 9086)

Henning Klüver (Hg.)
Norditalien *Ein Reisebuch in
den Alltag*
(rororo sachbuch 9063)

Frida Bordon
Sizilien *Ein Reisebuch in den
Alltag*
(rororo sachbuch 7595)

Günter Liehr
Südfrankreich *Ein Reisebuch
in den Alltag*
(rororo sachbuch 9093)

Michaela Wunderle
Süditalien *Ein Reisebuch in
den Alltag*
(rororo sachbuch 7592)
Michael Kadereit
Toskana / Umbrien *Ein
Reisebuch in den Alltag*
(rororo sachbuch 7521)

Frida Bordon
Venedig mit Venetien *Ein
Reisebuch in den Alltag*
(rororo sachbuch 7570)

rororo anders reisen wird
herausgegeben von Till
Bartels. Ein Gesamtverzeichnis der Reihe finden Sie in
der *Rowohlt Revue*. Vierteljährlich neu. Kostenlos. In
Ihrer Buchhandlung.

Dirk Wegner
Australien *Ein Reisebuch in den Alltag*
(rororo sachbuch 9096)

Hartwig Bögeholz
China *Ein Reisebuch in den Alltag*
(rororo sachbuch 9095)

Erika Brettschneider
Indonesien *Ein Reisebuch in den Alltag*
(rororo sachbuch 9066)

Robert Haidinger
Indien *Ein Reisebuch in den Alltag*
(rororo sachbuch 9082)

Stefan Biedermann
Japan *Ein Reisebuch in den Alltag*
(rororo sachbuch 7591)

Dirk Wegner
Neuseeland *Ein Reisebuch in den Alltag*
(rororo sachbuch 9083)

Erika Brettschneider
Singapur/Malaysia *Ein Reisebuch in den Alltag*
(rororo sachbuch 9078)

rororo anders reisen wird herausgegeben von Till Bartels. Ein Gesamtverzeichnis der Reihe finden Sie in der *Rowohlt Revue*. Vierteljährlich neu. Kostenlos. In Ihrer Buchhandlung.

rororo anders reisen

Till Bartels
Kalifornien *Oregon ·*
Washington
(rororo sachbuch 7590)

Werner W. Wille
New York *Ein Reisebuch in*
den Alltag
(rororo sachbuch 9087)

Manfred Waffender
San Francisco *Ein Reisebuch*
in den Alltag
(rororo sachbuch 7507)

Till Bartels (Hg.)
USA *Ein Reisebuch in den*
Alltag
(rororo sachbuch 9079)

Alexander Busch/Petra
Schaeber/Martin Wilke
Brasilien *Ein Reisebuch in*
den Alltag
(rororo sachbuch 7594)

Roland Motz/Gaby Otto
Mexiko *Ein Reisebuch in*
den Alltag
(rororo sachbuch 9080)

rororo anders reisen

rororo anders reisen wird
herausgegeben von Till
Bartels. Ein Gesamtverzeichnis der Reihe finden Sie in
der *Rowohlt Revue*. Vierteljährlich neu. Kostenlos. In
Ihrer Buchhandlung.

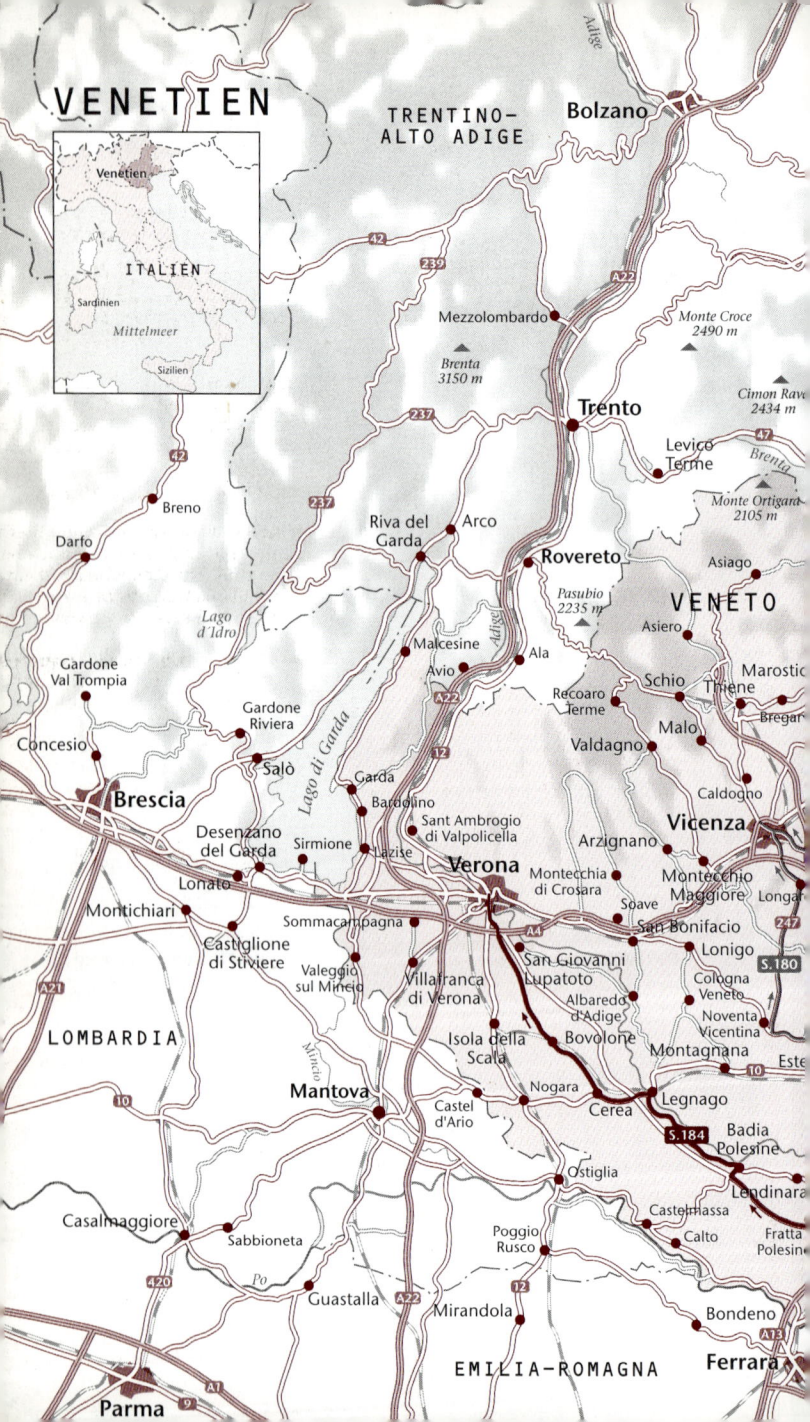